Splash Joy!

Secrets of Living
Forgiven and Clutter-Free

BETH HOPE STEIGERWALT

Splash Joy!
Secrets of Living Forgiven and Clutter-Free

Copyright Beth Hope Steigerwalt 2018
Butterflywings Publishing

Editing by EditorNancy with Fiverr.com
Cover design by Pixelstudio with Fiverr.com
Formatting by Word2kindle.com
Web design by beauvaisdesigns.com

ISBN: 978-0-578-449040-1

Scripture Verses taken from the following translations:
Scripture quotations marked (NIV) are taken from the Holy Bible, New International Version®, NIV®. Copyright © 1973, 1978, 1984, 2011 by Biblica, Inc.™ Used by permission of Zondervan. All right reserved worldwide www.zondervan. com. The "NIV" and "New International Version" are trademarks registered in the United States Patent and Trademark Office by Biblica, Inc.™
Scripture quotations marked KJV are taken from the Holy Bible, King James Version, Public Domain
Scripture taken from the New King James Version®. Copyright © 1982 by Thomas Nelson. Used by permission. All rights reserved.
Scripture quotations marked (NLT) are taken from the Holy Bible, New Living Translation, copyright © 1996, 2004, 2007 by Tyndale House Foundation. Used by permission of Tyndale House Publishers, Inc., Carol Stream, Illinois 60188. All rights reserved.
Scripture taken from the NEW AMERICAN STANDARD BIBLE®, Copyright © 1960,1962,1963,1968,1971,1972,1973,1975,1977,1995 by The Lockman Foundation. Used by permission.
The Living Bible copyright © 1971 by Tyndale House Foundation. Used by permission of Tyndale House Publishers Inc., Carol Stream, Illinois 60188. All rights reserved. The Living Bible, TLB, and The Living Bible logo are registered trademarks of Tyndale House Publishers.
***The Holy Bible: The Amplified Bible*. 1987. La Habra, CA: The Lockman Foundation. As found in the Logos Bible study software program.**

Quotes: https://www.goodreads.com/quotes
Clip art images: https://openclipart.org/royalty-free-clipart
Royalty-free lettering ideas for coloring pages: vecteezy.com

Coloring pages enhance written material and inspire creativity. To download a free PDF version of coloring pages for Splash Joy, visit website: www.splashjoy.life.

Contents

Introduction

Clutter crams our closets, and stuff is stacked in every conceivable space. Our stuff packs 58,000 self-storage facilities in America, (one of the nation's fastest growing industries), averaging 556 units per facility. The total number rockets to 32,248,000 units with 2,300,000,000 square feet of storage space, jammed with excess belongings, per national Self-Storage Association statistics.[1] We collect too much stuff! Clutter multiplies exponentially if we are blessed with creative gifts.

I love to write, scribing inspirational stories that evoke emotion. Swirling paint, cutting paper, and designing cards, I thrive on creating art that touches hearts. Inviting people over for fellowship is fun, but the stress of a messy house and scurrying to clean up overwhelms.

Besides physical clutter, I also have battled spiritual clutter of lifelong depression, feelings of worthlessness, unforgiveness, anger and bitterness. I could hide in a pit, thinking change is impossible. Clutter has hampered my creativity and purpose. Chained by past emotional messes, which include sexual abuse as a child, suicidal thoughts, and breast cancer, I've struggled to overcome and to rise into freedom.

Stuck in the dungeon, however, is not how God views us. Familiar with all our ways, He knows every mess, weakness and strength. As a wonderful Creator, He designed the universe, scattering stars and galaxies, yet He calls us each by name. He is both spontaneous, bursting with life like a fountain, and precise and orderly. Loving us unconditionally, He celebrates our uniqueness and creativity as wordsmiths and artisans. Through His death and resurrection, Jesus breaks chains of pain and sorrow and heals brokenness. Forgiveness liberates. Clean spaces calm hearts. If you are ready to unlock creative potential and hope, come discover the *Secrets of Living Forgiven and Clutter-Free.*

Beth Hope Steigerwalt

KEYS TO ACTIVITY PROMPTS

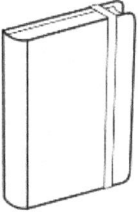

JOURNAL: Questions prompt reflection

PRAYER: Connects heart to God

LIGHT BULB: Illuminate and Meditate on Scripture

CREATIVITY CORNER: Create, color, be inspired!

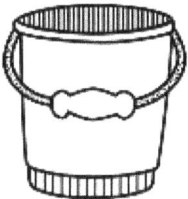

DECLUTTERING BUCKET LIST: Choose small jobs to simplify!

CHAPTER 1:
Reclaim the Kitchen Table and Sanity

"With less clutter, there will be more room for you, your family, and your friends. You'll get to enjoy the freedom of all the space you've reclaimed. If you like to socialize, invite friends and family over more often. If you like your alone time, sit down and enjoy a good book or a favorite movie, rejoicing how easy it is to relax and stretch out while doing it."

Rick Woods, author of *Make Room for Clarity: Getting Rid of the Clutter that Gets in Your Way*[2]

The doorbell rang, and I panicked. Scooping up stacks of papers, kid chaos and unopened mail, I raced to cram the scattered mess into my bedroom and slammed the door. I shouted at the children to finish washing the dishes. Pasting on a fake welcoming smile, I breathlessly greeted my guests, whom I had invited for dinner, and ushered them into the house, still unkempt. After scrubbing and cleaning all morning, I had failed once again to complete the job in a timely manner, and I hung my head, embarrassed.

Clutter can affect our mental states, relationships, and ability to make decisions. Psychologist Sherrie Berg Carter, author of *High Octane Women: How Super Achievers Can Avoid Burnout*, says clutter can generate feelings of shame and distress when friends visit unannounced, and clutter can hinder creativity and output."[3]

In the 21st century, clutter has invaded our personal spaces, overtaking our lives, minds and palaces. When clutter dominates in untidy homes, many women experience anxiety and increased levels of cortisol, a stress hormone that can contribute to health challenges, say researchers at UCLA. In an extensive four-year study from 2001-2005, anthropologists, psychologists and sociologists at UCLA's Center on Everyday Lives of Families studied thirty-two Los Angeles middle-class families, who unlocked their homes and shared about belongings, clutter and connections to all their stuff. The families hailed from a medley of neighborhoods, ethnic backgrounds, income brackets, and professions. Researchers collated 20,000 pictures, nearly 50 hours of home videos, and nearly 1600 hours of interviews with families, exposing deep connections to possessions and struggles to control the mess.

"It's difficult to find time to sort, organize and manage these possessions," says Anthony Graesch, an UCLA anthropology graduate student at the time who spear-headed the study and co-authored the resulting book *Life at Home in the 21st Century: 32 families Open Their Doors*. "Thus, our excess becomes a visible sign of unaccomplished work that constantly challenges our deeply engrained notions of tidy homes and elicits substantial stress." [4]

Clutter has dominated my house for decades. When the idea for this book sparked, I gazed sadly at the dining room table, aka my office. Scattered stacks of mail, conference papers, candles and Christmas decorations leftover from two months prior, water bottles, plates, school papers, a safety pin box, phone chargers, and newsletters cluttered the top. At dinner, only after shoving the mess to the side, we could eat on a flat space. Around the house, the court convicted the same. Stacks packed counters and the office. Jammed into the closet, totes and boxes spilled over with paper scraps, paint, scissors, glue, ribbon, fabric, markers and crayons. Clearly, organization is not my strength.

Mess and spontaneity are ingrained in my personality. In the Meyers and Briggs personality test, which links sixteen distinctive combinations of character traits, I score high as an INFP: I-Introversion, N-Intuition, F-Feeling, P-Perceiving. Enjoying time alone, I delight in writing and creating. I go with the flow, flexible in my idealistic world. Empathetic, I enjoy encouraging others, but I dislike conflict. Spontaneity can clash with opposite-spectrum people, who delight in finished projects and complete order.[5]

In childhood, I was expected to order my world, with everything in its place. Every day, we picked up, washed and put away dishes, and folded laundry. Every week, we cleaned and scrubbed, neat and tidy. Twice a year, we washed windows, wiped cupboards, and shined the exterior; these were our deep-cleaning priorities. Academically, all five of us children achieved top-of-the-class success, striving for excellence, like our parents who had both achieved doctorate levels in their education. Dressed in our best on Sundays, the family attended church and Sunday school, learning Bible stories, such Israel's deliverance from Egyptian slavery, the Ten Commandments, and David and Goliath. Waving palm fronds, we shouted, "Hosanna!" with the crowd when Jesus rode into Jerusalem, wept when He was crucified, and rejoiced on Easter when He resurrected. Visiting museums and concerts, camping in Colorado, and touring Washington D.C., New York and Ellis Island, we were a family on the move, educated and successful. Outwardly, our family court appeared orderly.

Behind the impeccable facade, however, cracks fissured the castle. Though knowledgeable about the Bible, I trembled when God was mentioned. Distant, He seemed like a judge who would strike when disobeyed. Perfectionism pervaded my personality. At age 6, I was ordered by an insider to disrobe in the bathroom. A teen neighbor intruded, gazing at my childhood innocence. His action stole my soul. Suddenly warned, the teenager high-tailed it home.

Confused, and never expressing the shame, I blocked the painful memory, rarely playing with friends or socializing at school. Anxiety rattled my composure and wrecked my self-esteem. When thunder boomed, and lightning flashed, I cowered. Fire flaming on school-safety films, tornadoes, doctors, closed spaces, crowds, and new situations all stressed me out. After suffering multiple strep infections, I frequently missed school. Eventually, doctors surgically removed my tonsils. To combat depression, I strived to achieve stellar grades. Academics, busyness and music stoked inner identity, purpose and dreams. As a high school senior, I directed the marching band, won awards in writing and art, played in All-State Orchestra for violin, graduated third in my class with a 4.0 GPA, and provided leadership for hometown July 4 festivities. In college, despair hammered me.

Over decades, my orderly world of childhood dismantled into mess in adulthood, a result of inner turmoil buried deep inside. After college, I married, moved around many times, and had five children. When the five children lived at home, I struggled to get everyone to school and church, dressed, smiling and on time. Even if I tackled cleaning, the house quickly dismantled into chaos. Now that the older kids have flown the nest, I still fight to control the mess.

Cranking into high gear early in the morning, I run two teenagers to school, walk the dog, race to work four days a week, lead prayer groups and mid-week Bible clubs, and cook meals. Five days a week, I drive my high school son to work, sometimes multiple trips in a day. On Fridays, I meet with other women for Bible study. Some weekends fill up with retreats and conferences. On Sundays, I sing on the worship team. In between, trying to rekindle forgotten dreams, I might paint or take writing courses or attempt to scribe a book.

When someone announces a visit, I cringe at my disheveled mess, flying into a tizzy of busy. After shoving clutter in a cupboard, I scrub the kitchen floor and spit shine the bathroom. Fill the sink with suds. Quickly wash the dish duds stacked on the counter. After vacuuming dust balls, I zip to the couch to rid cushions of dog hair collected there. Scurry here, scurry there, still running when the doorbell rings. Oh! If only my days contained more minutes and hours, more time. Vexed, I fret at my imperfect and obviously undone lifestyle. Vowing never to host at my home again, I miss a beautiful opportunity to display graciousness and the Father's love and to fellowship with friends. I connect well with stressed-out Martha, whose hospitality and anxiety are described in Scripture.

Martha scurried through the house, preparing her home and meal for her guest. Near the entrance, she spotted her sister Mary reclining by her friend Jesus. Incensed, Martha chided Mary for not helping.

"Lord, I race around, trying to whip up your favorite dinner, but Mary does nothing. Tell her to move her touché and skedaddle into the kitchen!"

In response, Jesus said, "Martha, you stress about many things, but Mary has chosen the most important."

Sitting at the feet of Jesus, Mary happily listened to her Master, dwelling in His presence, soaking in His love. Mary was content, near her Lord.[6]

Gently chiding as he had with Martha, Jesus whispered into my scattered mess: "My child, you fret and scurry, forgetting to include Me in your plans. If only you had spent time with Me, I would have helped you finish the rest." He invites you to come, releasing your burdens. Carrying all stress, anxiety, and mess to His throne room, you can find rest and peace in His presence. He is ready to comfort.

"Come to Me, all you who are weary
and burdened, and I will give you rest.

> *Take my yoke upon you and learn from me,*
> *and I will give you rest for your souls."*[7]

Jesus says, "Come, child. Rest in My presence and release your agenda and anxieties to Me. I love you with an everlasting love. When you look wholeheartedly, you will find Me."[8]

> "He who dwells in the shelter of the Most High, will
> rest in the shadow of the Almighty."
> Psalm 91:19

> "Rest in Jehovah and wait patiently for him. Do not fret
> yourself, because of him who prospers in his way." [10]

After resting in His presence, you can start decluttering by making small steps of progress. Many organizational experts suggest setting manageable goals, focusing on one area at a time. Andi Willis, professional organizer and author of www.goodlifeorganizing.net, says:

"If you are overwhelmed with your clutter and just don't know where to start, start small. Tackle one drawer, one shelf, or one corner of your desk. Set a timer and work for 15 minutes and accomplish as much as you can. Taking baby steps can eventually lead to a big change in your clutter level." [11]

Besides setting goals, professional organizer Rick Woods suggests writing a step-by-step plan to deal with clutter. He illustrates how our desires can overpower need, and we accumulate too much stuff, which dominates our home. In the book, *Make Room for Clarity*, he suggests ways to mitigate mountains of stuff, eliminating items that are nonessential, dilapidated, ramshackle or antiquated. Attempt to pick the best and disperse the rest. Getting a fresh perspective and acting are the keys to a cleaner and calmer castle! Instead of feeling overwhelmed by decluttering the entire house, break down the jobs into much smaller parcels. Donna Smallin, author of *Clear the Clutter, Find Happiness*, says, "Do what you can today. Take one room at a time. And if that's too much, take it one drawer or one shelf at a time."[12] After checking off the items from the list, you will feel accomplished. To jump-start the process, create sorting bins:

KEEP - RECYCLE/DISCARD - STORE

My goal: Clean off the dining room table, so we can enjoy eating together for dinner. Also, decluttering opens more opportunity and space to create, write and paint, since the table is my office. What is one small goal of decluttering you can accomplish today?

Step-by-step plan to declutter the table:

1. **SORT/RECYCLE:** Open and sort all mail. Into the recycle pile goes envelopes, junk mail, old grocery store fliers, outdated coupons. Keep items include dishes, papers, computer, phone chargers, bills. Separate storage: Christmas items, conference papers, candles.

2. Wash dishes, dry and put them away.

3. **STORE**: Place ornaments and Christmas decorations into designated Christmas box, stored downstairs. Place candles in cupboard.

4. **FILE** and label separate folders: important school papers, coupons and grocery ads; bills and important documents.

5. Every day, I now consciously sort the mail. I open the mail, immediately tossing envelopes and paper scraps into a large grocery sack, located near the dining room table. This action helps minimize stacks, expediting the recycling process. Be diligent! It takes time to build new habits! Health psychology researcher Phillippa Lally from University College London estimates habit-building can

take from 18 to 264 days, depending on the goals set.[13] An added benefit for keeping the table clean: My teenage son, who is an organized soul, dines with us at the table more frequently when the top is decluttered. As you build new habits, give grace as well. If you miss a day, start fresh on the next. Be committed and keep going!

ACTION POINTS

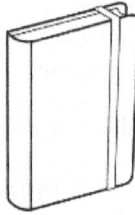

1) **JOURNALING PROMPTS**: Make a date with your Creator! Set time aside, at least ten minutes a day. What burdens do you carry? What Marthaisms and to-do list items demand your time? What areas in your home need decluttering? After writing down the list, release the stress. Be still and quiet, sitting at His feet. Rest. Begin to thank Jesus for His character: orderly, loving, Savior, light, hope. Allow Him to calm you. Soak in His love. Journal your thoughts. Picture a peaceful place, such as a mountain meadow or rolling hills in the country or a beach by the ocean. Enveloped in His presence, how do you feel? What do you see, hear, experience? What words of encouragement does He whisper? What is His perspective?

2) **PRAYER:** Jesus, I come to you, releasing my burdens, clutter and stress. Please fill me with Your peace. You delight when I sit at Your feet like Mary, conversing with You. Help me to relish in Your presence, experiencing encouragement and grace. Thank You

for lifting my burdens. Thank you for helping to order my life. In Jesus name, Amen.

3) **MEDITATE** on 1 Corinthians 14:40: "Everything should be done in a fitting and orderly way." [14] Ask the Holy Spirit to highlight the most important items on your to-do or decluttering list. He will help you. Every day start by focusing on Jesus. Include Him in your plans, asking for grace, wisdom and guidance for the day. He will instruct you, each step of the way. [15]

4) **CREATIVITY CORNER:** Color the recycle, toss and keep page at the end of the chapter. Ordering your court calms the heart! If you are interested in downloading free PDF coloring pages for this book, you can access the page here: www.splashjoy.life

5) **DECLUTTERING BUCKET LIST: Choose small jobs to start simplifying!**
#1-Sort mail and organize your dining room table.
#2-Dishes! Wash, dry and put them away. Do this every day; don't procrastinate. Set up a dish-washing and putting-away schedule

with yourself and the kids. Expect everyone to stick to it. Soon, order will become a habit.

> "Every time you see something that would take a few minutes to do and you think, 'I will get to it later,' do it now instead. Your future will thank you for it." Donna Smallin, author of *Clear the Clutter, Find Happiness*[16]

Journal

RECYCLE

TOSS

KEEP

STORE

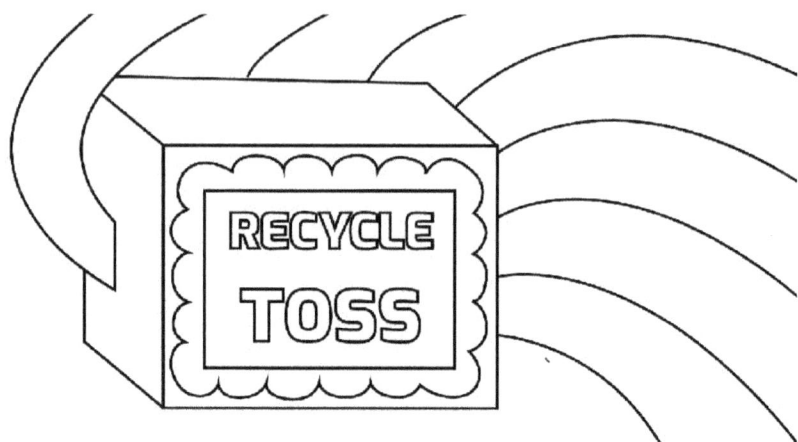

Do everything
in an orderly way.
1 Corinthians 14:40

CHAPTER 2:
Splashing in the Fountain When Dreams Dry Up

"The words of a [discreet and wise] man's mouth are like deep waters [plenteous and difficult to fathom], and the fountain of skillful and godly wisdom is like a gushing stream [sparkling, fresh, pure, and life-giving]."[17]

Wind whipped off Lake Michigan, freezing my skin and crushing my spirit. A freshman at Northwestern University in Chicago, I dragged my weary body over icy sidewalks, head buried in a down jacket. Stumbling into Fisk Hall, part of the Medill School of Journalism, I collapsed into my seat. When I received my graded assignment, I cried. Slashed in crimson ink, the C minus cut my soul.

Steeped in perfection of straight-A status from high school, I raged at the grade. I had pridefully believed my academic and moral foundation would not be shaken when I ventured to Northwestern, to pursue journalism. I dreamed of immense success and fame as a writer, to impact the world, to see my name blazed in bright lights.

Instead of bright lights illuminating fame, however, darkness cloaked my soul. The move from rural southeastern Nebraska, where I had achieved acclaim in music, writing, academics and leadership, to Chicago wrecked me. Settling into the dorm with boxes stacked high, I felt stressed and overwhelmed when my parents left. Anxiety and insecurity, already deeply internalized from childhood rejection and trauma from a neighbor's abuse, skyrocketed. Elevated trains rattled at night, skyscrapers clouded the horizon, and gangs lurked around the corner. When my new roommate from the East Coast rolled in three racks of designer clothes, I cringed, clearly outclassed. My conservative turtlenecks and slacks looked like clown clothes in comparison.

Everything that stoked identity collapsed that year. Once ranked superior in Nebraska's All-State orchestra for violin, I failed an audition for a lower-level orchestra when my string broke. Humbled by genius classmates and stiff competition, I crumbled under the pressure, unable to sustain perfect grades. Journalism professors, intending to toughen us, belittled our writing assignments, which were carefully crafted that year on archaic manual typewriters. Instead of my name in lights, I disintegrated to a number, indistinct from thousands who attended Northwestern. Students who drank alcohol excessively, inhaled drugs or slept around with multiple partners threatened to crack my moral foundation. At first, I attended church off campus, but quickly quit, feeling disconnected. Social phobias prevented me from making friends. With little support, I withdrew into isolation and pain. Disillusionment settled like dirty gunmetal-gray snow lingering on Chicago streets, and the stiff wind from Lake Michigan swept away my dreams. I plummeted into deep depression, much like farmers in the 1930s when "black blizzards" of dust blasted 100 million acres of land and destroyed their livelihood.[18]

"The way I see it, hard times aren't only about money, or drought, or dust. Hard times are about losing spirit, and hope, and what happens when dreams dry up." — **Karen Hesse, *Out of the Dust*[19]**

Despairing with dreams dried up, I slumped forsaken, crying between classes. Hopelessness choked me. Voices screamed in my head, "Worthless and stupid." By summer break back in Nebraska, I contemplated ending my life, like many Depression-era farmers when their businesses failed. While my parents vacationed,

I sorrowed at home alone. I jumped when someone knocked at the front door. A friend and his wife, both students at my father's college, had appeared unexpectedly and stood there, waiting.

"We didn't have a phone. God told us to come here," the tall lanky male said in response to my puzzled look. "He said it was urgent, and you needed us."

As I spewed inky depression and heartache, they listened attentively. Years of pain and anger erupted, exploding from the depths.

My friend's gaze pierced my heart. "You know the Ten Commandments, right?"

"Of course!" I snapped angrily. Raised in church, I knew the Ten Commandments; they were engrained in my soul.

"You need to reexamine them and confess your sins to God. It's in Exodus 20."

They bolted out the door. Shaking my fists, I stomped around the house, raging at God. China dishes rattled in the cabinet, the floor shook. I pounded and shouted, screaming profanities. For forty-five minutes, I ranted. In utter despair and exhaustion, I collapsed on the carpet, rocking in fetal position, weeping grief and pain. Eyes bloodshot and heart ripped, I fell into bed, fitfully fighting death threats in my head.

The next morning, fearing God's reprimand if I didn't attend, I groggily dressed and stumbled down the street to my church from childhood. I slumped next to the couple who had visited the previous day. While robed assistants prepared communion, my friend asked if I knew what Hosanna meant. Only in the familiar Palm Sunday story, I thought. Every year, we had waved palm branches like the crowd in ancient Jerusalem, who shouted Hosanna as Jesus rode in to Jerusalem on a donkey. Only four days later, He would be crucified on a cruel cross.

He whispered, "Hosanna means 'God save us.'"

The words wrenched my spirit. Vividly recalling Scriptures from childhood, I pictured Jesus, hanging on the cross. His back whipped and beaten, He took punishment for all sin. A crown of thorns stabbed His head. Blood spewed from multiple wounds, from His broken body and soul. When the soldiers hammered spikes into His wrists, the citizens cried. I cried, too. My sins of anger, pride, and bitterness had cut Him. My sins had nailed Him to the cross. My actions and behavior wounded Him. Stricken with guilt, I stumbled to the altar, weeping. Partaking wafers and wine that represented Jesus' broken body, death and resurrection, I felt condemned and judged. I did not deserve forgiveness. Waves of worthlessness and sorrow hit me. I deserved punishment and death.

From that cross with His arms outstretched, He gazed at me, His face etched in pain. Tears streamed down my face. I sobbed, crumpling under condemnation. The vision transformed. Jesus had descended from the cross, and now knelt beside me at the communion altar. Eyes radiating compassion, He wrapped His arm around me, pulling me close. He touched barrenness, dried-up dreams. He embraced brokenness. Forgiveness and grace flowed from His throne, cleansing my soul. Leaning into His chest, I experienced peace and comfort. The weight of pain lifted.

He whispered into my heart, "My child, I love you. And I forgive you."

When I rose from the stiff altar cushions, my countenance had changed.

Returning to Northwestern that fall, albeit a little more hopeful, I still struggled, unsure if persevering was possible. Depression and anxiety still dominated; memories of the previous year haunted. My new roommate, one who shared faith in Jesus and moral convictions, invited me to her church. As members clapped hands and swayed in worship, I felt uncomfortable. The service style did not mesh with my stiffly-structured liturgical upbringing. Yet the pastor's message on mercy pierced my soul.

"I see a picture of a fountain, with water spraying. Children are playing happily in the fountain, giggling, laughing, soaking in fun." He gazed out at hundreds sitting in the congregation, and locked eyes on me. "Beyond the fountain, adults stand warily, distant. They cross their arms, skeptical. The people on the outside are hurting. The fountain represents God's love. If you haven't experienced God's compassion and mercy, come forward and we will pray for you."

Tugged in my spirit, I tumbled forward, apprehensively. Intercessors laid their hands on me. Deeply penetrating discouragement and depression, the prayers unleashed a dam of emotions. Instead of icy wind blasting off Lake Michigan through barren trees, the wind of the Holy Spirit blew life. I wept uncontrollably for forty-five minutes as wave after wave of mercy and compassion washed hurt from my soul. Sniffing loudly, I dabbed puffy eyes and wiped my face, embarrassed. The group kept interceding, carrying me to the Father. When I finally finished bawling, I felt drained but refreshed, washed in the fountain of life.[20]

Maybe you need refreshment, too. Depression can cloud vision like a dustbowl storm, blocking your joy. Cracked and broken, you may feel discouraged, wondering if it's possible to create again. Perhaps your dreams have dried up in a drought-stricken land. Maybe your heart longs to be loved. Your Heavenly Father has compassion on you, and He can restore your soul.

"The Lord is compassionate and gracious, slow to anger, abounding in love." Psalm 103:8[21]

With rivers of mercy, He can wash you with new life. Marching through the wasteland, God opens the heavens and pours down rain, refreshing His children and refreshing you.[22] He loves you with an everlasting love.[23] You do not have to perform to earn His love. As a wonderful Father, He lavishes love on you.[24] You're invited to splash in His fountain of life, delighting as grace sprays you. A hymn written by Fanny Crosby, who lived from 1820-1915, showers a hope-filled message:

There is healing at the fountain,
come and find it, weary soul
There your sins may all be covered;
Jesus waits to make you whole.
O! the fountain! Blessed, healing fountain.
I am glad tis flowing free,
O! the fountain! Precious, cleansing fountain,
praise the Lord, it cleanseth me.
There is healing at the fountain,
precious fountain filled with blood.
Come, O come, the Savior calls you;
come and plunge beneath its flood. [25]

Weary one, Jesus longs to heal and create wholeness in your life. If you have strayed, He welcomes you back with open arms. Or maybe, for the first time, you understand you need Him. Jesus beckons you to come and discover hope and life in Him. Calling you by name, He's created you for greatness, purpose and destiny.

Come, be refreshed in His fountain!

ACTION POINTS:

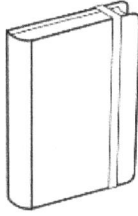

1) **JOURNALING PROMPTS**: When has depression hindered your creativity? When have dreams dried up and cracked, like the dry ground in a drought? What messages or lies do you believe? Jesus cares about you and wants to give you a new perspective. What truths will Jesus reveal? How would it feel to be refreshed?

2) **PRAYER**: Jesus, I am weary and parched in my soul. The wind has blown away my dreams. Would you please refresh my spirit? You are a wonderful Father, a God of grace and compassion. Embrace me with Your love, shower me with Your mercy. Refresh me with forgiveness. Healing bursts from Your fountain. Wash me with life and new beginnings. In Jesus name, Amen.

3) **MEDITATE** on Psalm 36:9: "They drink their fill of the abundance of your house. And you give them drink of the river of Your delights. For with you is the fountain of life. In your light, we see light. Oh, continue your lovingkindness to those who know You, And Your righteousness to the upright in heart."[26]

4) Imagine yourself slumped with heavy burdens. You stumble near a bubbling fountain, wondering if you deserve refreshment. The water rockets high above your head. Squealing with delight, children giggle as they skip and splash in the fountain. They beckon you to join. At first, you say no, gripping the baggage. They ask again and again, smiling. The barriers begin to crack. A child grabs your hand, pulling you closer. Still lugging hurt, you reluctantly step toward the spray, sticking out your big toe. Water sprays your face. After pushing your foot forward, you extend one hand. Cautiously, you extend the other hand. The bag of burdens slips to the slick cement. Lifting your arms, you plunge. Water showers your head and face, shoulders, chest, legs and feet. The specifically-named burdens wash off the bag, spiraling down the drain. Gleefully, you stomp in the puddle. Dance! Splash! Delight! The sunlight reflects rainbows on your face. Be refreshed in the river of delights! Describe in your journal the new you unburdened! When God soaks you in His presence, what do you feel? How has He washed your burdens away?

5) If the season is winter, soak in a bathtub filled with bubbles. Allow the steam and the presence of the Holy Spirit to envelope you. In spring, when rain sprinkles the sidewalk, go outside and be a kid! Jump in puddles, splash and squeal with delight. Giggle with kids or grandkids!

6) **CREATIVITY CORNER:** Copy the fountain coloring page, located at the end of the chapter. With watercolor paints, fling color on the page. Or splash water on watercolor paper, dripping paint in the circles. Another suggestion: sign up for free PDF coloring pages atwww.splashjoy.life and discover joy in creating!

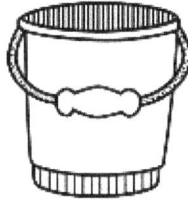

7) DECLUTTERING BUCKET LIST:

#3-Tackle the junk drawer. Dump out contents. Discard broken crayons, pencils, old coupons, unused knickknacks. Sort related items into separate piles, such as pens and pencils, flashlights, appliance brochures, batteries, tools. Using dollar-store containers, place comparable items into the bins and return to the drawer. File brochures into folders. Another space is now decluttered and free!

#4- Electronic storage: Delete unnecessary files, emails and junk advertising. Store important documents into file folders on your computer. Label well, so you can retrieve items when needed. Try cleaning out storage daily or weekly to prevent build-up!

*"For with you is the fountain of life.
In your light, we see light." Psalm 36:9*

Journal

CHAPTER 3:
Star Gazing: Created and Named for Greatness

"For my part, I know nothing with any certainty, but the sight of the stars makes me dream." Vincent Van Gogh

Stars popped in the black-satin night sky outside Tucson, unhindered by city lights, but I could not appreciate the beauty. After unpacking my bags in my new apartment, I cowered in an unfamiliar and life-altering place. Earlier in the evening, the sunset had blazed crimson and purple, radiating across the Arizona desert into my rearview mirror, nearly blinding my sight. Contrasting Chicago's gray skyscrapers and wind-swept winters, the towering forty-foot saguaro cacti soaked in the setting sun. Enveloping western mountains, darkness descended, intensifying the angst pressing my soul.

I had headed to Tucson to fulfill undergraduate internship requirements for Northwestern University's journalism program. Driving to college for my junior year, I lugged performance-driven mentality and depression with me. Gangly and awkward, I trembled in new situations and cringed in crowds. Expecting rejection, condemnation, and judgment, I acted in ways that reinforced the stigmas. I rarely initiated relationships. I feared God, who was like a judge ready to smash me if I messed up. God required perfection to earn His love, to enter His court. Any imperfect action was deemed failure. My life seemed pointless, without worth or value.

Anxiety, apprehension and social phobias restricted me, as I worked at the *Arizona Daily Star.* I avoided awkward conversation with other reporters and staff. When editors asked me to cover a story about seasonal storms and flooding, I stammered, as childhood memories of thunderstorms hammered my head. Terrified of being swept away, I refused to write the article and dashed from the office.

I am not alone in battling insecurity and oppression. According to the World Health Organization, more than 300 million people worldwide suffer from depression.[27] Journeying through life, you may lug loads of past baggage to the next destination, thinking you missed opportunities. Your spirit sags over extended months or years; you wonder if you have purpose. Getting out of bed requires tremendous effort, and fatigue reigns. Clutter may scatter your house, if you lack energy to live. Yet even in that pit, God cares and has not abandoned you. [28] Though you may have experienced painful depression or abuse, you can still find hope.

In off-work hours from the *Arizona Daily Star*, I heeded the beckoning call of the University of Arizona. Designed with open spaces and a refreshing fountain by Old Main, the campus and ministries provided much-needed respite from internship stress. I had joined Campus Crusade for Christ in Tucson, after participating in a similar group at Northwestern in Chicago. Sensing my duress, my Bible study leader at the University of Arizona suggested studying the book *Search for Significance* by Robert S. McGee.[29]

God's truth began to shatter the lies I had believed since childhood, offering lifelines of hope. Scattering stars and galaxies, God the Creator, Elohim in Hebrew, counts and names each one. [30] Scientists estimate that 100 billion stars twinkle in each galaxy, and 10 billion galaxies fill the observable universe. That means 1,000,000,000,0 00,000,000,000,000 (with 24 zeroes) stars scatter the sky! [31] The sun is also considered a star. Orbiting 93 million miles away from Earth, the sun's gravitational pull keeps our planet in orbit and is vital to sustaining life. To demonstrate size comparisons, scientists at an International Astronomy Show in 2016 displayed the earth, planets, sun and superstars with CGI graphics. 1.3 million Earths would be needed to encompass the sun's volume. Extending out, the graphics showed bigger stars: blue super giant Rigel and red supergiant Antares A, which superseded the size of the sun. Earth became a speck on the screen. These stars shrink to miniscule when compared to Canis Majoris, the largest star ever discovered. Weighing 30-40 times the mass of the sun, Canis Majoris shines 500,000 times brighter than its smaller counterpart[32] and measures 2000 times the sun.[33] Calculating the math, scientists would pack 2.6 trillion Earths to fill the volume of Canis Majoris. Louie Giglio, Christian speaker and co-author of *Indescribable: Encountering the Glory of God in the Beauty of the Universe*, illustrates the dramatic size difference: if Earth were a golf ball, then Canis Majoris would ascend to Mount Everest size, six miles above sea level. In another comparison, golf-ball sized Earths stretched over Texas would need to be stacked 22 inches deep to encompass the vast Dog Star.[34]

> "Lift up your eyes on high and see who has created these stars, the One who leads forth their host by number, He calls them all by name. Because of the greatness of His might and the strength of His power, not one of them is missing." Isaiah 40:26[35]

Naming every star, God is also cognizant of you. He memorizes the moniker of every single person, 7.5 billion people who live on Earth. Summoning you, He bestows on you a title of honor.[36] He designed you uniquely, each part contributing to the whole. Spectacular sunsets, twinkling stars, majestic mountains and millions of images streak through your cornea, and zip by your iris and pupil. After racing through the lens onto the retina, images hit 120 million rods and seven million cones in each eye, which convert into nerve pulses. Informed with specific color, shape and design, the optic nerve rockets the pulses to the brain.[37] Processing billions of information bits daily, the brain also regulates body systems, the heart and the spine; it tracks trauma and memories and filters outside influences.[38] Circulating 1.5 gallons of blood every minute, the heart pumps more than 2,000 gallons daily through thousands of miles of vessels.[39] Within your body, God combined unique DNA, transmitted through generations, to determine personality, character, height, hair, eye and skin color, disposition, and abilities. Perceiving every thought before it's conceived,[40] God discerns your deepest needs and insecurities, anger and hurt, clutter and messes, hopes and joys, passion and purpose. Before you existed, He treasured you. Created in His image, you are a one-of-kind designer original.

> Psalm 139 says, *"You made all the delicate parts in me and knit me together in my mother's womb. Thank you for making me so wonderfully complex. Your workmanship is marvelous. How well I know it!"* [41]

Through these verses in Psalm 139, Scriptures and the *Search for Significance* book, God began to change my mindset, instilling truth to replace lies. Jesus loves us unconditionally, apart from performance. His love propelled Him to die on the cross while we were still sinners.[42] His finished work on the cross redeems and changes perspective.[43] Designed in my mother's womb, I was made wonderfully complex.[44] When I mess up, He doesn't condemn me.

> *"There is now no condemnation for those who are in Christ."* *Romans 8:1.*

Through Jesus, His death and resurrection, I am reconciled to God. He forgives and restores. Colossians 1:21-22 says, "Once you were alienated from God and were enemies in your minds because of your evil behavior. But now, He has reconciled you by His physical body through death to present you holy in His sight, without blemish and free from accusation."[45] Slowly, God's truth replaced negative mindsets. Instead of lugging baggage of discouragement, depression and despair, I carried lighter luggage of love, acceptance, and the belief that I was created for a purpose. In three months' time, Jesus transformed me with His lovingkindness.

I started initiating outings and connecting with students on the University of Arizona campus. We laughed joyfully and stayed up late, with no drugs or alcohol involved. Sometimes, we slurped ice cream or hiked in nearby hills. Faithfully, we studied God's Word. Before I returned to Northwestern, my new friends hosted a going-away party for me. Thirty people showed up to celebrate!

Transformed, I traveled back to Northwestern in Chicago, lightened in mind and spirit. I aced all subjects, which included history with tomes of homework, a Charles Dickens' class that covered more than 2,500 pages in seven books, and upper-level journalism classes. I connected with new friends on campus, thriving for the first time since freshman year. During a Campus Crusade for Christ summer project in San Diego, I met a man who attended college in Montana. We dated long distance for four years, then married. We've been together nearly thirty years. Listening well, my husband showered me with unconditional love, which beautifully confirmed everything learned through Scriptures and the *Search for Significance* book. God orchestrated events in my life, arranging pieces to accomplish His purpose. And He can do the same for you.

Loving unconditionally, He longs to crown you with honor. Psalm 8 says, "When I consider your heavens, the work of your fingers, the moon and the stars which you have set in place, what is man that you are mindful of him, the son of man that you care for him? You made him a little lower than the angels and crowned him with glory and honor."[46]

When you were conceived and born, and throughout your life, God has sustained and carried you, even throughout older age and silver hair.[47] Perhaps it's time to exchange your baggage from the past and receive new designer luggage, christened by the King. Inside and out, you are beautiful in His sight. Elohim, who scatters billions and billions of stars across multiple galaxies and calls each one by name, knows you. Offering grace and mercy, He's calling you to forgive and journey near. As you repent, He will break chains and set you free, for the kingdom of heaven is here.[48]

ACTION POINTS:

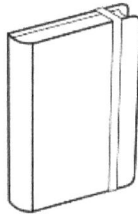

1) **JOURNALING PROMPTS**: Describe your favorite place in nature, or gaze at a star-studded sky. What do you observe? What do you hear? How do you feel when you are there? Let Jesus encourage, as you reflect on Him as Creator. What does your name mean? Before you were born, God knew you.[49] He names every star. He knows you. Ask Jesus, how do you see me? God's love extends toward you.

2) **PRAYER:** You can talk to Jesus like a friend, if you want to know Him. Or maybe you have strayed from Jesus. He longs to rejuvenate you. Run to His bright light, gazing upon His beauty! Creating and naming every star, He also has created you. You can connect to Jesus personally, conversing with Him. Believe that He died on the cross and rose again, and place your trust in Him.

"For God so loved the world, that He gave His only begotten son, that whosoever believeth in Him should not perish but have everlasting life." John 3:16 [50]

"If we confess our sins, God is faithful and just to forgive us our sins and cleanse us from all unrighteousness." [51]

"If you confess with your mouth Jesus is Lord and believe in your heart that God raised him from the dead, you will be saved." Romans 10:9 [52]

"Father God, you amaze me. You have created millions of stars and galaxies and name each one. You designed me uniquely. I am special to you. Forgive me for acting in ways that hurt You and other people. I believe Jesus loves me. Thank you for dying on the cross and rising again. Come into my heart and make me new. Thank you for restoring me! In Jesus name, Amen."

3) MEDITATE on Isaiah 43:1: "This is what the Lord says: He who created you, O Jacob, he who formed you, O Israel: 'Fear not, for I have redeemed you; I have summoned you by name, you are mine."[53]

4) CREATIVITY CORNER: Color the Called by Name page, found at the end of chapter. Inside the rectangle, write your name and the meaning. Ask the Holy Spirit to reveal your purpose. In calmness, listen for the answer. God's truth restores our hearts. Would you like to receive special "I am" messages, connected with uplifting Scriptures? You can download the special messages at www.splashjoy.life.

5) DECLUTTERING BUCKET LIST: Start to tackle the stuff in the creative closet! How can you simplify and organize your creative storage?

#5: Purge "maybe some-day" objects, which have cluttered closets for years. This can include fabric scraps, special paper, textured items. Examples: I tossed a box with an intricate oval shape inside, which had housed a remote-control helicopter. (I intended to design a diorama inside, but never activated the thought). I also jettisoned half-used parchment paper received from a teacher friend, who used it with her kids, now in their mid-twenties.

#6: Fling crammed paper scraps. For a future time, I had saved squares of paper, carefully sorted by color and shape into seven gallon-sized Ziploc bags. After toting them through several moves over fifteen years, I finally set them free, flying right into the trash. If it's too difficult to toss all the scraps, pick seven of each color and toss the rest. Traveling lighter, you are well on the road to finding contentment and joy!

"Think of decluttering as a gift you give to yourself."
- Donna Smallin[54]

Journal

_____

_____

_____

_____

_____

_____

_____

_____

_____

_____

_____

_____

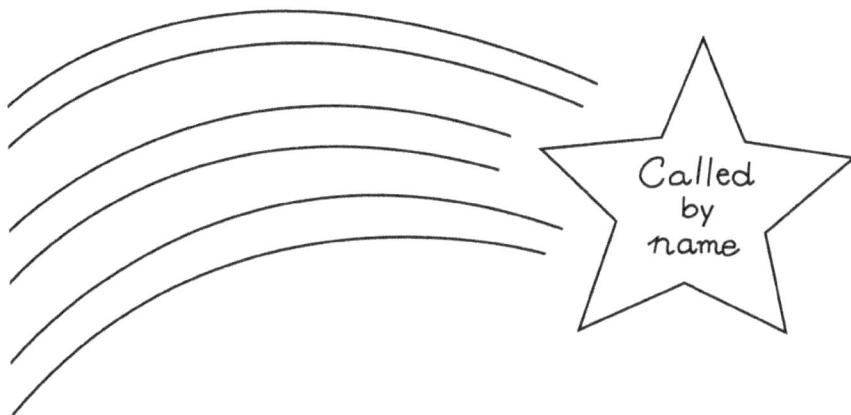

Called
by
name

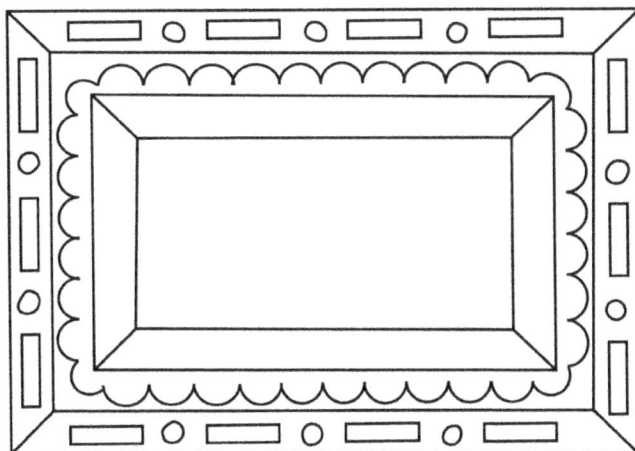

Chapter 4:
Forgiveness Liberates

"Forgiveness is the key that unlocks the door of resentment and the handcuffs of hatred. It is a power that breaks the chains of bitterness and the shackles of selfishness."
— **Corrie ten Boom**, *Clippings from My Notebook*

Stunned, I collapsed onto the bed, sobbing. Battling breast cancer and overwhelmed with sorrow, I had called my friend Ellie to vent. Chemotherapy treatments had ravaged me. Depression raged. Bitterness had imprisoned me, overshadowing the liberty, new beginnings and love I had experienced in college and married life.

Her words slammed into my spirit:

"You have soul cancer. You must forgive those women who hurt you."

I struggled, unable to grasp how deeply I had plummeted. After marrying, I thrived as a new bride, blossoming like a coral rose, unfolding grace and loveliness. The inner beauty from feeling valued and treasured reflected on the outside. Performing diligently new-bride duties, I valiantly cleaned and ordered my small apartment. I scrubbed and washed, restoring belongings to the correct place. Journeying together with my husband, we eagerly danced into the sunset, intact and whole, forever joyful.

When life exploded with change, I struggled in the chaos and quickly fell into disarray. Shortly after marrying, we catapulted from lake-filled Minnesota to dusty Lubbock, Texas. In a few short weeks, we mobilized again, this time to Utah and stayed seven months. Uprooted another five times for job transfers, we propelled to seven places in eight years to four different states. Over the years, five children joined our family. Depression and social awkwardness re-emerged, festering like unhealed infections. I struggled to find stability and rarely made good friends. If connections did occur, like with my friend Ellie, I grieved when soon saying goodbye. Sometimes, connections soured my perspective. When church women berated me at a Christmas party, I gladly moved with my husband and our tribe of five kids to a new state, to escape the pain and to start afresh.

New beginnings flourished at first, as we thrived by hiking in the verdant mountains, enjoying time together as a family. The fresh start, however, soon deteriorated into stress, as trauma wreaked havoc. Like Rocky Mountain hail storms, trials lambasted us in the new place, one after another, every six months for five years. Our rental house flooded with 15,000 gallons of water, causing six months of chaos, while clean-up crews fixed the damage. Strapped financially, we used foodbanks to feed the family, and struggled when vehicles repeatedly broke down or were totaled in a car crash. Amid all, after being diagnosed with brain cancer and receiving treatments for a year and a half, my sister passed away. In the summer after graduating high school, my oldest son's appendix burst, landing him fourteen days in the hospital to fight the infection. My husband lost his job. Broken, I wept. Bitterness invaded my soul, destroying the beauty God had ordained.

When I was diagnosed with breast cancer at age forty-five, I grieved. Home clutter exploded. Backpacks scattered the floor, dishes stacked the counters, papers plastered the floor. Overwhelmed and raging like a beast, I entombed myself downstairs, believing lies that I was forsaken and broken, lashing out at my family. I stopped creating art, ceased writing for joy. Onto tear-stained journal pages, pain and anger erupted. Pushing through chemotherapy, surgery and radiation treatments over nine months was exhausting. I cried myself to sleep at night. After finishing the final chemotherapy treatment, I sobbed and wept for weeks, all symptoms of clinical depression.[55] Chains shackled my heart. Imprisoned, I lost my will to live. Voices taunted that I would be better off dead.

Phoning my friend Ellie, I desperately dumped pain and sadness. Compassionately, she listened. After a long pause, she bluntly asked, "Have you forgiven those women who hurt you at that Christmas party?" Her question, prompted by the Holy Spirit after she had prayed for three weeks, stabbed me.

"No," I said, sputtering. "They hurt me so deeply, that I've buried the pain. I have not thought about that day for years."

"I know, I was there." She paused, collecting her thoughts. The silence loomed. "It's like soul cancer. I'm going to get off the phone now. You need to talk to Jesus and forgive them."

Soaking journal pages, I sobbed while revisiting the scene. In November, we had picked secret sisters. Expected to send small gifts periodically, we planned to party for a grand finale in December. Lacking finances, I couldn't buy gifts for my secret sister, an elderly lady. On party day, carrying a small gift bag and cookies, I nervously rang the doorbell at the host's mansion. All social phobias and anxieties pounded loudly as well. Elegantly dressed, the host snickered at my outdated knobby sweater. The Christmas tree, decorated with glass ornaments, glittered perfectly. Up on a ledge, Santa reigned his sleigh, intertwined with forest-green boughs. I laid my little gift near colossal presents billowing with ribbon. The gifts threatened like soldiers ready to strike. While the other ladies chatted, I trembled alone, sweating. When Ellie arrived and talked with me, I rejoiced!

Abruptly, the chatty atmosphere changed. With eyes blazing, the host jabbed her carefully-manicured fingernails in my face.

"Why didn't you buy gifts for my mother-in-law?" Her outburst silenced the chatter. "She was very disappointed."

Cowering like a caged prisoner, I stammered. "I, I uh, couldn't afford to get anything."

Another woman daggered me with her eyes. Circling like a firing squad, the other women glared accusingly.

"Well, you could have sent a card," a third woman snapped, crossing her arms angrily. "That doesn't cost anything."

Crushed, I withered to a chair. Someone suggested we begin opening presents. As soon as the gift-giving finished, I bolted out the door, devastated and ashamed. Eight years, the pain seethed. Eight years, the wound festered deep beneath the surface. My infected heart had poisoned my soul. Ellie bravely obeyed to speak truth. Festering for nearly a decade, the gash hemorrhaged as I vented painful memories. Exhausted, I agonized, struggling to release the anguish.

As women, we easily connect with other ladies, chatting happily and sharing hearts and life. But if someone wounds, we lash out or bury the pain, sometimes for decades. Left unattended, the hurt can manifest in physical cancer, as occurred in my life. Unforgiveness and bitterness also wreaks havoc in our souls. Our sin breaks fellowship with God. It can zap our strength, sour relationships and adversely affect our health. "Your iniquities have separated you from your God. Your sins have hidden His face from you, so He will not hear."[56] Psalm 32 says, "When I kept silent, my bones wasted away, through my groaning all day long. For day and night, your hand was heavy upon me, my strength was zapped as in the heat of summer." [57]

Cancer and disease are not always caused by unforgiveness, and can be linked to genetics, unhealthy habits and stress. But after extensive medical, sociological and theological research, however, Dr. Michael Barry, director of pastoral care for Cancer Treatment Centers of America and author of *The Forgiveness Project*, indicates more than 61 percent of cancer patients struggle with unforgiving attitudes.[58]

When forgiving, we are not condoning the person's actions or denying the pain. Trauma can dramatically impact our whole lives. Traumatic events, of which circumstances can encompass exploitation and broken trust, can overpower our coping mechanisms and affect us mentally, physically and spiritually, says Psychologist Ester Giller of Sidran Institute, which assists wounded individuals to heal. [60] Yet, even in the darkest places, God can still redeem.

Before World War II, Corrie Ten Boom had lived happily with her watchmaker father in Amsterdam, helping customers keep precise time. Skilled as a watchmaker herself, she enjoyed her orderly life, mostly uneventful from day to day. Then Hitler smashed into Europe, forever altering Corrie's peaceful existence. Controlling and intimidating, he forcefully confiscated nations weary of war and bloodshed from World War I. Many leaders acquiesced. When Hitler threatened to annihilate millions of Jews, Corrie's father and many other brave citizens rose to fight the evil tide. Creating secret spaces inside his home, he hid more than 800 Jews and helped them escape to freedom.

After a fellow Dutchman betrayed them, Corrie, her father and sister were imprisoned in concentration camps for assisting Jews. Stripped, beaten, humiliated and starved, her father and sister languished in the camps, eventually succumbing to death. Corrie survived. In the darkest place of insect-infected barracks, God's light still shined. Away from soldiers who refused to enter the muck, captives studied forbidden Bibles, finding hope and solace.

By a miracle of mixed-up paperwork, Corrie was released from imprisonment when Germany surrendered. She began to preach about God's love and His forgiveness to people in her country and surrounding nations, battered by war. One attendee approached her. After the war, he had met Christ, and started to understand His grace. He asked if she would forgive him. Repulsed, Corrie cringed, visibly shaken. This man, a German soldier at the concentration camp, embodied shame, pain, torture, anger. At his hands, she and her sister suffered. Blood boiling, she could not forgive at first. Hurt and agony raced through her veins, rage pounded in her heart. Hardened and calloused, she wanted to flee, away from his pleading eyes. A thought from Scriptures came to mind. "If you do not forgive, you will not be forgiven."[61]

> *"Even as the angry vengeful thoughts boiled through me, I saw the sin of them. Jesus Christ had died for this man; was I going to ask for more? Lord Jesus, I prayed, forgive me and help me to forgive him...Jesus, I cannot forgive him. Give me your forgiveness...."* Corrie Ten Boom, *The Hiding Place*[62]

She pictured Jesus hanging on the cross, whipped and beaten. His love carried the officer's sins, her sins, and all sins committed. Through His love, she had received forgiveness. Weeping and pleading for help, Corrie extended her hand, trembling. Power shot through her arm and hand, into the officer's hand, and into his heart. Love from heaven flowed between the captive and the perpetrator, breaking chains of bitterness. Forgiveness set the captive free and healed her broken heart.

"I discovered that it is not on our forgiveness any more than on our goodness that the world's healing hinges, but on His. When He tells us to love our enemies, He gives along with the command, the love itself."[63]

Recalling Corrie's story years later, in my deepest agony during breast cancer, I grieved. My heart was shattered. The women had stabbed me, wrenching hurt and agony. Sobs wracked my body. Shaking uncontrollably for half an hour, I penned the pain, tears etching the page like shards of glass. Their faces angrily accused.

Trembling, I could not forgive those women who berated me. I begged Jesus to help.

Weeping, I called out each person by name and cried: "When you berated me, I felt condemned. I felt embarrassed and ashamed. I felt demeaned, rejected and unloved. You hurt me deeply by your actions and words." Tears streamed down my cheeks, soaking my shirt. I collapsed in sorrow.

"Oh! Jesus help me to forgive!" I gasped in agony. "Forgive me for holding bitterness." I pictured Jesus, hanging on the cross, crucified for my sin.

"Because Jesus has forgiven me, I choose to forgive you. I choose to release the pain and sorrow. I choose to forgive you. In Jesus name, I let go of the pain."

I sobbed. Jesus embraced me, comforting through the pain. He held me as tears cascaded down my face. Exhausted and spiritually spent, I curled in my bed, my legs pulled up in fetal position.

"My child, I love you. I forgive you," He whispered. His eye radiated love and grace. Fresh tears spilled.

The ladies' faces softened, the daggering looks dissipated. Burdens lifted. I rose from the floor, transformed.

After forgiving the women who had berated me at a long-ago Christmas party, I rejoiced. I felt relieved and proud, winning accolades in God's courtroom. But the Holy Spirit was not finished convicting and cleansing. He revealed a childhood scene that had occurred forty years before. When told to disrobe in the first-floor bathroom, I acquiesced. While an insider guarded the hallway, a teenage neighbor entered, gawking at kindergarten innocence. Gazing hungrily, he moved closer to my trembling body. My face flamed with shame. He touched my shoulder, clearly wanting more. Suddenly, the guard shoved the door, and hissed, "Parents!" Alarmed, the teen neighbor bolted, leaving me confused and broken. Never expressing the hurt from that day, I barricaded my heart and buried the pain.

Though inwardly burying the hurt, I had exhibited stress outwardly, which included struggling to focus and complete tasks, bedwetting, and withdrawal, all common reactions for those experiencing extreme trauma.[64] The trauma magnified my anxieties and increased sickness and chronic strep infections. Darkness, fire erupting, thunderstorms, tornadoes, closed spaces, new situations, and physicians stressed me out. Playing alone on the school playground, I had isolated myself from the world. Deep depression had overwhelmed, and thoughts of suicide had bombarded my mind.

While recalling the sorrow four decades later, I sobbed uncontrollably. The pain and shame erupted from the deep, bleeding on tear-stained journal pages. Angrily lashing at the perpetrator, and the person who staged the event, I screamed and yelled. Like Corrie Ten Boom, facing her enemy, I wanted to thrash them. My blood boiled, my heart raged. I could not forgive them. They needed to pay for the pain inflicted on me. God should smash them. The lustful teen gawked, destroying innocence. The guard mocked. The little girl cried, dumping anguish.

"You hurt me deeply, making me stand there. I felt ashamed and embarrassed. You stole my innocence. You trashed my childhood. All these years, I've buried the hurt. For forty years, I've carried bitterness." Tears cascaded down my cheeks, pools of pain drenching my soul.

"Jesus, I can't do this on my own. Please help me," I cried. I rocked in agony. Jesus hung on the cross for me, his blood dripped for all humanity. Burdened with all the world's sins, He still chose to forgive those who hurt him. [65]

"You hurt me, you robbed me. I never trusted people again. I withdrew into a very dark place and nearly committed suicide," I gasped, my breathing ragged and stressed. Sobs again wracked my body.

"But because Jesus has forgiven me, I choose to forgive you. I forgive you for hurting me, for abusing me. I choose to release the pain. Oh, Jesus! Forgive me for bitterness and anger. Forgive me for holding this pain for forty years. Forgive me for burying all this hurt."

Tears soaked my shirt and pants, drenching the sheets. For nearly an hour, I cried, sadness saturating my soul. I scrawled agony into my journal. Forty years of burying pain did not uproot easily. Sometimes, staying chained seems safer than rising to freedom.

Slowly, agonizingly, the pain and sorrow dissipated as Jesus ministered forgiveness. The chains of stabbing agony and hurt broke. Depression shattered. By the power of Jesus, and His blood shed on the cross, He forgave and liberated.

"My child, even there, I was with you. I love you."

In the place of pain, the vision changed. The teen's demeanor softened; he almost looked in pain himself. Jesus, with eyes radiating love and mercy, clothed the little girl with a pink robe. Shielding her from the teenager, He gently embraced. He handed her a cuddly teddy bear. Behind us, a beautiful rainbow appeared, shimmering with hope and restoration. I lifted my head and smiled, climbing out of prison and into the sunlight.

Years later, while attending in-depth Biblical training on inner healing, I recalled the trauma, receiving new insight. The young man was broken himself. His father, a genius professor who could discourse eloquently in his field and adeptly manage his abundant garden, rarely spent time with his son. Hurt by lack of attention and possible abuse himself, the teenager acted out and hurt me. As a child walking by their house, I sensed darkness there, overwhelming and sad. Decades later, I understood that teenager grieved his early life as well. In his place of brokenness, I asked Jesus to minister healing and forgiveness. I prayed for new perspective.

Forgiveness shatters bondage. Liberating us from the prison of heartache, forgiveness cleanses our soul and restores our relationship with God. "If we confess our sins, he is faithful and just to forgive us our sins, and cleanse us from all unrighteous."[66] Psalm 32:5 says, "Then I acknowledged my sin to you and did not cover up my iniquity. I said I will confess my transgressions to the Lord, and you forgave the guilt of my sin."[67] Forgiving also removes us from the judgment seat, which rightfully belongs to God.[68] When we confess, we tell the Father we're sorry that our sin mistreated Him and hurt others, expressing our desire to return to Him.[69] His precious blood shatters the power of sin, darkness, and depression. His blood silences and casts down the accuser, who taunted us.[70] His blood sets us free.

"God paid a ransom to save you from the impossible road to heaven, which your fathers tried to take, and the ransom he paid was not merely silver or gold. But he paid for you with the precious lifeblood of Christ, the sinless spotless lamb of God." 1 Peter 1:18,19 (LBT)

An old hymn by Robert Lowry states, "What can take away our sin, nothing but the blood of Jesus. What can make me whole again? Nothing but the blood of Jesus. Oh! Precious is the flow that makes me white as snow. No other fount I know, nothing but the blood of Jesus."[71] Jesus, familiar with suffering, died and resurrected so we could live. By His wounds, we are healed.[72] Through His love, we can forgive offenders, whom have committed atrocities, stolen innocence, abused us. His love overcomes our darkness and can heal our soul cancer. Because He loves and forgives us, we can dance in freedom. Jesus crowns us with new names. Clothed in mercy and grace, we can stride in new beginnings, purpose and greater creativity, arising to our rightful place as Royalty. As ambassadors, we reign as masterpieces, created for the King.

ACTION POINTS:

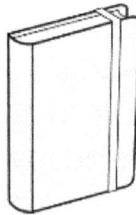

1)**JOURNALING PROMPTS**: What specific painful events or memories have wounded you? Who has offended? Read Luke 23, 24. How does Jesus' love on the cross and His forgiveness affect you? What steps can you take to forgive? You don't need to stay chained. Forgiveness liberates. Jesus, who died and rose again, can set you free. He gives strength and grace to forgive those who hurt you. Note: digging deep into past issues can trigger many emotions. If you are hurting and are considering harming yourself, please seek professional help. The National Suicide Prevention Hotline is 1-800-273-TALK (8255). If you know someone who is depressed, you can help them: Ask. Keep them safe. Be there. Help them connect. Follow up.[73]

If you currently are experiencing cancer or another life-threatening disease, be kind to yourself. Allow friends and family to assist in your home. To someone safe, or in your journal, express the myriad of emotions; allow tears to fall. What burdens do you carry? Through the tears, Jesus has compassion. He is close to the broken hearted.[74] Embracing your pain, He carries you in His loving and everlasting arms. "Do not fear, I am with you. Do not be dismayed, for I am your God. I will strengthen you and help you. I will uphold you with my righteous right hand" (Isaiah 41:10).[75]

2)**PRAYER:** Jesus, I am broken. I've been locked in depression and unforgiveness. In the darkness, You held me. You have never left or abandoned me. Thank you for loving unconditionally and forgiving me. Change my heart, instill willingness to forgive. By Your wounds, I am healed. By Your blood shed on the cross, I am forgiven. Please break chains that bind me. I forgive those people who hurt me. I receive your forgiveness and forgive myself. You set me free. You can take the past and make it into a beautiful masterpiece. In Jesus name, Amen.

3) **MEDITATE** on Ephesians 4:32 (NKJV): "Be kind to one another, tenderhearted, forgiving one another, as God in Christ forgave you." When you are ready, ask the Holy Spirit to gently reveal pain locked in your inner court and to examine your heart.[76] What bitterness or unforgiving attitudes do you carry? Ask the Holy Spirit for a will-

ingness and courage to forgive. Creating in you a clean heart, He will fill you clean thoughts and desires.[77]

4) Visualize the people and event. Ask Jesus to appear with you. Specifically name the person, how they hurt you, and how you felt. Choose to forgive. Speak the declaration out loud. All these principles come from *Healing of the Memories*, by David Seamands, now published in a four-book volume of *Healing your Heart of Painful Emotions.* [78] As you forgive offenders, your heavenly Father will forgive you.[79]

5) He cleanses and washes you whiter than snow.[80] Restored, you are a new creation, royalty in His Kingdom!

6) CREATIVE CORNER: Color the Forgiveness Liberates page. Write on the page: I am a new creation in Christ. 2 Corinthians 5:17.[81] Dance with Jesus to lively worship songs. YouTube offers many choices for praise and worship! The Bible is full of promises and praise for our awesome God. And gratefulness frees our spirit. If you would like to receive inspiring quotes and encouraging messages, visitwww.splashjoy.life.

7) DECLUTTER BUCKET LIST: Continue sprucing the creative space!
#7 Sort instruction booklets. My closet billows with how-to books, which have collected dust bears over the years. As a visual and

auditory learner, I discovered online instruction works great. After keeping a few insightful tools, I dispersed the rest. Which books will you keep? Which books can you donate?

#8 Make a GO-TO BOX: Assemble items you use regularly, such as paint, brushes, scissors, paper adhesive, glue, ruler, paper cutter, markers and pencils. Place them in a medium-sized box or container, about 15 inches by 20 inches, and 8 inches deep. Or you can purchase a ready-decorated box from a craft store. When you create, pick up the box, and presto! Art is instantly at your fingertips.

Bless the LORD, O my soul;
And all that is within me, bless His holy name!
[2] Bless the LORD, O my soul,
And forget not all His benefits:
[3] Who forgives all your iniquities,
Who heals all your diseases,
[4] Who redeems your life from destruction,
Who crowns you with lovingkindness and tender mercies,
[5] Who satisfies your mouth with good things,
So that your youth is renewed like the eagle's.[82]

Journal

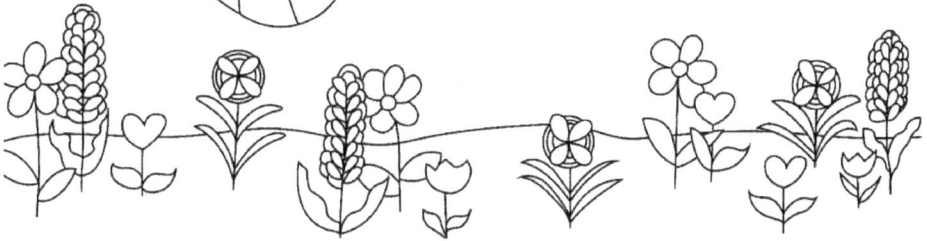

CHAPTER 5:
Masterpieces Creating for the King

"God has planted greatness in you. Let today be the beginning of a great adventure as you step into the gifts he's given you." - Joyce Meyer

Sitting in a chair encircled by church ladies, the young woman hesitantly removed her shoes by a bucket of water. Unsure if she could break the barrier of burdensome adulthood, she reluctantly dipped her bare feet into the coolness. Water rippled, and she smiled. Other women slipped off their sandals and followed her lead, dunking their toes in their filled buckets. Delight abounded. Rolling up pant legs, I stood up and stomped my bucket. Water splashed my face and sprayed the walls. I grinned. Giggles tittered. Mid-fifties women clicked into kids, as water swished the room. They joined the fray, scooping up coolness and dousing friends. Soaked and silly, we laughed heartily, refreshment bubbling like a fountain on a summer day.

From brokenness to joy, I had circled completely. Sensing the young mother needed a gift of mercy and child-like empowerment, I had shared how God showered me with love and compassion in college, kick-starting healing. As she bravely sloshed in the water, becoming like a little kid playing, years of woundedness broke into new beginnings. Later that evening, after addressing depression and traumatic issues, she dug deep to forgive, weeping and crying as her Heavenly Father and the King of Kings showered her with grace.

Like the young woman, we also can be refreshed and restored to our rightful place in the kingdom. Our Papa scrubs off the dirt, washes us, and forgives our past. He liberates. He breaks chains of depression and hopelessness and regret. Removing our sackcloth, He instead drapes royalty on our shoulders.

> "I am overwhelmed with joy in the LORD my God! For he has dressed me with the clothing of salvation and draped me in a robe of righteousness. I am like a bridegroom in his wedding suit or a bride with her jewels."[83]

Beloved, you are chosen. The King of the Universe, who scatters galaxies and holds planets in His hand, cherishes you, loving you with an everlasting love. Redeeming your past, He will transform you for His glory. He crowns you as beautiful, knights you with purpose. You will be called by a new name, becoming a crown of splendor in the Lord's hands.[84] You belong to Him! You are a child of the King of Kings.

> *2 Peter 2:9 says, "But you are a chosen people, a royal priesthood, a people belonging to God, that you may declare the praises of him, who called you out of darkness into his marvelous light."*

Jesus loves you! Restored to the rightful place in His Kingdom, you reign as royalty. The King of Kings recognizes your name, christening your character, identity, and destiny. When God proclaims, His words change nations. Inspiring forty men spanning nearly 2000 years, He has written His message of redemption in the Scriptures.[85] Though feeling inadequate, Moses obeyed God. God used him to deliver the Israelites from cruel Egyptian bondage. As the Israelites prepared to enter the Promised Land in Canaan, God said to Moses:

> *"Write on them (large stones) all the words of this law, when you have crossed over to enter the land the Lord your God is giving you, a land flowing with milk and honey, just as the Lord, the God of your fathers promised you." Deuteronomy 27:3*[86]

With his hand, Moses penned the Torah, the first five Old Testament books, encompassing 187 chapters between Genesis, Exodus, Leviticus, Numbers and Deuteronomy.[87] After encountering the living God in a dramatic heavenly vision, Isaiah scribed 61 chapters of soaring prose, illustrating man's fallen condition and Yahweh's judgment and redemption, including detailed descriptions of Jesus' death on the cross and resurrection.[88] In the New Testament, after Jesus transformed Mary's life, she gladly poured out blessings, using her hands and heart to serve others.[89] In the book of Acts, Lydia already had established credibility as a businesswoman selling beautiful purple cloth and linens. When God opened her heart to Jesus, Lydia was compelled to connect her craftmanship and share His love with others.[90]Sharing God's compassion and helping the poor, Dorcas was a woman who sewed robes and clothes for widows, encouraging them to lift their eyes to Jesus.[91]

As His Spirit motivated artisans and inspired writers in the Bible, He also desires to inspire you. God created you amazingly and gifted you with craftsmanship, calling you to build His Kingdom with your artistry. He celebrates your creative character! Filling you with His Spirit, He will impart great ability. In the Old Testament when God instructed Moses to design the tabernacle, He named specific people to supervise the work.

"See, I have chosen Bezalel, son of Uri, the son of Hur, of the tribe of Judah, and I have filled him with the Spirit of God, with skill, ability and knowledge in all kinds of crafts, to make artistic designs for work in gold, silver and bronze, to cut and set stones, to work in wood and to engage in all kinds of craftsmanship. I have appointed Oholiab, son of Ahisamach, of the tribe of Dan, to help him. Also, I have given skill to all the craftsmen to make everything I commanded you." Ex.31:2-6[92]

Besides instilling skill for artisans, He delights in affirmation and in the scribes, who proclaim His name. He spoke, creating galaxies and scattering stars across the vast universe. When He articulated, plants sprouted in the land, watered by springs. Roaring lions, trumpeting elephants, graceful gazelles and playful puppies romped the earth. Eagles winged on the wind, hummingbirds zinged, and chickadees sang. Tiny beetles and creatures scurried on the earth.[93] His most prized creation, however, is His people. From every tribe, culture and language across the world, He has created each one in His image.[94]Jesus calls you to come closer to Him. In Him, we breathe and move and have life.[95] From the moment you were born, He has dreamed you would pursue His purpose.

> *"You saw me before I was born. Every day of my life was recorded in your book. Every moment was laid out, before a single day had passed." Psalm 139:16* [96]

He's ordained you to create great works of art and to write His answer, heralding the King. And the Lord said to Habakkuk, and says to you:

> **"Write down the revelation and make it plain on tablets, so a herald may run with it." Hab. 2:2. NIV**

With child-like faith, take His hand and run with Him! As a new creation in Christ, your life testifies to God's redemption through Jesus. Clothed with new identity and dignity, you become an ambassador. Jesus, the King of Kings, who knights you with life, calls you to change the world.

> "Therefore if anyone is in Christ, he is a new creature; the old things passed away; behold, new things

have come. Now all these things are from God, who
reconciled us to Himself through Christ and gave us
the ministry of reconciliation. ...

Therefore, we are ambassadors for Christ, as though
God were making an appeal through us; we beg you
on behalf of Christ, be reconciled to God. He made
Him who knew no sin to be sin on our behalf, so that
we might become the righteousness of God in Him."
2 Cor. 5:17-21 NASB

What if expressing your messes and imperfections illustrated His
loving grace? What if your story of brokenness and restoration
shattered chains of depression in another person's life? With His
hands and Spirit linked to yours, you can create amazing masterpieces. Penning your book or painting your canvas or snapping
a picture of spectacular sunsets could change nations. All things
are possible with God. When you seek His kingdom first, He will
multiply all your efforts. He partners with you, inspiring ideas.
Projecting purpose and potential, He calls you to higher hospitality,
creativity and impact. God has designed you, a masterpiece in His
hands. Ephesians 2:10 says: "For we are God's masterpiece. He
has created us anew in Christ Jesus, so we can do the good things
he planned for us long ago." Chosen one, rise into your rightful
place in His Kingdom! Crowning you with life, God delights in
you and will reignite your creativity. As you clean up your clutter,
forgive those who hurt you, and clothe yourself with His royalty,
you will discover new beginnings and life! Reigning with Him,
you can proclaim His name and scribe His message, creating with
finesse and excellence. Venture out with child-like faith and dance
in the fountain of joy!

ACTION POINTS:

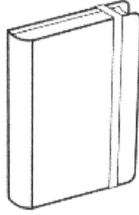

1) **JOURNALING PROMPTS**: Ask the Holy Spirit to reignite creativity. When you were a child, what creative ventures did you enjoy? What dreams will He rekindle? In which creative areas do you thrive? He knows your name and believes in you! You are royalty, and the King loves you with an everlasting love. Ask Jesus: How many books or articles do You want me to write? Ask for specific titles and themes, storing them in your cell phone or computer. If you like to paint or create, ask Jesus for fresh inspiration. What new perspective or design comes to mind?

2) **PRAYER:** Jesus, create in me a clean heart, instilling new dreams and vision, excitement for creative endeavors. Thank you for restoring my life and making me new. Thank You for forgiving my sin. Thank you that I can reign as royalty. Clothe me with Your righteousness. Crown me with destiny. From brokenness, make something beautiful, a masterpiece in Your hands. As You inspire creativity, help me to reflect Your Glory and proclaim Your Kingdom. In Jesus name, Amen.

3) **MEDITATE** on 2 Corinthians 2:17:

"Therefore, if anyone is in Christ, he is a new creation. The old has passed away; behold, the new has come."

4) **CREATIVE CORNER:** Color the crown page. If you own glitter paint or jewels, bedazzle the crown! Choose to believe you are royalty. He chooses you. You belong to Him. Out of a new identity, you can step confidently into your calling and purpose as an artist and author. Take an art class or dive into writing! You are a new creation in Christ, chosen to proclaim His name. Joy splashes life!

Journal

~ inspire ~ honor ~ glorify ~

Chosen

You are a chosen people, a royal priesthood,
a holy nation, a people belonging to God. 1 Peter 2:9

~ create ~ proclaim ~ scribe ~

ENDNOTES

Introduction

[1] Seth. Self-Storage Industry Statistics. *Statistic Brain*. Statistic Brain, 07 Sept. 2016. Web. 06 July 2017

Chapter 1

[2] Tweet by Rick Woods, *Make Room for Clarity: Getting Rid of Clutter That Gets in Your Way,* (TFO Publishing, 2015)

[3] Sherrie Bourg Carter, "Why Mess causes Stress: 8 reasons 8 remedies, in Psychology Today, March 14, 2014, https://www.psychologytoday.com/blog/high-octane-women/201203/why-mess-causes-stress-8-reasons-8-remedies, accessed April 19, 2017

[4] Anthony Graesch, co-author of *Life at Home in the 21st Century: 32 Families Open Their Doors*, (Los Angeles: The Cotsen Institute of Archeology Press, 2012) in article by Jack Feuer, "The Clutter Culture," http://magazine.ucla.edu/features/the-clutter-culture/index.html, accessed April 19, 2017

[5] Meyers and Briggs Foundation, (2017), MTBI Basics, accessed April 17, 2017 from http://www.myersbriggs.org/my-mbti-personality-type/mbti-basics/the-16-mbti-types.htm,

[6] Paraphrase of Luke 10:38-41

[7] Matthew 11:28 NIV

[8] Jeremiah 29:13 NLT

[9] Psalm 91:1 NIV

[10] Psalm 37:7 NKJV

[11] Tweet by Andi Willis, www.goodlifeorganizing.net, accessed May 6, 2017

[12] Donna Smallin, Clear the Clutter, Find Happiness, (North Adams, MA: Storey Publishing 2014), Print, page 68

[13] Phillippa Lally, C.H.M. Jaarsveld, H.W.W. Potts, J. Wardle, "How are habits formed: Modelling habit formation in the real world." European Journal of Psychology. (2009): n. page. *Online library*. John Wiley and Sons. Lally studied 96 people over 12 weeks who worked to build new health habits, focusing on eating or fitness, such as exercising 15 minutes after lunch, or drinking one bottle of water. Each person recorded if he was faithful to meeting the goal, and how they managed setbacks. Lally's study indicated habits may take longer to build than 21 days, promoted by many psychologists.

[14] 1 Corinthians 14:40 NIV

[15] Psalm 32:8

[16] Donna Smallin, page 214

Chapter 2

[17] Proverbs 18:4 AMP

[18] Christopher Klein, "10 Things You May Not Know about the Dust Bowl," History, A&E Networks, n.d., http://www.history.com/news/10-things-you-may-not-know-about-the-dust-bowl, accessed Mar. 24, 2017 During the Great Depression, a combination of over-plowing with fancy new tractors, soil erosion and extended drought created perfect conditions for multiple "black blizzards" to whip up dust storms across Oklahoma, Colorado and plains states. In one enormous storm, the black dust rose to 10,000 feet and moved 2,000 miles, all the way to the East Coast. Stressed and overwhelmed, millions of farmers were forced to leave the land and start new in the cities, where they felt trapped and purposeless, their dreams of prosperity and success shattered.

[19] Karen Hesse, quote from *Out of the Dust*, (New York: Scholastic Press, 1997), print, in https://www.goodreads.com/author/quotes/4057.Karen_Hesse

[20] Vineyard Church service, Evanston, October 1984

[21] Psalm 103:8. NLT

[22] Psalm 68:7-9 NIV

[23] Jeremiah 31:3 NASB

[24] 1 John 3:1 NIV

[25] Fanny Crosby, 1820-1915, Hymns of Glorious Praise, 137, Gospel Publishing House, 1969

[26] Psalm 36:9 NASB

Chapter 3

[27] World Health Organization, "Depression," World Health Organization, World Health Alliance, n.d., http://www.who.int/mediacentre/factsheets/fs369/en/, accessed July 15, 2014

[28] Hebrews 13:5 Amplified

[29] Robert S. McGee, *Search for Significance*, (Nashville, TN: Thomas Nelson, 1985), now updated as *Search for Significance, Seeing Your True Worth in God's Eyes,* (Nashville, TN: Thomas Nelson, 2003)

[30] Psalm 147:4 NLT

[31] Elizabeth Howell, Space.com. «How Many Stars Are in the Universe?»*Space.com*. Purch, n.d. Web. 15 May 2017. https://www.space.com/26078-how-many-stars-are-there.html>.

[32] Smale, https://starchild.gsfc.nasa.gov/docs/StarChild/questions/question21.html, n.d., web, accessed 23 Feb. 2018

[33] Jon Austin, https://www.express.co.uk/news/science/610004/Largest-star-in-universe-Earth-and-sun-scale-image-red-hyper-giant-VY-Canis-Majoris

[34] Louie Giglio and Matt Redman, Indescribable: Encountering God's Glory in the Beauty of the Universe, David C. Cook, 2001

[35] Isaiah 40:26; NSAB

[36] Isaiah 45:1 NIV

[37] Neil Izenberg, M.D., Editor in Chief and Founder, Kids Health, "How Eyes Work," kidshealth.org, Nemours Foundation Center for Children's Health, https://www.youtube.com/watch?v=syaQg-mxb5i0, accessed March 13, 2017

[38] Mayo Clinic, "Slideshow: How Your Brain Works," Mayo Foundation for Medical Education and Research, n.d., http://www.mayoclinic.org/brain/sls-20077047?s=8, accessed July 15, 2017

[39] Dr. Joseph Paturi, Provost of Temple Baptist College, Cincinnati. Ohio, https://answersingenesis.org/kids/anatomy/the-human-body/ , accessed May 10, 2017

[40] Psalm 139

[41] Psalm 139: 13,14 NLT

[42] Romans 5:8 KJV

[43] Colossians 1:14 NASB

[44] Psalm 139:13,14 NLT

[45] Colossians 1:21,22 NIV

[46] Psalm 8:3-5 NIV

[47] Isaiah 46:3,4

[48] Matthew 4:17 NLT

[49] Jeremiah 1:5

[50] John 3:16 KJV

[51] 1 John 1:9 KJV

[52] Romans 10:9 NIV

[53] Isaiah 43:1 NIV

[54] Donna Smallin, page 74

Chapter 4

[55]Dr. Daniel K. Flavin, "Depression: Major Depressive Disorder," Mayo Clinic, Mayo Clinic Foundation, http://www.mayoclinic.org/diseases-conditions/depression/basics/symptoms/con-20032977 , accessed March 20, 2017

[56] Isaiah 59:1 NIV

[57] Psalm 32:4,5 NIV

[58] Dr. Michael Barry in newscast by Lorie Johnson, "The Deadly Consequences of Unforgiveness," CBN Broadcast, ABS-CBN Broadcast Network, June 22, 2012, http://www1.cbn.com/cbnnews/healthscience/2015/June/The-Deadly-Consequences-of-Unforgiveness, accessed March 25, 2017

[60] Ester Giller, "What Is Psychological Trauma?" Sidran Institute, https://www.sidran.org/resources/for-survivors-and-loved-ones/what-is-psychological-trauma/, accessed May 13, 2017

[61] Matthew 6:14,15 KJV

[62] Corrie Ten Boom, with John and Elizabeth Sherill. *The **Hiding Place.** The **Triumphant True Story of Corrie Ten Boom***. (Chosen Books, 1971.) Print.

[63] Ten Boom, *The Hiding Place*

[64] "Trauma and Shock," American Psychological Association, www.apa.org/topics/trauma, revised from article by Kevin Rowell PhD, and Rebecca Thomley, Psyd, "Recovering Emotionally from Disaster," Aug. 2013, Psychology Help Center, American Psychology Association, accessed April 1, 2017

[65] Luke 23

[66] 1 John 1:9 KJV

[67] Psalm 32:5 NIV

[68] Romans 14:10-12

[69] Study note from Zechariah 12:10-14, *NIV Faith in Action Study Bible: Living God's Word in a Changing World*, (Grand Rapids, MI: Zondervan, 2005), page 1539

[70] Rev. 12:10-11 KJV

[71] Robert Lowry, 1826-1899, "Nothing but the Blood of Jesus," hymnary.org/text/what_can_wash_away_my_sin, accessed May 16, 2017

[72] Isaiah 53:1-5 NKJV

[73] How and why the 5 steps can help prevent suicide, http://www.bethe1to.com/bethe1to-steps-evidence/

[74] Psalm 34:18 NIV

[75] Isaiah 41:10 NIV

[76] Psalm 139:23,24 KJV

[77] Psalm 51:10 TLB

[78] David Seamands, *Healing of Memories*, originally published by Victor, 1987. The principals of forgiveness and healing can be found in an updated version of a four-book volume by Seamands: *Healing Your Heart of Painful Emotions,* World Publishing, 2002

[79] Matthew 6:14 NIV

[80] Psalm 51:7 NIV

[81] 2 Corinthians 5:17 Amplified

[82] Psalm 103:1-5 NKJV

Chapter 5

[83] Isaiah 61:10, NLT

[84] Isaiah 62:2,3 NIV

[85] Tim Chaffey, "Unity of the Bible," Answers in Genesis, April 1, 2011, https://answersingenesis.org/the-word-of-god/3-unity-of-the-bible/, web, accessed July 24, 2017

[86] Deuteronomy 27:3 NIV

[87] J. Hampton Keathley III, "The Law, the First Five Books," part of Concise Old Testament Survey, Bible.org, n.d., web, accessed July 24, 2017

[88] Notes on Isaiah from NIV Application Commentary, *NIV Faith in Action Study Bible*, (Grand Rapids MI: Zondervan), page 1070

[89] John 12:1-8

[90] Acts 16:11-15

[91] Acts 9:36-40

[92] Exodus 31:2-6 NIV

[93] Genesis 1

[94] Genesis 1:27 NKJV

[95] Acts 17:28 NLT

Acknowledgements

I thank Jesus, who has shattered chains of depression and anxiety, healed brokenness, forgiven, loved and instilled hope. Redeeming and restoring, He gives life to everyone who believes in His mighty name. We are crowned to create for His glory.

To my parents: You valued education, modeled morality and commitment in marriage, expected excellence. Thank you for instilling in me a joy of learning, writing and creativity. Your legacy still resonates in my life.

To Rex, my wonderful husband. Through difficult places and delightful days, you showed grace, comforting, encouraging, and believing in the dream. Thanks for your faithfulness. Your humor brightens my life, and I look forward to experiencing more adventures in our lifetime.

To my children, Jordan, along with his wife Michelle, Becca, Naomi, Caleb, Isaac. I am so blessed! Thank you for filling our home with laughter and joy. You have purpose and potential. All of you will change the world with your unique gifts and abilities. When you seek Jesus, He can propel you to impact nations. Dream big and marvel at God's miracles! I pray His joy will strengthen you, and His love will fill you to overflowing.

To Shelley Hitz and all writers and creatives connected with Author Audience Academy: Thank you for inspiring me to set goals and conquer them, and to persevere in writing, one step at a time. Your ideas, training, and encouragement have helped me push the limits and soar to new heights!

To editor Nancy: You polished the manuscript, making it shine. Thank you for all your arduous work.

To my prayer team: When I send requests, you quickly answer and intercede before the Father. I can feel God's hand lifting me over the wall, giving courage to move forward.

To my beta readers: I appreciate your time and willingness to read manuscripts. Providing helpful comments and reviews, you are valuable on the team.

RESOURCES

WRITING/PUBLISHING/EDITING

EditorNancy from **Fiverr**, https://www.fiverr.com/categories/
writing-translation/proofreading-editing?source=gallery-listing

www.shelleyhitz.com

DECLUTTERING/ORGANIZATION

Willis, Andi. Professional organizer and author. "www.goodlifeor-
ganizing.net." Used by permission.

Smallin, Donna, *Clear the Clutter, Find Happiness: The Ridic-
ulously Thorough Guide to Decluttering Your Home,* North
Adams, MA: Storey Publishing, 2014, Print.

FORGIVENESS

Ten Boom, Corrie with John and Elizabeth Sherill. *The **Hiding
Place.** The **Triumphant True Story of Corrie Ten Boom***. Chosen
Books, 1971. Print.

IDENTITY IN CHRIST, SELF ESTEEM

Mcgee, Robert S. *Search for Significance*, Nashville, Thomas
Nelson, 1985. Updated as *Search for Significance: Finding your*

Truth Worth in God's Eyes, Nashville, Thomas Nelson, 2003.
Print

HEALING

Seamands, David C.*, **Healing of Damaged Emotions,*** Colorado
Springs, CO, David C. Cook, 2015

Bibliography

Carter, Sherrie Bourg. "High Octane Women." *Psychology Today.* Sussex Publishers. 14 Mar. 2014. Web. Accessed 21 March 2017.

Chaffey, Tim. "Unity of the Bible," Answers in Genesis. April 1, 2011.web. accessed July 15, 2017.

Clear, James. "How Long Does It Take to Form a New Habit? Backed by Science." 26 May 2017. Web. Accessed 06 July 2017.

Crosby, Fanny. Hymns of Glorious Praise. 137. Springfield, MO. Gospel Publishing House, 1969. Hymnbook.

"Dust Bowl" Kansas Historical Society, June 2003, https://www.kshs.org/kansapedia/dust-bowl/12040

Feuer, Jack. "The Clutter Culture." *UCLA Magazine.* UCLA, 1 July 2012. Web. 06 July 2017.

Giller, Ester. "What is Psychological Trauma?" Sidran Institute, web. N.d., accessed 17 July 2017.

Hesse, Karen. *Out of the Dust.* New York: Scholastic Press. 1997. Print.

Howell, Elizabeth. "How Many Stars Are in the Universe?" *Space.com.* Purch, n.d. Web. 15 May 2017.

Izenberg, Neil, M.D., "How Eyes Work." kidshealth.org. Nemours Foundation Center for Children's Health. web.

Hosseini, Khaled. *The Kite Runner*. New York: Riverhead Books, 2003. Print.

"How to Declutter Your Home." Budget Dumpster, n.d. Web.

Klein, Christopher. *History.com*. A&E Networks, n.d. Web. accessed 17 April 2017.

Keathley J. Hampton III, "The Law, the First Five Books," part of Concise Old Testament Survey, Bible.org, n.d., web. accessed 24 July 2017.

Lally, Phillippa, and C.H.M. Jaarsveld. "How Habits Are Formed, Modelling Habit Formation in the Real World." *European Journal of Social Psychology* (2009): n.d. John Wiley and Sons. Online library. Web.

Mayo Clinic., "Slideshow: How Your Brain Works," Mayo Foundation for Medical Education and Research. n.d., web. accessed 15 July 2017

Mcgee, Robert S. *Search for Significance.* Nashville. Thomas Nelson. 1985. Updated as *Search for Significance: Finding your Truth Worth in God's Eyes,* Nashville. Thomas Nelson. 2003. Print

The Myers & Briggs Foundation. (2017). MBTI basics. Retrieved April 17, 2017 from http://www.myersbriggs.org/my-mbti-person-ality-type/mbti-basics/home.htm?bhcp=1

Lewis, C.S. *The Lion, The Witch and the Wardrobe* **from the Chronicles of Narnia.** London, England: Collier Printing/ Macmillan Publishing. 1975. Print.

Oswalt, John. Notes on Isaiah from NIV Application Commentary. *NIV Faith in Action Study Bible.* Grand Rapids MI: Zondervan. 2005. Bible.

Paturi, Dr. Joseph. "The Human Body." Answers in Genesis. web. accessed 10 May, 2017.

Rowell, Kevin PhD, and Rebecca Thomley, Psyd, "Recovering Emotionally from Disaster." Aug. 2013. Psychology Help Center. American Psychology Association. web. accessed 1 April 2017.

Ten Boom, Corrie with John and Elizabeth Sherill. *The **Hiding Place:** The **Triumphant True Story of Corrie Ten Boom***. Chosen Books, 1971. Print.

Smallin, Donna. *Clear the Clutter, Find Happiness.* North Adams, MA: Storey Publishing, 2014, Print.

Seth. "Self-Storage Industry Statistics." *Statistic Brain*. Statistic Brain, 07 Sept. 2016. Web. 06 July 2017.

Self-storage association: http://www.selfstorage.org/ssa/content/ navigationmenu/aboutssa/factsheet/ web.

Study note from Zechariah 12:10-14, NIV Faith in Action Study Bible: Living God's Word in a Changing World. Grand Rapids, MI: Zondervan. 2005. Print. Bible.

Trafton, Anne. "In the blink of an eye." MIT News 16 Jan 2014, Cambridge MA: web. accessed 20 March, 2017.

Woods, Rick. *Make Room for Clarity, Getting Rid of the Clutter that Gets in Your Way*, TFO Publishing, 2015. Print.

World Health Organization, "Depression," World Health Organization, World Health Alliance, n.d. web. accessed 23 July 2017

Author Biography

Beth Hope Steigerwalt, educated at Northwestern University's School of Journalism, is an award-winning author, speaker and artist. Since childhood, she has thrived on creating stories and characters, vividly describing scenes to evoke emotion and inspire change. Liberated by God's love from deep depression, brokenness, and bitterness, Beth Hope promotes healing and wholeness through forgiveness, and discovering identity in Christ. A breast-cancer conqueror, she strives to live clutter-free in her temple and in her castle. Married nearly thirty years and parent of five children, Beth Hope delights in scribing stories, painting, hiking, playing board games, watching the sun rise, and worshipping her Creator.

If you were impacted by Splash Joy, please consider writing an honest review on Amazon. Here is the link: https://www.amazon.com/Splash-Joy-Secrets-Forgiven-Clutter-Free-ebook/dp/B07JJHMRK9/ref=sr_1_1?ie=UTF8&qid=1548712469&sr=8-1. Your words are like sunshine beaming in an author's soul, lighting the path, so other people can discover hope and new beginnings in their lives.

Would you like free resources to encourage and inspire you? You can download free coloring pages connected with this book, identity-statement cards, God's character cards, and quotes on forgiveness, at www.splashjoy.life.

If you are seeking a speaker for your event, Beth Hope is available. Combining humor with heartfelt stories, Beth Hope can present a message of hope and healing, ways to reign as royalty. Spurring God-given potential, she will inspire you to dream again and to step into your destiny. Visit www.bethhopesteigerwalt.com.

www.ingramcontent.com/pod-product-compliance
Lightning Source LLC
Chambersburg PA
CBHW070552030426
42337CB00016B/2465

NOTRE-DAME DE BOURG.

—

PROPRIÉTÉ DE L'ÉDITEUR.

—

NOTICE DESCRIPTIVE ET HISTORIQUE

SUR

L'ÉGLISE COLLÉGIALE ET PAROISSIALE

DE

NOTRE-DAME DE BOURG

PAR JULES BAUX,

Archiviste du département, Membre de la Société d'Emulation de l'Ain,
Correspondant du Ministère de l'intérieur pour les monumens historiques,
des Académies de Lyon, Chambéry, Dijon, Versailles.

BOURG-EN-BRESSE,

CHEZ MARTIN-BOTTIER, LIBRAIRE-ÉDITEUR.

—

1849.

IMPRIMÉ PAR MILLIET-BOTTIER.
BOURG-EN-BRESSE. — 1849.

À Monsieur N. Yemeniz.

En même temps que vos ingénieuses combinaisons élèvent au niveau de l'art les produits de la fabrique lyonnaise, votre bibliothèque, monument d'un goût éclairé, achève de réunir sur ses précieuses tablettes, les raretés et les chefs-d'œuvre de l'imprimerie ancienne et moderne. Avec une bienveillance sans égale vous avez ouvert ce trésor à mon admiration et à mes recherches; puissiez-vous agréer l'hommage de cette humble production, comme un témoignage assuré de la reconnaissance et de l'amitié de l'auteur !

Bourg, le 1ᵉʳ décembre 1849.

JULES BAUX.

NOTRE-DAME DE BOURG.

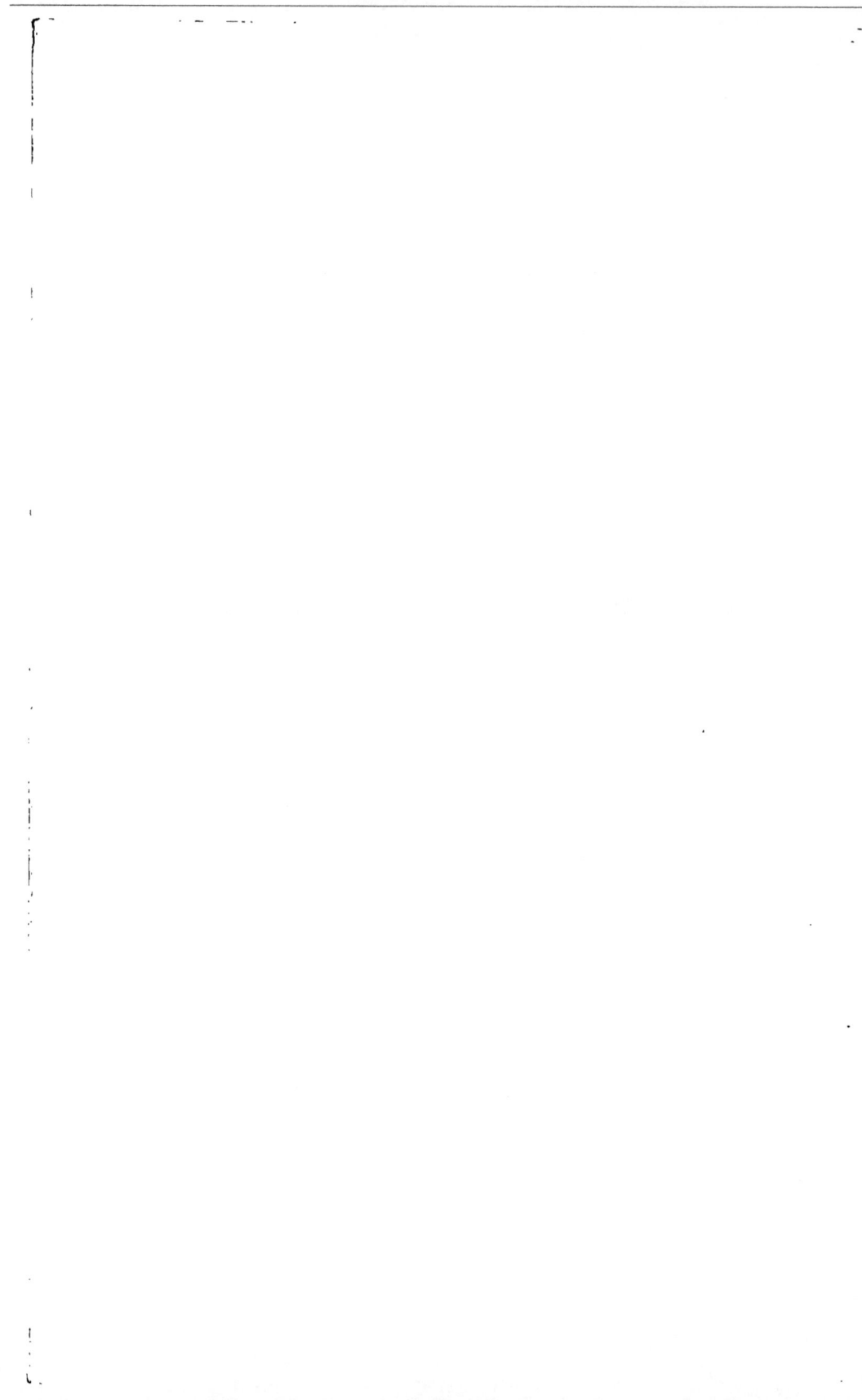

AVERTISSEMENT DE L'AUTEUR.

———

Je me suis proposé la tâche difficile de rechercher et de réunir le peu de documens qui subsistent encore sur l'église collégiale et paroissiale de Notre-Dame de Bourg. Ce monument, le plus intéressant de tous au point de vue de l'histoire locale, n'a pas eu d'annaliste. Il est peu redevable aux historiens du pays qui l'ont, sinon tout à fait oublié, du moins entièrement négligé. Guichenon lui a consacré à peine une page. Quelques notes éparses dans le cinquième volume des *Recherches historiques* de M. de Lateyssonnière, de si digne mémoire, sont plus propres à éveiller la curiosité qu'à la satisfaire. Il est vrai que ce dernier n'avait pas, comme Guichenon son devancier, les matériaux de cette histoire à sa disposition. Ces matériaux existaient avant 1789 dans les archives du chapitre; la révolution les a dispersés ou anéantis. Entreprendre aujourd'hui ce qui n'était exécutable qu'avant cette époque, est une témérité, j'en ai l'intime conviction. Toutefois, sur les demandes instantes et réitérées d'un grand nombre de personnes, qui ont voué aux souvenirs du sol natal un culte et une affection que la gravité des événemens contemporains n'a pu atténuer ni distraire, j'ai, dans le désir de combler autant que possible une lacune dans l'histoire de la ville de Bourg, entrepris résolument cette tâche difficile et laborieuse.

Un mot maintenant sur le fond et sur la forme de cet ouvrage.

Privé de l'immense ressource que m'auraient procurée, pour l'accomplissement de mon travail.

les actes capitulaires et les archives du chapitre de Notre-Dame, il ne me restait d'autre parti à prendre que celui de compulser la vaste et intéressante collection des registres municipaux de la ville de Bourg. Ce sont les analyses, les extraits, les notes et renseignemens que j'ai tirés de cet arsenal de faits et de souvenirs locaux qui ont servi de base à ma composition : c'est dire assez qu'elle est fondée sur des preuves authentiques et incontestables. Voilà pour le fond.

Quant à la forme, on trouvera peut-être que mon récit est trop fréquemment interrompu par la citation des textes originaux ; -- à quoi je répondrai que cette faute, si c'en est une, a été de ma part intentionnelle et volontaire. Il ne faut pas perdre de vue que la plupart des faits qu'on va lire n'ont pas encore été produits ; or, il m'a paru que, pour les accréditer et leur donner la consécration et l'autorité de *faits historiques*, il était nécessaire qu'ils eussent pour cortége et pour garans les documens primitifs auxquels ils doivent leur origine. On a tant abusé de l'histoire ; le roman, la tradition, la légende, ont si souvent usurpé la place de la vérité, que la plupart de nos livres historiques sont à refaire. À défaut d'autre mérite, j'ai tenu à donner à mon récit le cachet d'une incontestable véracité. Il m'a paru, en outre, que la méthode que j'ai adoptée avait cet avantage, de mettre en quelque sorte sous les yeux du lecteur, le relief de la pensée, de l'esprit, des mœurs et du langage de chacune des époques qui se succèdent dans l'ordre de la narration.

Enfin, si à ce que je viens de dire, il fallait ajouter une raison ou une excuse, je prierais le lecteur de se rappeler que le travail qui va suivre est celui d'un *archiviste,* profession en complète analogie avec celle de l'ouvrier mineur ou carrier, auquel, avant toute chose, on demande le minerai ou le bloc, que mettra plus tard en œuvre, s'il est inhabile à le faire lui-même, un ciseau plus exercé, une main plus savante que la sienne.

NOTRE-DAME DE BOURG.

DESCRIPTION.

Notre-Dame de Bourg, comme monument, mérite à plus d'un titre l'attention de l'observateur. Trois âges, et partant plusieurs systèmes d'architecture, lui ont successivement laissé leur empreinte. Le XVᵉ siècle revendique une portion de l'apside; le XVIᵉ, les voûtes, les nefs, les chapelles, la région inférieure de la façade; le XVIIᵉ siècle enfin, le reste de la façade et le clocher.

Nous ne comparerons point, comme on se plaît trop à le faire, Notre-Dame à l'église de Brou, sa voisine et sa contemporaine; car cet oiseux parallèle ne donnerait pour résultat que la constatation d'une disparate absolue. Notre-Dame n'est pas le produit d'une pensée unique, elle n'a pas été jetée en quelque sorte dans un seul moule; elle n'a pas la prétention de former un type. Elle ne cherche pas sa distinction et son originalité dans la richesse des matériaux, dans la profusion des ornemens. Elle ne fait pas miroiter à nos yeux ces vitraux blasonnés, ces personnages à sceptre et à couronne qui resplendissent étincelans d'or et de pourpre dans le sanctuaire érigé par la fille des Césars.

1

Vous n'y trouverez pas, comme à Brou, des mausolées somptueux, ces mille et une statuettes, cette multitude de niches, de dais, de pinacles, de fleurons, de moulures, de festons, ornementation exubérante qui étonne plutôt qu'elle n'émeut le spectateur. Notre-Dame de Bourg, fille du peuple, construite pour et par le peuple, a une beauté simple, calme, analogue à son origine et à sa destination. Cependant, bien que telle soit au premier aspect l'impression qu'elle produit, nous trouverons en l'examinant de près plus d'une perle dans son écrin. Eglise à la fois parois-siale et collégiale, elle a appartenu à plusieurs propriétaires: le chœur au chapitre, les nefs à la communauté des habi-tans, les chapelles aux corporations et aux particuliers. De là vient que dans le chœur éclate je ne sais quelle splendeur, quelle élégance patricienne, que l'on ne retrouve plus au même degré dans les autres parties de l'édifice.

Mais avant d'aborder les détails, nous donnerons une idée sommaire de son plan et de sa forme.

L'orientation de Notre-Dame de Bourg est régulière et liturgique, c'est-à-dire que son chevet est tourné à l'orient, berceau du Christianisme. Dépourvue de transsept, elle a la forme d'un parallélogramme, semblable en cela à la majeure partie des églises de la province; une vaste apside penta-gonale la termine à l'est. Cette partie est, à l'extérieur comme à l'intérieur, la plus remarquable par la fermeté de sa construction et la distinction de la ligne. Elle est percée de cinq grandes baies à ogive aiguë, dont trois seulement sont ouvertes. Ces cinq baies montent jusqu'à la voûte. Pour compenser le défaut de solidité produit par un vide aussi considérable dans cette région de l'édifice, l'architecte a eu le soin de la contrebuter à chaque angle par de robustes contreforts, et de consolider par l'emploi de meneaus en-

trelacés et placés horizontalement dans le champ du vide,
ces immenses ogives qui trouvent ainsi un appui dans les
murs latéraux. Des monstres grimaçans, jetés dans les positions les plus périlleuses sur les derniers amortissemens,
écoulent les eaux du toit, lequel est à deux pentes et recouvert de tuiles à crochet. Il est à regretter que cette région,
la plus noble de tout l'édifice, soit enveloppée et masquée
en partie par le jardin de la cure. Au flanc septentrional
de l'apside se voit une sorte de réduit ou de niche, percée
à l'extérieur d'une fenêtre treillissée : l'emploi et la destination de cette niche étaient restés jusqu'à ce jour indé-
terminés. M. J. Bard, pour lequel l'archéologie religieuse
n'a plus de secrets, a fermé le champ des conjectures. Il a
retrouvé dans cet édicule le *repositorium* des anciennes
basiliques, troisième mode, dit-il, d'asservation des saintes
espèces, d'abord gardées dans la maison des fidèles, puis
sous le *ciborium* des temples, dans la custode suspendue,
conservées enfin dans une niche ou crédence, le *repositorium*, très-fréquent en Bourgogne.

Les faces latérales du vaisseau ne présentent rien de
saillant, à part toutefois ses belles assises de pierres de
moyen appareil, sorties des carrières de Jasseron. Elles
sont percées de deux rangs de fenêtres ogivales, dont les
inférieures sont pratiquées dans les murs des chapelles et
correspondent au rang supérieur percé dans le mur de la
grande nef. La dépression de leurs ogives accuse l'époque
qui les a faites. Une petite porte est pratiquée dans la face
méridionale; on a bouché celle dont on voit encore la trace
au côté nord, et qui anciennement servait de communication avec le cloître du chapitre.

Quant à la façade, imitation un peu servile des formes
grecques et romaines, elle tranche, sans aucun scrupule

pour les lois de l'harmonie, avec le reste de l'édifice ; mais considérée isolément, il faut lui reconnaître un caractère noble et imposant, effet que contribue à produire son élévation et son ornementation comparées avec celles des constructions qui l'avoisinent.

Trois portes, percées dans la région inférieure, donnent accès dans le temple et correspondent à ses trois nefs. Deux de ces portes, celles du centre et de la nef méridionale, arrondies en plein cintre, identiques de forme et d'ornemens, sont d'un motif ferme et riche à la fois. Pendant que la porte nord, relativement exiguë et chétive, sans voussure et sans profondeur, est assez disgracieusement couronnée par un fronton triangulaire dont le motif semble emprunté à cette architecture bâtarde que l'on retrouve partout dans les édifices construits par les Jésuites. Ce défaut d'uniformité dans l'ensemble des portes trinitaires de la façade ne peut s'expliquer que par l'insuffisance de l'espace qui n'aura pas permis à l'architecte de compléter son plan, ou par la nécessité où l'on s'est trouvé de prendre sur cette porte la cage de l'escalier par lequel on monte au clocher.

Toutes les parois de cette région inférieure sont décorées de pilastres cannelés et de niches dans le goût de la renaissance que 1793 a dépouillées des statues des patrons de l'église. Une balustrade règne au-dessus des portes et forme le point intermédiaire où s'est arrêtée la construction de l'édifice en 1545, date que l'architecte de cette première portion de la façade a pris soin d'inscrire au-dessus de la porte de la contre-nef méridionale.

Au point où nous en sommes, l'œuvre a été interrompue pendant plus d'un siècle. Epuisée des efforts et des sacrifices qu'elle avait faits jusque-là, contrariée dans ses projets et dans sa volonté par le malheur des temps et des événemens,

la ville de Bourg ne put reprendre haleine qu'en 1648,
époque où elle chargea un architecte lyonnais, nommé
Maugras, de continuer la façade de l'église et de construire
son clocher.

Constatons tout d'abord un mérite dans l'architecte dont
la ville fit choix (mérite bien rare dans les gens du métier),
celui de proportionner la dépense aux ressources des particuliers ou des communautés qui les emploient. Evitant
une discordance trop marquée de style entre la partie que
nous venons de décrire et la nouvelle construction, Maugras a jeté au-dessus la vaste tour quadrangulaire du clocher, faisant servir la face ouest à la continuation de la
façade. Pour ce faire, il a donné au mur de face une saillie
latérale suffisante pour cacher les autres parties de la tour
et pour faire concorder les dimensions de la partie supérieure de la façade avec celle de la base, après quoi il a
pratiqué cinq étages d'ouvertures et de fenêtres encadrées
par deux énormes contreforts dont il a dissimulé la crudité
et la lourdeur au moyen de pilastres et de colonnes qu'il
a empilées en quelque sorte les unes sur les autres jusqu'au
faîte de la tour, en observant dans cette superposition
l'ordre méthodique de l'architecture classique, allant du
simple au composé, du pilastre à la colonne, partant du
dorique pour aboutir au corinthien.

Quatre rangs d'ouvertures et de fenêtres à plein cintre
décorent cette façade. Elles se composent, à la première
région au-dessus et en retrait de la porte centrale, d'une
ouverture en forme d'hémicycle, d'un compas égal à l'ar-
chivolte de cette dernière. Cette ouverture, dernière trace,
dernier souvenir de ces roses magnifiques dans lesquelles
les architectes du moyen-âge se complaisaient tant, est
accostée latéralement par deux pilastres d'ordre toscan. A

l'étage supérieur règne une seule fenêtre, décorée à son
sommet par une guirlande sculptée qui dissimule le nu
laissé par cette ouverture. Deux fenêtres géminées et uni-
formes occupent les deux autres étages, dont le pénultième
renferme l'horloge de la paroisse. Le cadran, placé entre
les deux fenêtres, est peint aux armes de la ville. Chacun
des étages que nous venons de mentionner est séparé de
ses voisins par une corniche en saillie.

Du sommet de la façade s'élançait, avant 1793, une tour
octogone, percée à chacun de ses pans d'une fenêtre à plein
cintre et supportant un dôme à autant de compartimens,
sur chacun desquels s'ouvrait un œil de bœuf. Ce dôme
était surmonté par une lanterne, amortie elle-même par
une croix en fer de 35 pieds d'élévation. Les armes de
France brillaient sur la croupe antérieure du dôme. Ce
n'était point la flatterie ni l'esprit courtisanesque qui avait
placé là l'écusson royal, c'était un souvenir destiné à rappeler aux générations suivantes la part prise par Louis XIV
à l'achèvement de l'édifice. Tout cela a été détruit par le
régime de la terreur, et remplacé depuis par cette calotte
hémisphérique qui subsiste aujourd'hui.

Hâtons-nous de pénétrer dans l'intérieur du monument.

Si quelquefois, et avec raison, on a reproché à l'architecture ogivale une certaine confusion dans le plan, dans
la ligne et la distribution de ses édifices, ce reproche ne
peut trouver son application à Notre Dame de Bourg, qui
brille au contraire par les heureuses dispositions de l'ensemble et l'harmonie des parties. Une grande nef, deux
collatérales, deux rangées de chapelles, le tout terminé
par une apside pentagonale; 18 mètres de hauteur, 65 en
longueur: voilà la donnée de l'architecte. Quoique restreint
dans d'aussi modiques proportions, le vaisseau a un cachet

de grandeur et de majesté qui manque à la plupart des monumens qui l'emportent sur celui-ci par l'espace et la dimension, bien cependant que la courbe des arcs et la forme un peu matérielle des piliers qui forment les entre-colonnemens se ressente manifestement de l'affaissement et de l'épuisement de l'art au XVIe siècle. Ce qui sollicite avant toute chose les regards de l'artiste, c'est la distinction et la richesse de la voûte, dont l'effet augmente à mesure que la vue s'étend du portail au fond de l'apside.

Dans cette dernière partie, qui porte l'empreinte des savantes combinaisons des maîtres du XVe siècle, se trouve un pendentif qui étonne et effraie à la fois le spectateur qui sait que l'épaisseur de la voûte de briques qui paraît le supporter n'est que de 15 à 20 centimètres.

C'est dans cette partie de l'édifice (l'apside) que l'art a conservé ses nobles et élégantes traditions. La boiserie qui la décore, moins ouvragée, moins festonnée, j'allais dire moins tourmentée que celle de Brou, offre à l'artiste un modèle de l'art du dessin et de la sculpture sur bois au XVIe siècle. Les têtes en demi-relief qui se trouvent placées sous chacun des siéges des hautes et basses stalles, ne laissent rien à désirer pour la correction et la pureté du dessin, l'originalité et la variété des motifs. Si le public, sans hésitation, donne la préférence aux boiseries de Brou, étourdi qu'il est par la richesse du travail et l'art avec lequel les sculpteurs ont donné au bois des formes si diverses, si incroyables, l'artiste qui ne se laisse pas éblouir par le tour de force, trouvera dans les têtes sculptées de la boiserie de Notre-Dame un sujet d'études plus sérieuses, d'admiration plus légitime. Il y a là, comme partout, cette satyre ardente, fine, ingénieuse et caustique qui caractérise l'époque. Ces caricatures qu'offrent les sculptures de nos églises portent le plus souvent le cachet des dissensions qui existaient alors entre le clergé régulier et le clergé séculier. Si dans les masques étranges et grotesques placés sous chacune des miséricordes de Notre-Dame de Bourg, nous trouvons la personnification et la satyre des vices et des travers le plus généralement attribués aux moines, les stalles de Brou multiplient de leur côté les scènes et les allusions les plus mordantes à l'endroit du clergé séculier. L'agression outrepasse même les limites ordinaires, car plus d'une figure s'étend à la classe laïque : témoin cet infortuné mari qui reçoit des mains de sa femme une correction que, suivant le système arriéré d'éducation de nos pères, les enfans seuls étaient exposés à recevoir.

Les artistes feraient avec intérêt l'examen et l'étude de ces têtes curieuses et remarquables; il est peu d'œuvres de ce genre, je ne dis pas supérieures, mais équivalentes. Toutefois, cet éloge ne s'étend pas aux panneaux supérieurs de la boiserie qui offrent une série de saints personnages, où l'art et le goût ne trouvent pas à louer comme dans les têtes placées au-dessous des *miséricordes*.

La partie qui tapisse la paroi orientale de l'apside, est un après-coup qui date de la fin du siècle dernier, et qui n'affecte nullement la prétention de se raccorder au style de la grande boiserie. Cette portion, qui n'offre rien de remarquable, supporte un Christ d'ivoire d'une grande beauté soit par le fini du travail, soit par sa dimension. Ce morceau remarquable ornait avant 1789 la salle des Etats de la province de Bresse. Caché et conservé par une main pieuse pendant la tourmente révolutionnaire, il a été donné plus tard à l'église de Bourg.

La sacristie, construite sur l'emplacement de l'ancienne chapelle des Pénitens du Confalon, renferme cinq tableaux dignes de remarque. Quatre d'entre eux ont été, mais faussement, attribués à Albert Durer. Ils appartiennent toutefois à l'école allemande du XVIe siècle. Donnés par Marguerite d'Autriche au couvent de Brou, ils ont été apportés à Notre-Dame par le P. Rousselet, dernier prieur des Augustins, qui, au commencement de la Révolution, devint curé constitutionnel de la paroisse de Bourg. Deux de ces tableaux contiennent des épisodes de la vie de saint Jérôme. Celui qui se trouve à gauche, en entrant, représente le saint, alité à la suite d'une grave maladie et transporté dans un songe devant le tribunal du Juge Suprême qui lui demande : Qui es-tu? — *Christianus sum*, répond le saint. — *Mentiris*, répond le Juge, *non Christianus es sed Ciceronianus*. Allusion à l'attrait qu'avait saint Jérôme pour le style du prince des orateurs latins, attrait que sa conscience trop rigoureuse lui représentait comme un péché, sans doute. Deux anges, armés de verges, font expier au saint son engoûment pour la littérature profane. Le tableau, à droite, représente le saint dans sa solitude de Bethléem, recevant le chapeau de cardinal que lui envoie le pape Damase.

Deux autres tableaux de la même époque, mais d'un faire tout différent, sont suspendus aux deux angles de la paroi septentrionale. Celui qui représente Simon le Cyrénéen, aidant au Christ à porter sa croix, est le produit d'une main habile. La ligne et la couleur qui se rencontrent si rarement unies, brillent en parfaite harmonie. La correction, et surtout l'expression des figures, assignent à ce morceau une haute et incontestable valeur artistique; mais il possède un genre de mérite inappréciable si, comme nous sommes portés à le croire après un examen attentif, il renferme le portrait de la donatrice. On sait qu'il fut d'usage au moyen-

1*

âge, et plus tard, de représenter le donataire d'un tableau destiné à une église, dans la position de la prière et de l'adoration. La jeune femme, agenouillée à l'angle du tableau, n'est autre à nos yeux que Marguerite d'Autriche. Ses traits, sa physionomie, ses cheveux blonds, ses lèvres saillantes, le teint et la désinvolture de cette fille du Nord, comparés avec les effigies des médailles, et surtout avec le portrait de la princesse conservé dans les vitraux de Brou, établissent une irrécusable identité. Le doute disparaît complètement, si l'on fait attention à cette jeune plante de Marguerite que le peintre n'a pas placée là sans dessein auprès du personnage, et dont les fleurs ne sont pas encore épanouies, emblème assez évident, ce me semble, du nom et de l'âge de notre princesse. Ce tableau, remarquable à tant de titres, emprunte à cette dernière circonstance un intérêt qui doit le faire considérer désormais comme le joyau le plus précieux des richesses artistiques de notre province.

Le tableau correspondant, c'est-à-dire le Christ au tombeau, est de tout point inférieur pour l'exécution à celui que nous venons de décrire. Le dessin en est barbare. L'auteur ignorait les premiers élémens de l'anatomie, science première et indispensable du peintre. Le bras gauche de Notre-Seigneur accuse une maladresse impardonnable; on dirait qu'il sort de l'oreille. On ne peut excuser de pareilles fautes qu'en se rappelant qu'au moyen-âge les artistes, ceux du Nord particulièrement, ne s'appliquaient qu'à une seule chose, l'expression de la tête. Si M. Mérimée se fût rappelé cela, il eût porté un jugement moins sévère et moins absolu sur le vitrail de la chapelle de saint Crépin, vitrail où sans doute les lois de la perspective ont été outragées, on ne saurait en disconvenir, mais où on remarque dans les têtes un incontestable mérite d'expression.

Le tableau central, soit Notre-Dame-des-Anges, provient d'une chapelle qui existait autrefois dans l'ancien cimetière de la ville sous ce vocable. Ce tableau aux allures raphaëliques, d'un effet gracieux, est le produit d'un pinceau exercé.

C'est dans cette sacristie que l'on conserve le tableau miraculeux de Notre-Dame, trouvé jadis dans le tronc d'un saule par un berger sur l'emplacement même de notre église. Objet de la vénération des siècles, ce tableau ne se prête pas à une appréciation vulgaire au point de vue de l'art. Si toutefois il fallait en déterminer l'époque d'après les données ordinaires, nous dirions qu'il accuse le faire et la manière des peintres du XIIIe siècle. Maltraité pendant la révolution, il a subi depuis une restauration peut-être regrettable.

Si nous n'avons fait nulle mention des tableaux qui se trouvent dans le chœur, c'est qu'ils nous ont paru tous et sans exception d'une si déplorable médiocrité, qu'ils déparent plutôt qu'ils n'embellissent cette partie la plus remarquable de l'édifice. Ils proviennent de la confrérie des Pénitens qui en firent don à l'église, lors de leur dissolution en 1792.

La chaire de Notre-Dame de Bourg mérite une mention très-honorable. Richesse, élégance, simplicité, qualités qui vont rarement de pair, distinguent cette œuvre dans laquelle les sculpteurs sur bois du XVIIIe siècle ont lutté avec bonheur contre leurs devanciers. La tradition refuse aux menuisiers et aux sculpteurs de Bourg l'honneur de ce chef-d'œuvre et l'attribue aux ouvriers de Varambon. Toutefois nous n'avons pu recueillir à ce sujet aucune preuve déterminante. Ce qui est hors de doute, c'est que les dessins de ce meuble remarquable et de ses admirables bas-reliefs sont dus au crayon de M. Fiot, qui, en 1758, se rendit adjudicataire de sa confection, au prix de 2,600 livres.

L'emploi des verres de couleur est indispensable dans un vaisseau ogival. La physionomie intérieure de Notre-Dame souffre de leur absence : c'est une mutilation que lui a infligée le régime de 1793, et qui n'a pu être encore réparée. C'est surtout le vitrail des grandes baies apsidaires qui réclame le plus impérieusement une restauration dans ce sens ; car la vue du spectateur et des fidèles est offensée par le jour criard qui pénètre à travers le verre blanc de la région inférieure. C'est à remédier à ce fâcheux effet que devront s'appliquer les premiers fonds disponibles à employer en embellissemens. Il faudra, au préalable, démasquer et ouvrir les deux baies latérales, et les garnir en verre de couleur ; mais quand on en sera là, il faudra recommander, ou pour mieux dire, exiger de l'artiste qui les fournira, l'homogénéité, l'identité du ton et de la transparence conforme à la portion de verrière qui existe encore dans la région supérieure et que n'a pu atteindre apparemment la main des iconoclastes. Une autre réparation, non moins importante, est celle qui consistera à rendre à la région du chœur sa physionomie ancienne, dénaturée par l'application des formes et la superposition des ornemens du XVIIIe siècle. M. Joseph Bard regrette que l'église Notre-Dame soit dépourvue du *triforium*, c'est-à-dire de ces tribunes élégantes que l'on admire dans les églises de Saint-Nizier à Lyon, et de Pérouges près Meximieux. Nous partageons les regrets du savant monumentaliste. Mais quand nous nous prenons à réfléchir à l'exiguité, à l'insuffisance des ressources à l'aide desquelles Notre-Dame a été érigée, nous regrettons moins ce qui peut y manquer, que nous n'admirons un tel résultat obtenu par la foi et par le dévouement.

NOTRE-DAME DE BOURG.

—◦—

HISTOIRE.

En 1494 s'achevait à Bourg l'église des Dominicains ou Frères-Prêcheurs, monument d'une rare distinction, produit de la grande et belle phase ogivale du XVe siècle. Bien qu'aucune interruption n'en eût arrêté le cours et le progrès, il avait exigé quatre-vingts années pour arriver à son terme ; car c'était en 1416 qu'étaient venus s'établir à Bourg les Dominicains, et cela, à la requête d'Amédée VIII qui avait obtenu du pape Jean XXIII le bref de leur fondation.

Ce n'était point sans raison que ce prince avait sollicité l'établissement de cet ordre dans ses états de Bresse, car l'hérésie et le schisme désolaient l'Eglise, et faisaient chaque jour de nouveaux prosélytes. Trois compétiteurs se disputaient la chaire de saint Pierre ; les peuples, scandalisés, réclamaient à haute voix la réforme des hauts dignitaires du clergé ; enfin le Concile, alors assemblé à Constance, s'efforçait vainement de jeter une digue au-devant des débordemens et des maux de l'époque. Le supplice de Jean Hus et de Jérôme de Prague, contrairement à l'effet qu'on en attendait, avait ranimé le zèle de leurs partisans et en avait augmenté le nombre. Dans ces fâcheuses

conjonctures, le duc Amédée s'empressa d'appeler dans la
capitale de ses états de Bresse l'ardente milice des Dominicains, défenseurs zélés du Saint-Siége et des doctrines
catholiques, adversaires redoutables de l'hérésie, ministres
terribles des tribunaux de l'Inquisition. Les ducs de Savoie
épuisèrent toutes leurs libéralités en leur faveur. Outre les
dons en argent, les priviléges, les exemptions de toutes
taxes et péages, ils leur avaient concédé en toute propriété
la carrière de Jasseron et les avaient autorisés à prendre à
leur choix, dans les forêts ducales, les bois nécessaires à
la construction de leur église et du couvent. Les papes leur
dispensaient avec largesse les indulgences et les reliques
des saints les plus en renom, sortes de faveurs alors très-
productives. Plusieurs os des dix mille martyrs, un os de
saint Loup, évêque de Trèves, un fragment du voile de la
sainte Vierge, des indulgences plénières ou à temps, atti-
raient à leurs autels de fréquens visiteurs, dont on ne
manquait pas d'intéresser le zèle au profit de la construction,
laquelle, nous l'avons dit plus haut, était achevée en 1494,
toutefois à part le portail. C'était, on le sait, la partie sur
laquelle, architectes et sculpteurs semaient avec le plus de
profusion et de magnificence les conceptions et les fantaisies
de leur imagination. Il s'agissait, avant d'entreprendre
cette œuvre importante, de trouver un moyen efficace et
réparateur pour ramener dans l'escarcelle des moines les
ressources épuisées. Le cardinal de St-Martin, archevêque
de Lyon, leur vint en aide, en délivrant en leur faveur
une ordonnance qui les autorisait à faire des quêtes dans
toute l'étendue de son diocèse, et en ajoutant de nouvelles
indulgences à celles déjà si nombreuses dont il était loisible
aux fidèles de s'approprier le bénéfice. Par ce moyen
l'œuvre fut bientôt intégralement conduite à sa fin, et les

Frères-Prêcheurs en possession du monument le plus somptueux de la ville.

Quoique flattés et satisfaits de la création d'un tel édifice, les habitans de Bourg éprouvèrent bientôt une sorte de dépit et de malaise en considérant qu'une simple communauté de moines avait sur eux un si grand avantage, car ils ne possédaient qu'une simple chapelle dans leurs murs, le siège de la paroisse étant alors fixé au prieuré de Brou.

Le sol occupé par cette chapelle avait été, suivant une tradition ancienne et vénérée, un lieu champêtre et marécageux, où jadis un berger trouva dans le tronc d'un saule une image de la sainte Vierge, image encore conservée de nos jours, et exposée à la vénération des fidèles le jour de l'Annonciation, fête patronale de la ville. Construite sur le lieu même de cette miraculeuse découverte, et dédiée à Notre-Dame, cette chapelle relevait du prieur de Brou, alors curé de Bourg, lequel, en cette qualité, percevait sur toute l'étendue de la paroisse les dîmes et autres droits paroissiaux. Elle était desservie par une congrégation de prêtres, au nombre de vingt-huit, tous enfans de la ville, baptisés sur les fonts de la paroisse. Ces ecclésiastiques, dotés de prébendes, étaient spécialement chargés d'acquitter les services fondés par les particuliers et les corporations. Ils portèrent successivement les noms de Remembranciers, d'Incorporés, et plus tard de Chanoines.

De nombreux et quelquefois d'illustres pélerins, attirés par les miracles qui s'opéraient à Notre-Dame de Bourg, affluaient à ses autels. Aymon, comte de Savoie, fut en 1342 du nombre des pieux visiteurs. Ce prince, affligé d'une maladie grave qui avait résisté aux efforts de la médecine, voire à un pélerinage fait à Saint-Claude en Comté, dut le rétablissement de sa santé à l'intercession de Notre-Dame de Bourg, ainsi qu'en témoigne une vieille chronique que nous reproduisons ici dans sa naïveté originale.

« Survint au comte Aymon une très griefve maladie, et
« pour en obtenir grace et allegement prist voulloir de aller
« de son chastel de Chambéry en grande humilité et dévo-
« tion au benoit corps sainct de monsieur sainct Claude,
« et va offrir à Dieu et sa glorieuse Mère et au dict corps
« sainct, ung cire ardant jour et nuict devant le dict corps
« sainct de monsieur sainct Claude ; et faicte sa dicte
« dévotion, du dict lieu sen retourna en son chastel de
« Chambéry : et certain temps, voyant non estre guéry de
« sa dicte maladie, sen retourna de rechief, prenant en
« son cuœur une singulière dévotion et vote (vœu) de venir
« faire son offrande à Dieu et à sa dicte glorieuse Mère au
« temple et esglise de sa bonne ville de Bourg en Bresse,
« en la quelle esglise de sa ville de Bourg, le jour de la
« veille de l'Assomption de Notre - Dame veint faire en
« grande humilité sa dévotion, vote et promésse, et va
« offrir à l'honneur de Dieu et de Nostre Dame deux cierges
« ardans, perpétuellement jour et nuict en l'esglise et de-
» vant l'ymage de la très haute et glorieuse Mère de Dieu,
« dédiquée et fondée en la dicte ville, et après avoir faict
« son offrande de dévotion et promesse, le dict comte
« Aymon fut guéry et sain de tous points de sa dicte ma-
« ladie, et tousiours persévérant en sa singulière dévotion
« et rendant graces à Dieu et à sa glorieuse Mère, ordonna
« le jour de la feste de Assomption de Nostre Dame estre
« faicte dans la dicte esglise une singulière remambrance
« et dévotion de la grace à lui faicte, et que fust dicte une
« messe solemnement par les prebstres de la dicte esglise,
« et au milieu de la dicte messe estre faict sermon des
« grans graces qui se trouvent envers la glorieuse Vierge

« Marie par ceulx qui se recourront à elle de bon cueur,
« et que le dict sermon soit faict par celluy qui le fera, le
« visaige tourné contre l'ymage de la glorieuse Vierge
« Marie, et pour icelle commémoration et remembrance à
« faire le dict jour, leur donna perpétuellement dix florins
« par an. Et lorsque le comte Aymon eut garison et paix
« en son pays, mercia Dieu et se prist à mener bonne vie
« et saincte (*). »

La distance de la ville de Bourg à l'église paroissiale,
distance d'un mille environ, comme parlent les anciens
titres *(ad unum ab urbe lapidem)*, était un inconvénient
majeur, senti depuis long-temps, et qui rendait l'assistance
des habitans de Bourg aux offices divins difficile et souvent
impraticable; aussi le service religieux était-il, à part le
dimanche, suivi avec plus d'assiduité à Notre-Dame. Il
arriva de là que les prêtres incorporés perçurent plus abon-
damment les rétributions du culte que le prieur de Brou,
curé de la paroisse; ce qui suscita entre ces ecclésiastiques
des contestations sans cesse renaissantes, malgré plusieurs
transactions ayant pour but d'en prévenir le retour.

Cet état de choses favorisa merveilleusement le dessein
formé par Marguerite d'Autriche en 1505; dessein, on le
sait, qui consistait à faire l'acquisition du prieuré de Brou
pour fonder sur son emplacement une église et un couvent
dédiés à saint Nicolas de Tolentin, en transférant à l'église
Notre-Dame le titre de cure et d'église paroissiale. A cette

(*) Manuscrits de Guichenon légués à la ville de Bourg.

Les registres de la chambre des comptes de Bresse font foi que la
fondation du comte Amé a été exécutée ponctuellement et sans interruption jusqu'en 1790, époque où les biens sur lesquels reposait le
revenu ont été aliénés par la nation.

époque, le titre de prieur de Brou était sollicité par plusieurs
compétiteurs ; Jean de Loriol, évêque de Nice, abbé de
Saint-Pons, l'emporta sur les autres par suite de l'engagement qu'il prit de faire construire l'église Notre-Dame sur
un plan plus vaste et dans les proportions convenables à
une église paroissiale.

La translation de la cure du prieuré de Brou à Notre-
Dame de Bourg fut autorisée par une bulle du pape Jules II,
du 6 des ides de mars 1505 ; elle figure au nombre des
documens qui accompagnent nos *Recherches historiques et
archéologiques sur l'église de Brou*. Jean de Loriol mit
incontinent la main à l'œuvre ; il commença par faire
démolir l'ancienne église, ne réservant qu'une partie de
l'apside, œuvre architectorale d'une haute distinction que
les anciens titres qualifient d'*opus mirificum*. Après quoi il
construisit, dit Guichenon, le *sancta sanctorum* de l'église
actuelle, c'est-à-dire le chœur. Toutefois, avant le complet
achèvement de cette partie importante de l'édifice, la mort
vint le surprendre dans les premiers mois de l'année 1507.
On ne sait si ce fut à Nice, à Bourg ou à Genève où il avait
un palais, qui long-temps après lui continua à s'appeler
maison de Nice. Il est certain, ajoute un historien piémon-
tais, qu'il passa la plus grande partie de son temps en
Savoie et en Bresse occupé à restaurer les édifices du culte,
et particulièrement l'église paroissiale de Notre-Dame de
Bourg. Durant la vie de Jean de Loriol, les travaux
effectués à l'église paroissiale le furent à ses frais. Sans
doute les offrandes particulières concoururent à défrayer
une partie des dépenses qu'ils nécessitèrent, mais la ville
ou la communauté n'y prit aucune part ; aussi les registres
municipaux de l'époque que nous avons scrupuleusement
explorés, ne renferment à ce sujet aucune mention.

19

Avant de mourir, Jean de Loriol avait dans ses dispositions testamentaires légué un capital dont le revenu était
de 200 écus d'or, soit 700 florins, monnaie de Savoie, qui
devaient être employés à la continuation de l'édifice jusqu'à
complet achèvement. L'emploi de ces fonds et la surveillance des travaux furent confiés aux prêtres incorporés.
Soit que les ressources laissées par le prélat fussent insuffisantes, soit aussi pour se décharger d'une partie de la
responsabilité, ces ecclésiastiques envoyèrent, aussitôt après
la mort du prélat, une députation au conseil de la ville,
auquel ils exposèrent que bien que Jean de Loriol, récemment décédé, eût légué une somme annuelle de 200 écus
d'or affectée à la construction de l'église Notre-Dame, ils
étaient obligés de prélever sur cette somme 95 ducats qu'ils
étaient tenus d'envoyer à Rome pour payer une pension due
à un certain courtisan *(cuidam aulico)*. Or ce qui restait des
200 écus d'or pour cette année était bien peu de chose; en
conséquence ils suppliaient la commune de leur venir en
aide. Cette proposition, aussi nouvelle qu'imprévue, donna
lieu de part et d'autre à une foule d'explications dont le
résultat fut que, si les habitans voulaient payer chaque
semaine une redevance égale à celle qui était perçue dans
chaque paroisse le jour de Pâques, cette redevance serait
peu onéreuse et suffirait cependant à l'achèvement de l'é-
glise dans un petit nombre d'années; de leur côté les
prêtres incorporés contribueraient à la dépense. Il fut
convenu que les membres présens à cette délibération
informeraient les autres bourgeois de la ville de cette
proposition, et que dans le cas où elle obtiendrait leur
suffrage on convoquerait l'assemblée de la ville (*).

(*) 16 avril 1507. — (Registre municipal.)

Un appel aussi direct à la générosité publique était peu opportun dans les circonstances où on se trouvait. En effet, la population avait à se défendre en même temps de la disette, de la peste et de la lèpre. On conçoit que pour faire face à ces fléaux réunis, chacun avait besoin de toutes ses ressources; aussi la proposition des prêtres de Notre-Dame rencontra peu de faveur; on la renvoya à des temps meilleurs. Le conseil soutenait qu'aux prêtres seuls il appartenait de faire continuer les travaux, attendu qu'ils avaient reçu à cet effet une dotation suffisante; les prêtres de leur côté persistaient à arguer de l'insuffisance de cette même dotation, ils ajoutèrent que Jean de Loriol n'avait eu d'autre intention que de refaire le chœur de l'église, et qu'ils n'étaient tenus eux-mêmes qu'à cela. Or la construction du chœur était fort avancée, car il ne restait qu'à le couvrir, et les prêtres se mettaient en devoir de le faire. Ce fut là l'origine d'une contestation qui fut cinquante ans plus tard la matière d'un procès entre les chanoines et la ville.

Cependant les syndics et le conseil ne voulurent s'engager à rien avant d'avoir pris connaissance de la bulle d'institution, ainsi que des titres et priviléges des prêtres incorporés, afin de savoir au juste quelle était la quotité de la dépense mise à leur charge, quelles étaient leurs obligations en ce qui concernait la construction de l'église. Or ces pièces n'arrivèrent de Rome que dans le courant de juin 1508. La discussion à laquelle elles donnèrent lieu se prolongea jusqu'en 1509.

Pour couper court aux inconvéniens résultant de ces retards, et pour prévenir une catastrophe imminente, Laurent de Gorrevod, gouverneur de Bresse, prescrivit une assemblée générale. Il n'était plus permis, en effet, de temporiser, car l'édifice menaçait de s'écrouler; on avait voulu utiliser les anciens murs de la chapelle de Notre-Dame, et les vieux piliers s'affaissaient visiblement, ne pouvant supporter le poids de la maçonnerie nouvelle. Chacun fut appelé à émettre son opinion.

Sur ces entrefaites, noble Bon-Badel annonça l'arrivée à Bourg de deux maîtres maçons, mandés à Brou par Madame Marguerite d'Autriche, et proposa de les consulter. Benoît Christin et Claude Charden, maîtres maçons de Bourg, furent d'avis, l'un et l'autre, que le seul parti à prendre était de refaire les voûtes, unique moyen, suivant eux, de pourvoir à la conservation de l'édifice et à la sécurité du peuple. Cet avis était le meilleur, et nous verrons bientôt qu'on eut à se repentir amèrement de ne l'avoir pas suivi. L'assemblée se sépara après avoir arrêté que l'on consulterait maître Henriet de Lyon et maître Lambert de Chambéry, alors occupés à Brou.

Nous avons dit plus haut quelles étaient les raisons alléguées par les prêtres de Notre-Dame pour réclamer la participation de la ville aux dépenses relatives à la construction de l'église. Jean de Loriol avait-il pris l'engagement de construire l'église en entier ou seulement de refaire l'apside de l'ancienne chapelle? Les prêtres soutenaient la dernière opinion, le conseil la première. Il y avait là deux intérêts opposés et par conséquent deux prétentions contradictoires entre lesquelles il est difficile de prendre parti. Toutefois, il est une circonstance qui semble venir à l'appui de l'opinion des prêtres de Notre-Dame : c'est qu'alors, en 1509, il n'existait pas de plan général de l'église et qu'il fut question, pour la première fois, d'en faire tracer un par un maître architecte. Cette circonstance, qui a son importance dans l'histoire de ce monument, est d'un très-haut intérêt sous un autre point de vue, en ce qu'elle nous apprend le nom de cet artiste ignoré jusqu'à ce jour. Le 5 du mois d'août 1509, les syndics informèrent le conseil que maître Guillaume Perrin s'offrait à faire la coupe de l'église et de l'édifice de Notre-Dame de Bourg; le conseil accepta ses offres sous la condition qu'elles seraient agréées par les prêtres incorporés. Dès ce moment, ce maître fut retenu en qualité d'architecte.

Cependant les appréhensions que faisait concevoir la voûte étaient incessantes; il fallait, sans plus tarder, prévenir un malheur; mais si tout le monde était d'accord sur ce point, les avis étaient partagés sur les moyens à employer : les uns pensaient que la consolidation des voûtes exigeait l'achèvement immédiat des contreforts pour prévenir leur écartement; d'autres prétendaient qu'il fallait construire de nouveaux piliers qu'on élèverait jusqu'à la toiture. Un troisième avis, qui fut adopté, portait que pour refaire les contreforts et en tirer un parti avantageux, il fallait au préalable démolir les chapelles existantes, ce qui n'entraînerait ni plus de temps ni plus de dépense. Vénérables François Blondet et Pierre Cartellier, prêtres de Notre-Dame, appuyèrent cette opinion en annonçant au conseil que leurs collègues s'étaient réunis la veille et avaient agité longuement cette question, qu'ils consentaient volontiers à la démolition des chapelles qui leur appartenaient, afin de faciliter l'achèvement de l'œuvre. Le conseil, sur cette déclaration, arrêta que l'on construirait immédiatement deux contreforts, l'un au nord et l'autre au midi, après avoir auparavant démoli les chapelles correspondantes, lesquelles seraient ensuite fondées et reconstruites de nouveau suivant les plans fournis par des maîtres experts; que ce système serait suivi et appliqué dans toute l'étendue de l'église jusqu'à son complet achèvement. On invita les bourgeois, propriétaires de chapelles, à contribuer à la dépense. Vénérable Pierre Cartellier donna l'exemple de la générosité volontaire, en offrant sur-le-champ cent cinquante florins pour aider à la reconstruction de la chapelle qui lui appartenait, laquelle devait être refaite et reconstruite sur le fonds commun jusqu'aux verrières exclusivement.

Les attributions des syndics et du conseil de la ville étaient alors beaucoup plus étendues que de nos jours; les ecclésiastiques eux-mêmes, bien que jaloux de leur indépendance, subissaient quelques fois le contrôle et même les remontrances de Messieurs de la ville. Nous aurons, dans le cours de ce récit, plus d'une occasion de constater ce fait. Le 22 octobre 1509, les prêtres de Notre-Dame portent plainte au conseil contre le marguillier de Notre-Dame qui se permet quelques fois de faire sonner les cloches par sa femme, chose qui leur semble peu décente; en second lieu, ce marguillier couvre et découvre fréquemment les vases sacrés, fonction qui n'est bienséante qu'aux ecclésiastiques. Ils concluent en demandant l'éloignement du sonneur marié *(virum uxoratum)* et son remplacement par deux prêtres de la paroisse. Le conseil accueille cette demande et arrête que les fonctions de sonneur seront remplies par deux prêtres, mais à cette condition expresse que la municipalité reste maîtresse de les révoquer de cet emploi, et de nommer à leur place d'autres titulaires, chaque fois qu'elle le jugera à propos, et cela en vertu du droit qui lui appartient exclusivement et que ne peuvent, en aucun cas, s'arroger Messieurs de Notre-Dame.

On commença à se préoccuper, en 1510, de la boiserie

du chœur. Les prêtres de Notre-Dame annoncèrent, le 19 avril de cette année, au conseil de la ville, l'arrivée à Bourg de plusieurs maîtres étrangers fort experts en l'art de menuiserie, et disposés à se charger de cette besogne. Toutefois, ils convinrent que la somme qu'ils demandaient était considérable. D'un autre côté, les maîtres menuisiers de Bourg, à la tête desquels figurait Terrasson, le plus habile d'entr'eux, réclamaient la préférence. Leur capacité était connue de toute la ville; ils avaient exécuté dans plusieurs églises des travaux qui leur faisaient honneur, et notamment, dans l'église de Notre-Dame, les siéges qui, dans les grandes cérémonies, servent au célébrant, au diacre et sous-diacre. Le conseil ne prit pas en considération l'offre des maîtres étrangers; il se borna à dire que s'il convenait à Terrasson et autres ouvriers de la ville de confectionner les siéges à raison de trente florins l'un; l'ouvrage leur sera adjugé, mais à la condition qu'ils se conformeront à la volonté des personnes pieuses et charitables qui voudront les faire confectionner à leurs frais, la ville n'entendant nullement contribuer à cette dépense.

Comme les contreforts n'étaient pas encore terminés, cette affaire fut ajournée et reprise le 7 juin de l'année suivante par Messieurs de Notre-Dame, qui firent observer au conseil que les travaux de maçonnerie étant sur le point d'être achevés, il devenait urgent de s'occuper des stalles et d'en donner la tâche, afin que dès ce moment les ouvriers pussent préparer le bois nécessaire à cette œuvre. La proposition fut agréée par le conseil, et, séance tenante, la tâche fut délivrée aux ouvriers par le ministère du notaire Michaelis, qui dressa à ce sujet un acte que signèrent les syndics et quatre des prêtres incorporés de Notre-Dame.

Messieurs de Notre-Dame avaient à cœur la confection des boiseries; aussi s'ingéniaient-ils de toutes manières pour se procurer de l'argent. Ils eurent la bonne idée de mander en Flandres, à Madame Marguerite d'Autriche, un exprès pour solliciter sa générosité : cette démarche leur valut de la part de la princesse, cent écus d'or au soleil. Plus on fouille les archives de la Bresse et des Pays-Bas, plus on voit se multiplier les actes de bienveillance et d'intérêt de Marguerite pour la Bresse; aussi, si nos ancêtres bénirent son administration et ses bienfaits, leur postérité conserve avec amour la mémoire de ses talens et de ses vertus.

Messieurs de Notre-Dame ayant reçu les cent écus d'or allèrent informer le conseil de cette heureuse circonstance, et lui proposèrent en même temps d'autoriser une quête à domicile dans la ville, quête qui serait faite par une commission composée de prêtres et de conseillers de la ville, ces derniers au choix des syndics et du conseil.

L'archevêque de Lyon contribua de son côté à fournir des ressources abondantes pour la construction de l'église Notre-Dame en concédant le privilége à tous les habitans de la Bresse de manger de la viande les lundis et mardis durant le Carême, à la charge par ceux qui useraient de cette permission de donner, au profit de l'église, un quart par livre de redevance dont les prêtres de Notre-Dame firent eux-mêmes la perception dans toute l'étendue de la Bresse. (R. m., 1513.)

Dans le mois de novembre 1513, une lettre d'Amé Chanlite, natif de Bourg, et médecin de Charles-le-Bon, duc de Savoie, donna avis aux prêtres de Notre-Dame et au conseil que Louis de Gorrevod, évêque de Maurienne, était décidé à donner mille florins pour l'église. Les syndics et le conseil de la ville, stimulés par l'exemple donné par les hauts personnages dont nous venons de parler, vota à son tour une somme de 700 florins pour cet objet. Sans doute ils se hâtèrent peu de délivrer ces fonds, car le 24 février 1514, Messieurs de Notre-Dame rappellent au conseil cette promesse et le pressent vivement de verser cette somme entre les mains de deux commissaires qu'ils le prient de nommer, et qui seront chargés, l'un de compter l'argent aux maîtres et ouvriers, l'autre d'inspecter leurs travaux. Le choix du conseil se porta sur deux marchands de Bourg, Guillaume Glas et Claude Monillon. (R. m., 1514.)

Le 13 mars suivant, Messieurs de Notre-Dame exposent que déjà depuis long-temps on parle de mettre la main à l'œuvre, ce qui reste cependant encore à faire; ils assurent qu'en ce qui les concerne ils sont résolus à pousser active-ment les travaux; et pour preuve de ce qu'ils avancent, ils s'engagent à verser chaque année 700 florins entre les mains de Guillaume Glas, chargé de la distribution des deniers; déjà ils ont effectué le versement de l'année courante; ils ajoutent qu'ils savent de bonne part que Mgr de Maurienne a promis de donner chaque année une somme égale à celle que donnera la ville; cette ouverture entraîne le conseil qui convoque immédiatement les six gardes. Celles-ci opinent sans hésiter, et à l'unanimité, qu'il faut annuellement pré-lever 700 florins sur les onces et les verser entre les mains de Guillaume Glas qui en donnera quittance. (R. m., 1514.)

Le 19 mars 1514, sur l'avis de Benoît Castin, Claude Charden et Guillaume Bertilliod, maîtres maçons préposés à la construction de l'édifice, on arrête de faire quatre contreforts et deux piliers. (R. m., 1514.)

Le 30 novembre de la même année, l'assemblée de la ville se tint devant les chapelles de Sainte-Madeleine et des Saints Crépin et Crépinien. Voici à quelle occasion : les distinctions nobiliaires et de famille ont été et seront toujours un objet de convoitise. Au XVIᵉ siècle, il n'en pouvait être autrement. Pas de bourgeois qui n'aspirât à devenir noble, désir fondé en raison, car le noble alors, outre les satisfactions de la vanité, avait le privilége de ne pas payer de taille, d'être affranchi du logement des gens de guerre, des gardes de jour et de nuit, toutes choses d'une valeur réelle et appréciable, et dont les bourgeois ne pouvaient être que très-affriandés ; aussi recherchait-on l'occasion de mettre en évidence son blason, ses armes, etc. Les habitans notables de Bourg avaient profité de l'érection des chapelles et des piliers nouvellement construits pour y attacher leurs armes. Le conseil jugea sagement à propos de réprimer cet abus, ou du moins d'utiliser la vanité au profit de l'église : il fit décider par l'assemblée que nul n'aurait le droit d'apposer ses armes dans les chapelles ou sur les piliers, à moins que lesdits piliers ou chapelles n'aient été construits à ses frais. (R. m., 1514.)

En cette année 1514, les travaux étaient en pleine activité : les contreforts s'achevaient, les chapelles étaient réédifiées ; Terrasson, ainsi que les autres maîtres menuisiers de Bourg, travaillaient à la boiserie du chœur ; les dons volontaires pour faire face à ces dépenses se multipliaient ; une louable émulation animait la ville et les particuliers, lorsque, ô douleur ! (j'emprunte la juste et énergique expression du secrétaire de la ville qui a consigné ce fait dans le registre municipal, PROH DOLOR !) voilà que dans la nuit du 1ᵉʳ décembre la majeure partie de l'église s'écroule.... La stupeur gagne toute la ville ; la journée du 2 se passe en commentaires sur ce triste événement. Enfin, dans la journée du 3, les syndics convoquent l'assemblée générale ; les six gardes se réunissent auprès des chapelles de Sainte-Madeleine et des Saints Crépin et Crépinien, sur le théâtre même du désastre. Cependant, aucune manifestation de découragement ne se produit : le mal est grand, immense ; grands et immenses seront les sacrifices à faire pour le réparer ; n'importe ! il faut se mettre à l'œuvre sans retard, Notre-Dame nous viendra en aide ; voilà le sentiment unanimement exprimé par les six gardes. Avant de se séparer, elles nomment chacune six représentans chargés de choisir des maîtres maçons et charpentiers pour faire une visite de lieux et indiquer les moyens de réparer le mal. Voici les noms des maîtres maçons qui furent nommés à cet effet :

Benoît Castin, Denis Gauyères, Claude Charden et Pierre Anchement, vice-gérant de maître Louis de Brou (R.m.,1514.)

Le même jour, maçons et charpentiers se réunissent avec les principaux bourgeois de la ville, et rédigent un devis des travaux les plus urgens à faire en attendant le retour de maître Louis de Brou, dont on utilisera le savoir et l'expérience.

Les maîtres maçons et charpentiers furent introduits le soir du même jour dans la maison de ville où le conseil prit connaissance des mesures arrêtées par eux. Elles furent la matière d'une discussion prolongée. Le conseil ne voulut statuer sur rien avant l'arrivée de maître Louis Van-Boghen, architecte de Brou, que le retour du printemps devait prochainement ramener de Flandres, et il fut résolu que tout se ferait d'après son avis et ses conseils.

Les prêtres de Notre-Dame annoncèrent au conseil que, considérant le surcroît de dépenses occasionné par la chute d'une partie de l'édifice, ils donneraient cette année, indépendamment des 200 écus d'or, montant de leur rétribution annuelle, une somme supplémentaire de 1,000 florins. La

ville ne voulut pas demeurer en reste de sacrifices et de libéralité ; elle arrêta que chaque mois, et pendant une année,
le corey (quête à domicile) aurait lieu pour percevoir une
somme égale à celle fournie par Messieurs de Notre-Dame,
et nomma sur-le-champ des membres pris dans le conseil
de la ville pour percevoir cette taxe extraordinaire. Pendant
que s'exécutaient les travaux de construction à Notre-Dame,
les offices de la paroisse étaient célébrés à l'église des
Dominicains.

Telle était la situation des choses, lorsque survint un
incident d'une haute importance pour la ville, et en particulier pour Messieurs de Notre-Dame. Nous avons eu déjà
occasion de parler du médecin du duc de Savoie, Amé
Chanlite, natif de Bourg. Ce personnage, dont le nom n'a
pas échappé à Guichenon, mais sur la vie duquel il ne nous
a laissé que d'insignifians détails, avait profité de sa situation à la cour de Savoie pour négocier une grande affaire,
l'érection d'un évêché à Bourg. Le 3 mars 1515, le conseil
de la ville reçut communication d'une lettre adressée par
Amé Chanlite à son parent et ami le trésorier Bonet, syndic
de Bourg ; nous la reproduisons ici textuellement :

« Monsieur le trésorier, de très-bon cœur, comment faire
« puys, me recommande à vous. Pourceque de toute ma
« vie ay volu pourchasser quelque bon bien pour nostre
« ville de Bourg, ay tout faict vers Monseigneur (le duc
« de Savoie), qui demanda à nostre sainct Père estre faicte
« une evesché à Bourg, ce que je croys nostre dict sainct
« Père fera volontiers. Mays il fault, oultre toutes graces
« que nous donne le sainct Père, XIII cens et soyxante
« ducas pour l'expédition des bulles, pourquoy vous escrips
« volontiers, ainsy fays à Monsieur le président Bergier, à

« Monsieur l'advocat, à Monsieur Veyron, à Monsieur le
« maistre Badel, affin que veuillés bailler ordre à faire ce
« argent, car cest un bien grand advantaige et sy ne se faict
« maintenant, croys que jamais ne se fera, pourquoy y
« devés tous avoir advis. Monsieur Veyron auquel j'ay
« escript bien au long, vous informera plus à plain de
« tout, pourquoy adviserés avec Messieurs de Bourg de y
« bailler ordre. Je seroys bien marry d'avoir pris tant de
« peyne et perdu tant de temps si à l'adventure ne se povoit
« faire. J'ay escript à Monsieur le président Bergier, à
« Monsieur l'advocat, quelque aultre expédient; vous en
« conférerés avec eulx et me ferés sçavoir toutes nouvelles.
« Faites qu'aye d'argent et que durant vostre syndicat se
« pourchasse quelque bien à nostre ville de Bourg, ce vous
« sera à honneur.

« Escript à Turin, le XII de février, vostre bon pays et
« amy.

« Signé : AMÉ CHANLITE, médecin. »
(Registre municipal, 1515.)

Lorsqu'une proposition extraordinaire et d'une importance majeure comme celle-ci venait à se produire, le
conseil et les syndics, avant de la mettre en délibération
et de statuer sur son objet, en référaient au peuple, c'est-
à-dire qu'on convoquait les six gardes qui se réunissaient
et délibéraient séparément, chacune dans son quartier. Le
secrétaire de la ville recueillait les opinions des six gardes
et les couchait sur le registre municipal; alors si la majorité
était favorable à la proposition, elle était discutée au conseil
de la ville, et le syndic demeurait chargé de mettre à exécution les mesures arrêtées par l'assemblée. Les six gardes
de la ville accueillirent avec enthousiasme la proposition

d'Amé Chanlite, et pour faire face à la somme énorme exigée
pour la délivrance des bulles, elles demandèrent sans
hésiter que la municipalité ne reculât pas devant cette
dépense et qu'elle vendît, au besoin, les fours de la ville,
redevance de toutes la plus productive. Pour en venir à
une semblable résolution, il fallait, on le voit, que la ville
attachât à la création d'un évêché une excessive importance.
Cet établissement était-il de nature à fournir un dédom-
magement aux sacrifices qu'il imposait? Pour expliquer ce
fait, il faut pénétrer un peu avant dans l'organisation
sociale de cette époque, et se rendre compte des mœurs et
des idées qui prévalaient alors. Le bourgeois de Bourg, au
XVIᵉ siècle, bornait son horizon aux murs et aux fossés
de sa ville natale. Son dévouement, son patriotisme, ne
s'étendaient qu'à sa commune ; fier et jaloux de ses
franchises municipales, il était uniquement occupé à les
défendre ou à les augmenter. Sa prospérité, sa gloire,
c'étaient la gloire et la prospérité de sa commune. Les
monumens de la ville étaient siens ; il les construisait, les
entretenait, les embellissait au prix de rudes sacrifices, il
est vrai, mais aussi il était heureux de penser et de dire
que les Halles de Bourg étaient les plus belles du duché
de Savoie, voire du royaume de France (*). Il voyait

(*) « Les Halles de Bourg, dit Jacques Fodéré qui en parle *de visu*,
sont les plus belles et les plus grandes qui soyent en ville de France,
distinguées en cinq larges et longues allées, qui sont comme cinq rues,
et toutes sous un mesme et seul couvert. En celle du milieu sont les
boutiques de toutes sortes de riches marchandises et merceries, que les
jours de marché elle semble une rue Mercière de Lyon, et est si
spacieuse que l'on y fait les prédications les festes et dimanches pour
n'estre l'église parrochiale assez capable pour l'affluence du peuple.
Aux autres deux allées qui sont du costé du midy, sont les bancs de la

avec orgueil s'élever, à la porte de la ville, cette somptueuse
église de Brou, objet futur de l'admiration et de l'envie
des étrangers; dans son enceinte, grandissait son église
paroissiale avec des proportions et sur un plan qui satis-
faisaient sa vanité municipale. Que l'on juge de son
enthousiasme à la nouvelle que cette église va devenir
cathédrale, Bourg, cité épiscopale! La capitale de la Bresse
n'aura désormais rien à envier aux autres villes : déjà elle
possède des monastères anciens et célèbres, une chambre
des comptes, une noblesse illustre, une population abon-
dante. Convient-il, au surplus, que Bourg, ville d'empire,
relève pour le spirituel d'un siége du royaume soumis
à la pragmatique? Quels inconvéniens n'a pas à subir la
Bresse pour acquitter ses redevances envers l'archevêque
de Lyon et autres bénéficiers du royaume, qui exigent
impérieusement qu'on les paie en monnaie de France,
ce qui suscite de fréquens et fâcheux conflits dont les
Bressans sont toujours victimes; et, chose plus douloureuse
encore, cet échange leur occasionne des pertes considérables, comme chacun sait, des déplacemens pénibles et
dangereux, car les routes ne sont pas sûres. Au surplus,
n'est-il pas juste et bienséant qu'une église qui possède une
image miraculeuse de la mère de Dieu, où l'on voit se
produire de nombreux miracles, qui attire une foule de
pèlerins et de visiteurs, devienne église épiscopale? (Bulle de
Léon X.) Telles étaient les raisons qui avaient cours alors.

cordonnerie, des cordiers et autres. Aux autres allées, en la première
sont autres boutiques de mestiers, et en l'autre est la Grenette et marché
de bled qui tient la moytié de l'allée, et le reste est la Boucherie. En
somme, ces Halles semblent une petite ville. »

*(Narration hist. et topog. des couvens de l'ordre
de saint François. — Lyon, 1619.)*

Si les habitans de Bourg désiraient la création d'un évêché dans leur ville, Messieurs de Notre-Dame portaient à cet établissement un intérêt plus vif et plus direct. En effet, leur congrégation allait être érigée en chapitre et, partant, la dignité de chanoine conférée à chacun d'eux. Aussi, bien qu'en toutes circonstances ils se montrassent dispensateurs économes de leurs deniers, on les vit, cette fois, animés d'une libéralité inaccoutumée, venir spontanément proposer aux syndics et au conseil de prendre à leur charge la moitié de la somme demandée pour la délivrance de la bulle d'érection; proposition qui fut, comme on peut le penser, sur-le-champ acceptée par la ville. On dépêcha à Rome Amé Chanlite, où, grâce à ses instantes démarches, la bulle d'érection de l'évêché de Bourg fut délivrée vers la fin de mai 1515.

Le chapitre de Bourg, suivant les termes de cette bulle, devait être composé de dix-sept chanoines seulement; or, Messieurs de Notre-Dame étaient alors au nombre de vingt-huit. Comme il n'eut pas été possible de procéder par voie d'exclusion contre onze des sociétaires, il fut statué que les vingt-huit prêtres en exercice seraient pourvus du canonicat, mais qu'aucune nomination nouvelle ne serait faite avant que, par suite des décès des titulaires, ils se trouvassent réduits au chiffre normal. Les syndics et le conseil de la ville demandèrent que les trois dignités du chapitre, celles de prévôt, de chantre et de sacristain, ne pussent être dévolues qu'à des enfans de la ville, baptisés aux fonts de l'église Notre-Dame. Louis de Gorrevod ne voulait d'abord prendre aucun engagement à ce sujet, mais telle fut l'insistance de la municipalité, qu'il déféra à ses réclamations, et que cette condition devint une règle qui fut depuis rigoureusement observée. (Registre mun., 1515.)

2*

Louis de Gorrevod fit son entrée dans la ville de Bourg en qualité d'évêque, vers la fin de l'année 1515; il y fut reçu en prince, c'est-à-dire que la ville fit pour lui des démonstrations et des dépenses analogues à celles qu'elle s'imposait lorsqu'elle était visitée par ses souverains. L'évêque de Bourg s'occupa tout aussitôt de rédiger les statuts et ordonnances du chapitre de sa cathédrale. Nous possédons ce document curieux, mais trop étendu pour être reproduit ici. L'arrivée de l'évêque imprima aux travaux de l'église une grande activité. On construisait alors les contreforts jugés nécessaires pour prévenir l'écartement des voûtes; par suite de cette opération, on reconstruisait toutes les chapelles des contre-nefs. Au nombre des propriétaires de ces chapelles étaient les Guillod des Bertrandières, ancienne et illustre famille qui possédait des propriétés très-étendues. Pierre Guillod et Anne de Bosco, sa femme, avaient stipulé dans leurs dispositions testamentaires divers legs applicables à la chapelle qu'ils possédaient à Notre-Dame et à celle qu'ils avaient aussi à Brou; Claude Guillod, leur fils et leur héritier, fit agrandir la chapelle de Notre-Dame, dédiée à saint Matthieu; de plus, il y fit faire les statues de sainte Catherine et de sainte Barbe, au bas desquelles il fit sculpter les armes de sa maison.

Guillaume Colin avait laissé 200 florins applicables à la chapelle des saints Crépin et Crépinien; cet argent fut employé en réparations à cette chapelle qui est encore aujourd'hui sous la même invocation. Son héritier ne voulut délivrer cette somme que sur l'assurance qui lui fut faite qu'il aurait la faculté de s'y faire enterrer, lui et les siens.

La chapelle de saint Antoine appartenait à une famille appelée *Medici*. Il était d'usage alors que le fondateur d'une chapelle la mit sous l'invocation de son patron. Antoine Medici, qui avait fondé celle-ci, était mort, laissant un fils mineur; Pierre Medici, oncle et tuteur de cet enfant, vint proposer aux syndics, au nom de son pupille, de donner, pour la réparation de cette chapelle, 400 journées de maçon, à raison de 4 gros la journée; en d'autres termes, c'était offrir 131 florins et 4 gros. Cette donation était faite à la condition que le fils d'Antoine Medici demeurerait paisible possesseur de la chapelle. Le conseil exigea 150 florins qui lui furent comptés.

Maître Louis, l'architecte de Brou, que l'on consultait dans toutes les circonstances difficiles, signala, au commencement de mai 1516, aux syndics de la ville le danger imminent que courait l'église si l'on ne s'empressait au plus tôt de refaire les deux piliers les plus rapprochés du sanctuaire; il ne s'agissait de rien moins que de l'écroulement prochain de l'église. Il s'offrit en même temps de fournir tous les moyens propres à prévenir cette catastrophe. M. de Maurienne, alarmé de cet état de choses, en référa, de son côté, aux syndics qu'il pria de convoquer la ville. Les syndics assemblèrent le conseil des douze et des vingt-quatre, et, le 4 mai, on arrêta qu'on se bornerait provisoirement à mettre des étaies, attendu qu'on ne pouvait faire autre chose, faute d'argent; que l'on ferait part de cette circonstance à M. de Maurienne et à MM. les Chanoines qui seraient, en outre, priés de déclarer le montant de la somme qu'ils fourniraient pour faire face à la circonstance présente. (Reg. mun., 4 mai 1516.) Pour trouver de l'argent, on eut recours au moyen usité alors, la quête à domicile, faite par des délégués du conseil de la ville. Ces quêtes étaient peu productives, vu la misère du temps. Le duc de Savoie enjoignit aux syndics de faire taxer chaque habitant à une redevance hebdomadaire. M. de Maurienne abonda dans cette idée et fit savoir que si on ne prenait ce parti, il cesserait lui-même de contribuer à la dépense.

Les Dominicains de Bourg étaient, avons-nous dit, possesseurs de la carrière de Jasseron, d'où sont sortis en grande partie les matériaux de leur église et ceux de Notre-Dame. Ils se plaignirent de ce que, sans leur consentement, le procureur, délégué par la ville pour les approvisionnemens de matériaux, se permettait d'exploiter leur carrière. Celui-ci, nommé Claude Curvillon, se contenta de répondre que la destination de ces matériaux ayant pour objet un édifice religieux et spécialement consacré à la mère de Dieu, il avait cru pouvoir en agir ainsi. Les Dominicains firent alors observer qu'ils n'empêchaient point que la ville exploitât au profit de l'église leur carrière, mais qu'ils voulaient obvier à ce que ce précédent ne pût, dans la suite, préjudicier à leur droit de propriété. On dressa, en conséquence, par-devant notaire, un acte à l'effet de leur donner toute garantie à ce sujet. (*Titres des Dominicains de Bourg. — Arch. de l'Ain.*)

A quelque temps de là, le 4 janvier 1517, une nouvelle alarmante fut portée au conseil de la ville par Mamert Decroso, lieutenant au bailliage de Bresse. Ce personnage venait annoncer qu'il était informé par la rumeur publique et par une lettre qu'il venait de recevoir, que MM. les comtes de Saint-Jean, de Lyon, et plusieurs autres grands personnages poursuivaient la révocation de l'évêché de Bourg; l'on prétendait même qu'ils l'avaient déjà obtenue du Saint-Père. Or, ajoutait-il, on sait assez quelle énorme dépense la ville s'est imposée pour obtenir cet évêché, et comme il peut se faire que notre illustre souverain ignore

ce qui se passe, il convient de lui écrire à ce sujet, au nom
des syndics, du conseil et de la ville, pour qu'il veuille
bien avoir égard au préjudice que nous éprouverions si
l'évêché venait à être supprimé. Il est à remarquer que les
syndics et le conseil de la ville, toujours très-entreprenans
pour les affaires qui touchaient à l'administration de la
cité, n'épargnaient pas les remontrances au souverain et
défendaient toujours leurs droits et leurs intérêts avec une
incroyable opiniâtreté; mais pour tout ce qui se référait à
l'ordre politique, il ne leur arrivait jamais d'émettre une
opinion, voire la plus légère observation. Or, comme dans
le cas présent cette affaire de l'évêché se rattachait à la
politique du temps, les syndics déclinèrent la démarche
conseillée par Mamert Decroso; ils se bornèrent à dire qu'il
ne leur appartenait pas de prendre une résolution sur le
sujet en question, attendu qu'ils n'avaient reçu aucun avis,
ni du duc, ni même de l'évêque. Voici comment l'affaire
touchait à la politique : le pape Léon X, de la maison de
Médicis, avait obtenu du duc Charles la main de Phili-
berte de Savoie pour Julien de Médicis son frère, duc de
Florence. Cette alliance, flatteuse pour sa maison, avait
disposé le pape à faire tout ce qui pouvait être agréable au
duc de Savoie; de là, la création de l'évêché de Bourg.
Mais le pape et le duc avaient compté l'un et l'autre sans
François Ier, qui, âgé seulement de 22 ans à cette époque,
n'inspirait pas encore de grandes appréhensions. La victoire
de Marignan changea bientôt et leurs idées sur son compte
et le mouvement général des affaires. Léon X, qui s'était
ligué avec les impériaux, s'empressa de gagner les bonnes
grâces du jeune vainqueur qui, dans la fameuse entrevue
de Bologne, cimenta son alliance avec le Pontife, au moyen
d'un concordat qui annulait la pragmatique-sanction de

Charles VII et rendait à la cour de Rome, en dépit des remontrances du Parlement et de l'Université, l'immense revenu des annates, c'est-à-dire le revenu d'une année de bénéfice à chaque nomination nouvelle. En retour de ces concessions, François Ier demanda plusieurs grâces spirituelles et temporelles, au nombre desquelles figurait la suppression des évêchés de Bourg et de Chambéry, érigés au détriment des églises de Lyon et de Grenoble. L'archevêque de Lyon et son chapitre, auxquels l'évêché de Bourg causait un notable préjudice, en ce qu'il amoindrissait l'étendue de leur juridiction et diminuait considérablement le chiffre de leurs revenus, étaient constamment en instance auprès du roi pour qu'il fît révoquer l'évêché de Bourg. Le moment était opportun ; aussi la nouvelle de Mamert Decroso n'était que trop fondée, car, quatre jours plus tard, le bruit se répandit que plusieurs bandes de Lyonnais, tant à pied qu'à cheval, s'acheminaient vers Bourg pour s'emparer de l'évêché, et cela en vertu des lettres de révocation dudit évêché, dont ils étaient porteurs. On ferma sur-le-champ toutes les portes de la ville, on ne laissa plus entrer ou sortir que par les guichets. Noble Lyobard, seigneur du Châtelard, vaillant homme de guerre, s'offrit à remplir, dans ce moment critique, les fonctions de capitaine de la ville. On décrocha toutes les arquebuses, chaque citoyen se fit soldat ; toutefois, c'était une fausse alerte ; mais les préparatifs de défense ne furent point inutiles, car, à la même époque, on apprit qu'une portion de l'armée française, revenant du duché de Milan, se proposait de traverser la Bresse ; le duc de Savoie avait mandé cette fâcheuse nouvelle aux syndics de Bourg, les invitant à prendre toutes les précautions d'usage en pareille circonstance : fermer les portes de la ville, monter la garde, faire le guet nuit et jour, s'approvisionner de poudre, réparer les murailles de la ville; voilà ce dont il fallut s'occuper sans relâche. Les archers de François Ier, habitués au pillage et à tous les excès, étaient un sujet indicible d'effroi. Les syndics prirent des précautions inouies; ils allèrent même jusqu'à faire rentrer dans la ville les échelles et autres engins dont on se servait à Brou, afin que les archers ne pussent s'en servir pour escalader les murs. Ce qu'il y a de remarquable, c'est qu'au milieu de désappointemens et de sollicitudes si diverses, on ne perdait pas de vue la construction de l'église. Les travaux n'étaient point interrompus, les ouvriers continuaient à être payés, au moyen des redevances hebdomadaires dont nous avons parlé plus haut. Ajoutons à cela que la peste faisait toujours de nombreuses victimes, qu'il fallait faire des amas de grains et de vivres pour alimenter les archers lors de leur passage. On verra, par ce rapide exposé, combien la vie de nos pères était précaire, rude et laborieuse. Au milieu des nombreuses préoccupations dont ils étaient assiégés, et nonobstant l'énormité des charges de toute nature qui les accablaient, les ouvriers de Notre-Dame étaient régulièrement payés à raison de 4 gros par journée de maçon. Il est vrai que l'obligation imposée à ceux qui possédaient les chapelles de faire les frais de leur reconstruction exonérait considérablement la ville.

Cependant l'affaire de l'évêché continuait à tenir tous les esprits en émoi; les dispositions des Lyonnais à l'égard des habitans de Bourg étaient toujours menaçantes : on s'attendait, d'un instant à l'autre, à les voir marcher sur Bourg; le duc de Savoie était informé de cet état de choses. La bulle de révocation était faite et signée, mais pas encore

officiellement fulminée. On négociait de part et d'autre :
le duc de Savoie pour la faire rapporter, François Ier pour
sa mise à exécution. Sur ces entrefaites, le conseil arrêta
d'envoyer Jean Verdet, syndic de Bourg, auprès du duc,
lors à Chambéry, pour lui représenter la situation critique
de la ville. Voici un extrait des instructions dont il était
chargé de la part du conseil en ce qui concernait l'évêché :

« Plaise à nostre très redoubté Seigneur, cas advenant
« (que Dieu ne vueille), levesché de Bourg fust abolie,
« tenir moyen que récompense soit faicte a ses très hum-
« bles et très obeissans subgetz de sa ville de Bourg, des
« fraiz quilz ont suppourtés a cause de la dicte evesché
« qui montent mieulx de 11 mil escuz, pour lesqueulx
« fournir, ont esté engagés les revenus de la cité, qu'a esté
« cause quon na peu fere les réparations et fortifficatious
« necessaires. » (Reg., 1517.)

Le duc de Savoie témoigna à l'envoyé de Bourg de sa
vive sollicitude et des efforts qu'il ne cessait de faire soit
auprès du pape soit auprès du roi de France, pour le
maintien de l'évêché ; il ajouta qu'il avait l'espoir que les
négociations et les démarches qu'il faisait à ce sujet auraient une heureuse issue.

L'espoir que conservait le duc de Savoie de faire rapporter la bulle de révocation de l'évêché de Bourg ne se réalisa
pas : François Ier ne voulut entendre à aucun accommodement à ce sujet ; d'un autre côté, Charles de Bourbon, alors
prince de Dombes, se plaignait amèrement que la pape eût
soustrait sa souveraineté à la juridiction de l'archevêque
de Lyon, et demandait avec instance qu'on remit les choses
dans leur état primitif ; Léon X, partisan de la politique

du succès, ne pouvait résister à d'aussi hautes influences. La bulle de suppression parut enfin. La nouvelle s'en répandit à Bourg, elle y causa une cruelle mortification. Des symptômes de résistance se manifestèrent dans le peuple : le duc de Savoie qui en eut avis expédia sur-le-champ M. de Montjouvent aux syndics de Bourg, avec le billet suivant :

« *Tres chiers bien amez et feaulx, nous avons chargé le* « *sieur de Montjouvent pourteur de cestes vous dire aulcune* « *chose de nostre part. Parquoi croyez le et faictes ce quil* « *vous dira de par nous, en tant que desirés nous obeyr et* « *complaire. Très chiers, bien amez et feaulx Nostre Seigneur* « *vous ayt en sa garde. Escript à Genève, le XXV d'octobre.* « *Signé* CHARLES. »

Aussitôt arrivé à Bourg, M. de Montjouvent fit convoquer les syndics et le conseil dans la grande salle des Frères Mineurs. Là, se trouvèrent aussi Thomas Bergier, président de Bresse, Mamert Decroso, son lieutenant, Nicolas Puget, etc., etc. M. de Montjouvent se leva, et après avoir donné lecture de la lettre ci-dessus relatée, il exposa que tous les efforts que Son Altesse avait pu faire pour empêcher la révocation de l'évêché de Bourg avaient été inutiles; que très-prochainement arriveraient à Bourg des envoyés mandés par le révérendissime archevêque de Lyon, lesquels avaient pour mission de mettre à exécution les ordonnances apostoliques contenues dans la bulle de révocation. Il adjura, au nom du prince, les syndics et le conseil de recevoir ces envoyés avec politesse, et surtout d'empêcher toute manifestation fâcheuse de la part des habitans contre eux. Ces paroles furent écoutées dans un morne silence. Toutefois, avant que l'Assemblée se séparât, les syndics et le conseil protestèrent de leur soumission aux ordres du duc, et prirent l'engagement d'employer tous les moyens en leur pouvoir pour les faire exécuter.

Le 2 novembre suivant, jour où se faisait chaque année le renouvellement du conseil et l'élection de nouveaux syndics, l'assemblée de la ville fut convoquée, comme de coutume; les syndics sortans et leurs successeurs mirent à profit cette circonstance pour haranguer le peuple et le disposer à la soumission. Ils prirent la parole à tour de rôle et furent écoutés avec bienveillance. Le duc de Savoie, Charles-le-Bon, était aimé de ses sujets; on n'ignorait pas qu'il n'avait pas dépendu de lui que les choses fussent autrement; on savait, d'un autre côté, qu'il n'était pas heureux, que des difficultés sans nombre surgissaient autour de lui. Les habitans répondirent d'une commune voix qu'ils ne cesseraient jamais d'être ses fidèles sujets, qu'ils obéiraient avec amour à tous ses ordres, et que dans le cas présent ils ne lui donneraient pas sujet d'être mécontent d'eux. (Reg. mun., 1517.)

Cependant on apprit qu'une certaine fermentation régnait parmi les nombreux ouvriers alors occupés à Brou. M. de Montjouvent manda auprès de lui Guillaume de Masin, procureur de Madame Marguerite d'Autriche, chargé de tenir les comptes et de payer les salaires des ouvriers, et lui intima l'ordre de notifier à ces derniers qu'ils eussent à s'abstenir de toute espèce de tumulte et de désordre. Guillaume de Masin répondit qu'il ferait si bien qu'aucun de ses ouvriers ne porterait de bâton et ne ferait de tumulte. *Quod tantum faceret, quod nullus ex eis aliquod baculum portaret et nullum tumultum faceret.* (Reg. mun., 17 novembre 1517.)

Bientôt la bulle de révocation fut publiée dans toutes les églises de Bresse et de Dombes, sans qu'aucune manifestation fâcheuse vînt à se produire. Le Chapitre de Bourg fut maintenu; Messieurs de Notre-Dame conservèrent le titre de chanoines. Peu à peu on s'habitua à ce nouvel état de choses. On comprit que puisque les fluctuations de la politique produisaient de semblables résultats, une chance heureuse pouvait rendre au pays et à la ville ce qu'on venait de perdre.

En l'année 1517, Léon X avait publié cette fameuse bulle au sujet des indulgences, qui prépara les voies à la réforme, ou du moins qui en fut le prétexte. L'Europe entière fut alors remplie de prédicateurs mandés par le Saint-Siége, à l'effet d'exploiter ce moyen facile de salut et de rémission, et en même temps d'en percevoir les produits que le pape se proposait d'appliquer à la construction de l'église de Saint-Pierre. Par une faveur particulière, M. de Maurienne obtint que le prix des indulgences recueilli à Bourg serait employé aux dépenses de l'église Notre-Dame.

Le 10 mars 1518, le conseil s'enquit de l'emploi de ces deniers; voici à quelle occasion : Jacques Regis, procureur de la ville et trésorier de Notre-Dame, se plaignit que les fonds lui manquaient; il exposa que MM. les chanoines non-seulement n'acquittaient pas les 200 écus d'or qu'ils étaient tenus de payer annuellement au profit de la construction, mais que, dépositaires des deniers provenant de la vente des indulgences, ils ne lui avaient encore rien donné. Il ajoutait qu'il allait se trouver dans la nécessité, faute de ressources, de renvoyer tous les ouvriers et de laisser l'œuvre interrompue. Le conseil délégua plusieurs de ses membres auprès des chanoines pour leur faire rendre compte de l'argent provenant des indulgences, et il arrêta que l'on ferait deux serrures et deux clés différentes au tronc destiné à recevoir cet argent, que l'une des clés resterait entre les mains du syndic, et l'autre dans celles d'un chanoine. *Ne Domini ipsius ecclesiæ possent facere aliquid sinistri in ploto,* dit le registre municipal. (10 mars 1518.)

Nous avons dit plus haut que maître Ranasard, charpentier en chef de l'église Notre-Dame, s'était fait donner, au prix de 450 florins, la tâche d'étayer toute l'église, opération reconnue nécessaire pour pouvoir refaire les piliers placés au-devant du sanctuaire; cette tâche fut achevée vers le milieu de mai 1518, et, suivant l'usage, on nomma des experts pour constater si les travaux étaient en conformité avec les ordonnances du conseil et les obligations des entrepreneurs. Le registre municipal nous a conservé intégralement l'acte de reconnaissance des travaux rédigé par le notaire Michaelis qui, à cette époque, remplissait les fonctions de syndic de la ville. Au nombre des maîtres experts et des témoins dont les noms et les qualités se trouvent reproduits dans cette pièce, figurent, en première ligne, maître Louis Van-Boghen, architecte de Brou, qui, en plus d'une occurrence, fit profiter la ville de son expérience et de son remarquable savoir. En second lieu, nous devons rappeler principalement l'attention du lecteur sur le nom de Guillaume Perrin, qualifié de maître de l'œuvre de Notre-Dame. Ce maître, d'un talent moins relevé sans doute que celui de maître Louis, mérite pourtant d'être mentionné avec éloge dans ce récit; il est à remarquer, toutefois, que lorsque venait à se présenter une circonstance difficile et embarrassante dans le développement de la construction et des travaux, on s'adressait toujours à maître

Louis, ce qui ne paraît pas avoir humilié Guillaume
Perrin, qui avait le bon esprit de rendre hommage à une
habileté supérieure à la sienne. Guillaume Perrin n'avait
point, comme maître Louis, des honoraires payés annuellement; il recevait un salaire journalier comme les
ouvriers subalternes, à cette différence près que ce salaire
était un peu plus élevé. Son fils travaillait avec lui à Notre-
Dame et surveillait un atelier composé d'ouvriers et d'ap-
prentis relevant directement de son père. Revenons à
l'acte d'expertise : Maître Louis et les autres experts ap-
prouvèrent la confection des travaux de maître Ranasard
et reconnurent que dans l'état où il avait mis les choses, on
pouvait sans crainte entreprendre la reconstruction du pilier
placé en avant du sanctuaire; mais ce qu'il y a de plus remarquable à observer dans cet acte, c'est l'opinion déjà anté-
rieurement exprimée sur la nécessité d'enlever les penden-
tifs du sanctuaire qui, suivant eux, compromettaient la
solidité de la voûte. Cette prescription émise à diverses
reprises n'a pourtant pas été exécutée. Nous nous sommes
demandé pourquoi? et pour résoudre notre question, nous
nous sommes, aujourd'hui 25 juillet 1848, transporté sur
la voûte de l'église. Arrivé au lieu où se trouvent les clés
pendantes, nous avons vu que si elles étaient encore en
place, c'est qu'on avait résolu le problème de les laisser
subsister sans aucun danger. En effet, au-dessus de la
voûte on a jeté un arc dans le centre duquel est fixé un
énorme bras de fer auquel sont scellées les pierres qui forment le pendentif. Cet arc s'appuie contre les deux murs
de l'église au nord et au midi, lesquels murs sont à leur
tour contrebutés par deux contreforts extérieurs. A l'aide
de ce moyen aussi simple qu'ingénieux, ces énormes
masses de pierre traversent la voûte sans peser sur elle en

aucune manière et forment un ornement surprenant et
gracieux. Les maîtres reconnurent encore que pour prévenir tout événement fâcheux dans la suite, il fallait dimi-
nuer de deux toises la hauteur de la *forêt*. C'est ainsi que
les maîtres de l'œuvre appelaient la charpente destinée à
supporter la toiture. Tel est le résumé de cette pièce intéressante au point de vue de l'histoire de l'art à cette époque.

Guillaume Perrin, mis en demeure de refaire les piliers
qui précèdent le sanctuaire, déclara au conseil que la pierre
lui manquait. Deux carrières étaient alors exploitées à
Ramasse pour le compte de Madame Marguerite d'Autriche à qui elles appartenaient ; elles fournissaient cette
pierre d'un grain si fin, d'une blancheur si éblouissante,
qu'on ne se lasse pas d'admirer à Brou. C'était précisément
cette nature de pierre que l'on désirait employer à l'intérieur de l'église, celle de Jasseron étant trop dure, trop
grossière et ne se prêtant pas, comme celle-ci, à toutes les
fantaisies du tailleur de pierres et du sculpteur. On supplia
maître Louis de vouloir bien, *pro Dei amore,* dit le registre
municipal, permettre que la ville employât quatre ouvriers
à extraire, dans l'une des carrières de Ramasse, la quantité
suffisante aux besoins de l'église. Maître Louis se rendit aux
sollicitations des syndics, ajoutant avec courtoisie qu'il ne
laisserait jamais échapper l'occasion d'être utile à la ville
et à l'église, *et se obtulit servire dict ecclesiæ et omnibus de
villâ.* Reconnaissant de ce procédé obligeant, le conseil
offrit à Maître Louis un poinson de vin. (Reg., 1518. —
Voir également nos *Recherches historiques et archéologiques
sur Brou.)*

Au mois de novembre 1518, les six gardes de la ville,
convoquées pour le renouvellement des syndics et du
conseil, demandent unanimement *que l'on donne à Notre-*

Dame pour lédiffice de leglise pour ceste année quatre cens
florins que lon prendra sus le commun et sus les onces.
(Reg. , 1518.)

Nous remarquons avec étonnement que les travaux de
maçonnerie exécutés dans l'église de Notre-Dame n'étaient
pas interrompus même dans les mois les plus rigoureux
de l'hiver. Ainsi, le 13 janvier 1519, le conseil délibère
sur le point de savoir s'il convient de faire le grand arc
de l'église, soit l'arc dit triomphal, plus resserré que celui
qui existait avant. Le conseil opine qu'il serait préférable
de lui donner le même développement qu'à l'autre, pourvu,
ajoute-t-il, que cela puisse se faire sans danger.

Dans cette même délibération, nous trouvons un fait qui,
bien que n'ayant pas de rapport à notre sujet, peut servir
à l'histoire des mœurs et de l'esprit de ce temps. Les
Cordeliers de Bourg possédaient une horloge; c'était un
avantage pour la ville ou tout au moins pour un quartier.
Or, il prit un jour fantaisie aux RR. Pères d'en arrêter la
sonnerie; plainte et mécontentement des habitans. Le
conseil de la ville leur dépêche le syndic Georges Golleri
pour les inviter à faire les choses comme par le passé.
Quel était le motif de l'aigreur ou du mécontentement de
ces moines? Le registre municipal ne le dit pas; mais ce
qu'il nous apprend très-explicitement, c'est qu'ils accueillirent d'une façon fort incivile les observations du syndic.
Sed usi fuerunt aliquibus verbis malè graciosis honorabili
Georgio Gollerii consindico. Le conseil trouva bientôt le
point sensible sur lequel il fallait appuyer: il arrêta qu'on
placerait sur le tronc de leur église un écriteau expliquant
le refus qu'ils ont fait d'être utiles à la ville, afin, ajoute
le registre, que lorsqu'ils feront leur quête, Messieurs de
la ville les traitent comme ils en ont été traités. *Ideò quod*

quandò ipsi facient eorum questam domini de villâ advideant
ad eorum servitia quipsi fecerunt dominis de villâ. (Ibidem.)

Cette mesure rendit à l'horloge son timbre et sa sonnerie, mieux que n'eût pu le faire l'ouvrier le plus
habile.

Plainte fut portée en même temps au conseil contre
MM. les chanoines de Bourg qui, disait-on, manœuvraient
secrètement pour obtenir, en faveur de leur chapitre, des
priviléges analogues à ceux du chapitre de Varambon. Ce
chapitre de Varambon, fondé par la puissante famille de
la Palu, et institué par un cardinal de cette maison, en
1450, était indépendant de l'autorité et de la juridiction
de l'archevêque de Lyon, ainsi que le porte la bulle d'institution. *(Hist. de Bresse, Preuves,* p. 148.) Les chanoines
relevaient immédiatement du pape et ne reconnaissaient
pas d'autre supérieur. Le conseil de la ville, toujours sur
ses gardes, répondit qu'il aviserait, et que si ce bruit
prenait de la consistance, il agirait énergiquement. La
ville éprouvait un amer désappointement: elle avait fait
d'immenses sacrifices en vue de l'érection d'un évêché; et
à peine avait-elle obtenu cette faveur, aux dépens de ses
ressources et de ses revenus les plus précieux, que l'évêché
avait été supprimé. Les rapports obligés qu'elle avait avec
les chanoines étaient difficiles; ces derniers, loin de sym-
pathiser aux nécessités et aux intérêts de leurs concitoyens,
se repliaient sur eux-mêmes et marchandaient en quelque
sorte, souvent avec peu de bonne foi, leur concours aux
dépenses de l'église. De là des plaintes fréquentes et des
observations qui respirent l'animosité et le mécontentement
que suggérait leur conduite. Au renouvellement du syndicat,
le 2 novembre 1519, ces plaintes se firent jour dans
l'assemblée de la ville d'une manière violente. Un bour-

geois présenta un mémoire sur les affaires de la ville, qui fut lu publiquement, il contenait ce passage :

« *Item.* L'on devroit adviser sus le faict de lesglise : l'on
« a privé les enffans de ceste ville des remembrances sus
« esperance d'une evesché ; et puisqu'ainsy est que lon ne
« la peut avoir, dont il nest pas grand dommage, car les
« prestres ne sont que déja trop gras et riches, et ne
« tiennent point d'ordre en lesglise, mais se causent les
« ungs aux aultres et font bruict comme s'ils estoient ez
« lices et à la foyre, que lon fit retorner les dictes remem-
« brances, car ils seroient porveus XXVIII là ou ne sont
« plus que XVII, que porte grand prejudice et dommaige
« ez enffans de la ville pour lavenir, pourquoy sil vous
« plaist adviserez et que lon se parforce d'y pourveoir. »

(Reg. mun., 2 nov. 1519.)

On ne saurait trop s'étonner du défaut de prévision et de l'impardonnable indifférence que montra le clergé à cette époque critique où le protestantisme, quoique né de la veille, s'étendait comme un torrent dévastateur sur l'Europe ; où l'esprit d'examen s'en prenait non seulement aux choses extérieures et de pure forme, mais à l'essence même du catholicisme ; où le fondement de toute autorité spirituelle ou temporelle était sondé, et la plupart des doctrines et des croyances passées au crible du raisonnement et de la discussion. Quelles que vives que fussent les convulsions dont le corps social était alors agité, le clergé fut le dernier à les ressentir. Occupé de la recherche des biens temporels, il avait trop en oubli que le royaume de Jésus-Christ n'est pas de ce monde. Aussi, eut-on à déplorer de sa part plus que de l'insouciance. Sa conduite fut quelque-

3

fois un sujet de scandale. Les procès-verbaux des trois états tenus à Chambéry, le 19 février 1528, dit un auteur d'une haute érudition historique (M. Léon Menabréa), s'étendent assez au long sur la nécessité de *modérer* et *réfréner* les ecclésiastiques *qui excèdent leurs qualités en habits et accoutremens mondains et qui exercent l'usure au grand dommage du commun populaire;* ils dénoncent à l'autorité compétente « *ces courtisans de Rome qui s'emparent des gros bénéfices et les laissent aller en ruyne sans y entretenir les aumosnes et divins offices requis,* etc. » L'évêque Pierre de la Beaume, dans un synode tenu à Genève, en 1523, avait déjà cherché inutilement à réprimer de pareils abus; et la bonne religieuse de Jussieu, dont le témoignage est irrécusable, ne pouvait s'empêcher de dire : *Vray est que les prélats et gens d'esglise de ce temps ne gardoient pas leurs vœux et estat, mais gaudissoient (jouissaient) dissolublement des biens de l'esglise, tenant femmes en lubricité et adultère; et quasi tout le peuple estoit infect de cet abominable péché. (Le Levain du calvinisme,* Chambéry, 1611.)

En appelant les Dominicains dans ses états de Bresse, le duc Amédéo VIII avait donné à leur zèle, pour la défense de la foi orthodoxe, une arme redoutable, celle de l'in-quisition. Les Statuts de Bresse, publiés sous l'inspiration, ou, pour mieux dire, sous la dictée de ce prince qui, plus tard, sous le nom de Félix V, devait échanger son sceptre ducal contre la tiare, renferment des textes précis et explicites sur cette matière. Le nonchaloir du clergé peut donc, jusqu'à un certain point, s'expliquer par la mise en vigueur d'une institution qui appliquait des châti-mens propres à entretenir l'épouvante au sein des popu-lations. Les papiers du temps, et notamment les registres de la chambre des comptes de Bresse, mentionnent les

horribles détails des supplices infligés aux malheureux,
atteints et convaincus d'hérésie.

En 1507, une femme nommée Gonète, et Clauda sa fille,
convaincues l'une et l'autre d'hérésie, après une détention
de quatre-vingt-neuf jours dans la prison du château,
coiffées de la mitre ou san benito, sont attachées avec une
chaîne de fer sur un bûcher où elles sont brûlées vives.
Clauda, après avoir été préalablement promenée nue et
fouettée dans les rues et carrefours de la ville.

Quelquefois le supplice des hérétiques était l'estrapade;
d'autrefois le bannissement; souvent aussi (et ce supplice
était réservé aux hommes) le corps du condamné était
dépecé en quatre parties, et chacune de ces parties appen-
due à un gibet dans des lieux situés aux extrémités de la
province. Ces supplices, ou pour mieux dire ces atrocités,
se renouvelaient fréquemment. Les registres de la chambre
des comptes nous en ont conservé l'odieux souvenir.

En leur qualité de curés de Bourg, et par le titre même
de leur institution, les chanoines étaient tenus de prêcher
au peuple la parole de Dieu; mais ils trouvaient plus
commode de se faire remplacer dans cette sainte mission
par des prêtres étrangers. De plus, ils ne voulaient loger,
nourrir, ni payer ces ouvriers évangéliques, prétendant
que c'était aux habitans à supporter ces frais. Il était arrivé
quelquefois que le conseil de la ville, pour récompenser
le zèle ou l'éloquence de l'un de ces prédicateurs, lui avait
alloué une gratification sur les fonds municipaux, ou
concédé l'autorisation de faire dans l'église une quête à son
profit. C'était là une exception; les chanoines visaient à
en faire une règle. Le 16 novembre 1520, deux délégués
du chapitre exposent au conseil qu'ils se sont pourvus
d'un prédicateur pour l'Avent, mais que ce dernier demande

qu'on lui donne une chambre près de l'église et qu'on lui fournisse les alimens nécessaires à sa subsistance. Il conviendrait, ajoutent-ils, que les bourgeois les plus aisés et les plus apparens *(apparentiores)* lui donnassent à dîner, chacun à tour de rôle. Le syndic répond, au nom du conseil, que, dans le fond comme dans la forme, la proposition de MM. les chanoines est insolite, ces derniers ne pouvant ignorer que de pareils détails ne concernaient pas la ville, la dépense d'entretien et de rémunération du prédicateur étant à la charge de ceux dont il veut bien remplir l'office. En toute circonstance, ajoute le syndic, les chanoines tendent à s'exonérer de leurs obligations, ce qui, d'une part, indispose les habitans, et, de l'autre, ne tourne pas à la gloire de Dieu.

L'année 1520 fut employée à la construction de plusieurs chapelles, notamment à celle de Gorrevod. Laurent de Gorrevod y consacra 50 écus d'or ; autant en fit Louis son frère, évêque de Maurienne et de Bourg. Les Chichon, les Tondut, les Blondet, M. de Renon, firent également relever les leurs. Ces reconstructions nécessitèrent la démolition de l'un des clochers de l'ancienne chapelle, celui qui renfermait les cloches ; la ville, ne sachant où les placer, charge le syndic Golleri de prendre, à ce sujet, le parti qui lui semblera le meilleur. *Faciat*, dit le registre, *prout sibi videbitur, quia usque nunc super edificio ecclesiæ optimè peregit et se acquitavit.* (R. m., 1520.)

Le duc de Savoie ayant reçu avis que, malgré ses efforts et ses sacrifices, la ville ne pouvait subvenir aux dépenses de la construction de l'église, écrivit aux syndics qu'il les autorisait à employer à cette destination les fonds qu'on prélevait chaque année sur les onces pour l'entretien des fortifications. Cette autorisation fut infructueuse, attendu

que les fonds provenant des onces étaient déjà épuisés.
Georges Golleri, alors trésorier de la fabrique et ins-
pecteur des travaux de l'église, réclamait vivement 500
florins qu'il avait avancés pour empêcher l'interruption des
travaux. Dans cette circonstance, comme toujours, les
chanoines auxquels on demanda assistance firent la sourde
oreille. Les recteurs de la confrérie de Notre-Dame de
Bourg, qu'ils avaient mécontentés, donnèrent leur démission au conseil qui ne put leur trouver de successeurs. On
en était aux deux voûtes des contre-nefs ; la brique et la
pierre étaient sur place ; il était à craindre que si les matériaux n'étaient pas immédiatement employés, ils ne
vinssent à se détériorer ou à se perdre. Mais on était à
bout de ressources et d'expédiens, et le secrétaire de la
ville jette, dans son récit, cette exclamation de détresse :
PROH DOLOR ! *edifficium Beatæ Mariæ Burgi cessat ob defectum
pecuniæ.* (R. m., 25 mai 1521.)

On en était là lorsque survint la nouvelle du mariage
du duc de Savoie, Charles-le-Bon, avec dona Béatrix,
fille du roi de Portugal. La joie officielle dut, pendant
quelques instans, dissimuler les douleurs de la municipalité. Toutefois, on fêta ce mémorable événement de la
manière qui parut la moins dispendieuse. On fit un feu de
joie *(focum jucunditatis)* sur la place, devant la maison de
Guillaume Joly *(in plateâ antè domum Guillelmi Joliti).*
Après quoi, on planta un mai sur lequel furent placées, en
ligne parallèle, les armes de Savoie et de Portugal, et au-
dessous celles de la ville. Le lieutenant de Bresse, Mamert
Decroso, porteur de la nouvelle du mariage, reçut quatre
écus d'or *pro servitiis per ipsum factis civitati.* Messieurs
de Notre-Dame, ne voulant pas être en reste d'allégresse,
firent aussi un feu de joie devant l'église Notre-Dame.

Ces réjouissances furent passagères; il n'en fut pas ainsi de la misère qui s'augmenta du passage de troupes et du retour de la peste. Les appels à la charité publique furent improductifs; on avait bien assez de penser à soi. Les ouvriers employés à Notre-Dame se dispersaient à l'aventure. Le présent était triste, l'avenir sans espérance; cependant, vers la fin de 1521, les chanoines fournirent la rétribution de l'année suivante, c'est à dire les 700 florins dont ils étaient redevables annuellement; quelques-unes des chapelles, quelques piliers de l'église, furent cédés au prix de la taxe. A l'aide de ces ressources, on travailla aux voûtes des contre-nefs. Guillaume Perrin, architecte de l'église, demanda à la ville, le 21 décembre 1521, en considération des services qu'il lui avait rendus et qu'il était disposé à lui rendre, de lui octroyer une robe; le conseil vota pour cela 10 florins, mais à la condition que la robe serait à la livrée de la ville, c'est-à-dire mi-partie verte et noire. Maître Guillaume protesta contre ces conditions, disant qu'il voulait l'avoir à sa guise. Le conseil maintint ses résolutions, *fuit deliberatum*, porte le registre municipal, *quod si velit illam habere, portet dispartitam, et non aliter*.

L'érection de l'évêché de Bourg et sa suppression à une année de distance avaient été le résultat de la politique cauteleuse de Léon X. Après la mort de Maximilien, François Ier et Charles d'Autriche s'étaient disputé la couronne impériale. L'avantage était demeuré à Charles. De là cette rivalité funeste qui embrâsa l'Europe. La politique de Léon X consistait à exploiter la jalousie des deux rivaux au profit de l'indépendance italienne. Ainsi, il avait traité alternativement, d'abord avec François Ier, pour chasser Charles-Quint de Naples, puis avec Charles-Quint pour chasser François Ier de Milan et de Gênes. Le 1er août 1521, ce pontife, de concert avec l'empereur, se déclara ouvertement contre la France, et, le 1er octobre suivant, Prosper Colonne, général, au service des deux princes alliés, profitant de l'absence de Lautrec, gouverneur de Milan pour le roi de France, marcha contre cette place dont il s'empara. Dès-lors, on vit tous les actes du pape se mesurer sur les volontés et les intérêts de l'empereur. Or, l'existence d'un évêché à Bourg contrariait François Ier en même temps qu'elle était agréable à Charles-Quint, au parti duquel s'était attaché trop ouvertement Charles-le-Bon, duc de Savoie, promoteur de cet évêché. De là la bulle du 13 novembre 1521, portant rétablissement de l'évêché de Bourg. Ce fut un des derniers actes de ce pontife que la mort enleva quinze jours après la promulgation de cette bulle. La publication de cette pièce ne suscita aucune manifestation dans la population de notre pays. Le peuple ne s'expliquait pas ou s'expliquait mal ces oscillations et ces péripéties, fruits d'une politique dont il n'apercevait pas les fils et le mécanisme. Au demeurant, cette institution d'un évêché à Bourg, avantageuse pour le prélat et pour son chapitre, n'avait produit, dans l'intérêt de la ville et du pays, aucun avantage matériel appréciable. Aussi, ce fut avec une indifférence complète qu'on en vit le rétablissement. En un mot, l'indifférence fut telle, que le registre municipal de cette année est complètement muet sur ce fait.

Les ravages de la peste durant les premiers six mois de l'année 1522 dépassèrent tout ce qu'on avait vu et éprouvé jusqu'alors. Les mesures les plus rigoureuses furent adoptées par le conseil pour séquestrer les infects. La population nécessiteuse paya le plus large tribut au fléau. Jamais les

administrateurs de la ville ne firent preuve d'autant de
dévouement et de zèle ; on épuisa tous les moyens imagi-
nables pour nourrir et médicamenter les malades, mais
sans pouvoir modérer le mal. Nous supprimons ici les
détails de cette cruelle période ; on les retrouvera dans un
ouvrage qui aura pour objet l'histoire des établissemens de
bienfaisance de la ville de Bourg au moyen-âge. Bornons-
nous à dire ici, pour ne point trop nous écarter de notre
sujet, que lorsque tous les efforts humains eurent échoué,
les croyances religieuses furent seules efficaces à relever
les courages et à conjurer la contagion. Les syndics exposèrent au conseil, le 16 juin 1522, qu'ils venaient de
recevoir des nouvelles fort importantes, dans la circonstance présente, sur la manière miraculeuse dont la peste
avait cessé à Sarragosse, en Italie et à Toulouse ; à la lettre
qu'ils venaient de recevoir était joint un mémoire dont il
fut donné lecture. Ce mémoire fut jugé si important, qu'il
fut inséré tout au long dans le registre municipal où nous
l'avons trouvé. En voici la transcription fidèle :

C'ensuyt le miracle véritable.

« Il est vray que en Italie, a ung monastère de Nonnètes
« qui en peu de temps vont toutes mourir d'epidymie,
« excepté une, la quelle estoit de saincte vie. Or quand la
« dicte nonnète vit le cymitière sy fort labouré, elle fust
« fort esbaye, et non sans cause. Et incontinent se mist à
« genoux en grand dévocion. Or, dit une orayson à la
« Vierge Marie quil luy plaise donner révélacion pour
« quoy Nostre Seigneur avoit envoyé ceste pestilence sur
« le peuple. Lors, pour la grande dévocion de la dicte
« nonnète, la Vierge Marie s'apparut à elle et luy dit :
« Saches que mon Fils a donné ceste pestilence sur toutes

« gens. Or, en mourront tant qu'il n'en demourera que la
« dixiesme partie, cessée la dicte pestilence. » Or, après
« la Vierge Marie luy dit : « Tu diras au peuple crestien
« qu'ils peuvent dire troys messes et fère troys processions
« pendant troys jours et que le prebstre qui les dira face
« commémoracion de sainte Anastasie et de saint Sébastien.
« Et tous ceulx qui orront les dictes troys messes, tant
« grands que petits, tyennent chescung une chandoyle de
« cyre ardente, tant qu'elles se diront. Et tous ceulx qui
« sont d'eage se doyvent confesser et jeuner les dicts troys
« jours. Et saches que en tous les lieux ou lon dira les
« dictes troys messes et feront ce que dessus est et cy après
« sera dit, la dicte pestilence cessera. Et si n'en y a point,
« point ny aura. » Or ouie par la dicte nonnète la dicte
« révélacion de la Vierge Marie, fust très joyeuse et fit faire
« ce que dessus et cy après est dict par toutes les terres et
« païs ou estoit la dicte pestilence, la quelle cessa partout. »

La lecture du récit qui précède produisit une vive
sensation dans l'assemblée. D'une commune voix, il fut
arrêté qu'on exécuterait dans la ville les prescriptions
contenues dans le mémoire, à l'effet d'obtenir de l'intervention du Ciel la cessation du fléau. La mère de Dieu était
la patrone de la ville. Plus d'une fois déjà on avait éprouvé
l'effet de sa bienfaisante intercession. La population mani-
festa hautement sa dévotion et sa confiance en Notre-Dame.
On annonça à l'église que les trois processions auraient lieu
et que les trois messes seraient célébrées, le premier jour,
à Notre-Dame, le second, dans l'église de Saint-Antoine,
le troisième, dans l'église des Frères-Mineurs. A chacune
de ces messes, les syndics offrirent, au nom de la ville,
des cierges pesant une livre. Dans ces processions, le

3*

peuple, hommes et femmes étaient vêtus de blanc. A
l'offertoire de la messe, tout le monde se prosternait la
face contre terre, et le célébrant récitait à haute voix la
prière suivante :

C'ensuyt l'orayson.

« Sire Dieu, Jhesu Crist tout puyssant, Rédempteur et
« misericordieux, ouyés nous tous pescheurs.

« Sire Dieu qui avés dit que ne véulés la mort du pes-
« cheur mays que se convertisse et confesse ses peschés et
« se amandent de leur malvaise vie. Nous vous supplions,
« Sire Dieu, Jhesu-Crist, par icelle amour que avés à la
« sacrée Vierge Marie, vostre mère, et par les mérites des
« Benoist martirs saint Sébastien et martiresse sainte
« Anastasie, que vous nous vuiellés deslivrer et garder de
« ceste mort soudayne de pestilence de carz et charboncles,
« de corruption et infection d'aer. Et aussy que quand de
« ce siècle partirons que nous menés au royaume céleste
« de paradis. Amen. »

Au moment de l'élévation de l'hostie, par trois fois les
assistans criaient : *Sire Dieu, miséricorde!*

Il sera loisible à chacun de vérifier ce que nous allons
dire, en compulsant, comme nous l'avons fait, les registres
de la municipalité de Bourg; on y trouvera la certitude de
ce fait: c'est qu'après l'accomplissement des cérémonies
religieuses dont nous venons de parler, la peste disparut
à tel point que le conseil renvoya, peu de temps après, de
la maison de la peste et des cabanes construites autour, en
raison du grand nombre des malades, tous ceux qui s'y
trouvaient encore par mesure de précaution. On voit que
le conseil n'est occupé que du soin de faire laver et purifier

les maisons de ceux qu'avait atteint le fléau, et qui se disposaient à y rentrer. En un mot, le fait vient à l'appui du récit, et le secrétaire qui l'a inséré dans le registre a été réellement autorisé à dire : *C'ensuyt le miracle véritable.* Il est vrai aussi que le fléau reparut six mois après, aussi redoutable qu'auparavant. Durant cet intervalle, les travaux furent repris et notamment dans les chapelles. Les chanoines désiraient avoir un jubé dans l'église; ils firent présenter au conseil un projet par deux maîtres maçons qui avaient pris la tâche de la voûte de la contre-nef septentrionale. Ces entrepreneurs demandaient 998 florins pour la construction du jubé; on n'était pas en mesure de faire pareille dépense; le projet fut ajourné. (Reg. m., 1522.) Durant l'année 1523, la peste fut continuelle; il n'en pouvait être autrement, surtout si l'on considère combien étaient défectueuses les mesures prises pour prévenir ou pour combattre cette horrible maladie. Nous citerons un fait qui fera juger des autres. Les cadavres des pestiférés étaient ensevelis dans les églises de la ville. *Item,* lisons-nous dans une ordonnance des syndics et commissaires pour le faict de la peste, *Item : que ceulx qui seront trovés morts de la peste, que lon les face encevelir de nuyt et en lesglise plus prochayne de leur domicille et habitacion.* (Reg. m., juin 1523.)

Cependant au mois de février 1524, grâce à un hiver rigoureux qui purifia l'atmosphère, la peste avait disparu. Les six gardes furent convoquées; elles s'occupèrent, avant toute chose, de la continuation des travaux de l'église. Les délibérations et les avis de chacune d'elles témoignent de l'importance que chacun attachait à l'achèvement de ce monument. Malgré la disette excessive, suite de l'insuffisance des récoltes et surtout des déprédations et des excès commis par les troupes du sérénissime roi de France,

(*Parte armigerorum serenissimi regis Franciæ*), malheurs
qui étaient venus s'ajouter aux afflictions de la peste, les
six gardes opinent unanimement pour la reprise des travaux de l'église. Toutefois, elles laissent éclater la mauvaise humeur que leur inspirent la parcimonie et les
chicanes incessantes de messieurs les chanoines les plus
intéressés cependant à l'achèvement de l'œuvre, comme
elles le font remarquer : « *Touchant lesglise que les prestres
ayent à payer les massons car leur touche mieulx que à nous
et que lon tyre avant tant que lon pourra tenir.* » Messieurs
les chanoines s'obstinèrent dans leur refus et paralysèrent
ainsi pendant une année entière la continuation de l'édifice. Pendant ce temps-là les ouvriers, ne recevant aucun
salaire, allaient ailleurs chercher de l'emploi. Maître
Guillaume Perrin, architecte de l'église, multipliait ses
démarches pour faire cesser cet état d'inertie; il s'adressa,
au commencement de février 1525, époque de la reprise
des travaux, à la municipalité, qui, persévérant dans sa
mauvaise humeur contre les chanoines, lui répondit qu'il
eût à porter sa requête à ces ecclésiastiques pour obtenir les
ressources qu'il demandait, car la ville avait pris l'inébranlable résolution de ne rien donner pour l'édifice avant
qu'ils se fussent exécutés.

Maître Guillaume n'obtenant rien ni d'un côté ni de
l'autre, ne conserva auprès de lui que son fils et ses ap-
prentis et travailla, pendant la longue durée du conflit de
la ville avec les chanoines, aux constructions et aux
réparations des chapelles, constructions et réparations qui,
ainsi que nous l'avons dit déjà, étaient à la charge des
particuliers ou des corporations. A cette époque, les charpentiers de Bourg, ne possédant point encore de chapelle,
voulurent s'approprier celle qui est à la suite de la chapelle

des saints Crépin et Crépinien. Déjà ils étaient en pourparlers avec maître Guillaume au sujet des réparations et des
dispositions particulières qu'ils projetaient d'y faire, quand
arriva, au conseil de la ville, une réclamation présentée
par noble Joffroi Guillot, lequel exposa que ladite chapelle
avait été fondée par ses ancêtres, lesquels y avaient leur
sépulture et à laquelle ils avaient donné le vocable de St-
Jacques et de St-Blaise. Il ajoutait que la prétention
manifestée par les charpentiers de s'emparer de cette chapelle, violait toutes les lois de l'équité. Ce Joffroi Guillot
était le même qui, 24 ans auparavant, remplissant les
fonctions de capitaine de la ville, avait été député à Genève auprès de Philibert-le-Beau et de Marguerite d'Autriche pour les convier à visiter leur ville de Bourg. Le
conseil s'empressa de faire droit à ses justes réclamations
et signifia aux charpentiers qu'ils eussent à se pourvoir
d'une autre chapelle, si leur corporation tenait à en avoir
une.

La mésintelligence entre la ville et les chanoines dura
pendant une partie de l'année 1527. Elle eut pour résultat
la suspension des grands travaux de l'église. Toutefois, les
ouvrages d'un ordre secondaire, ceux surtout qui se faisaient aux frais des particuliers, occupèrent les bras du
petit nombre d'ouvriers qu'avait conservés maître Perrin.
Pendant ce long intervalle, la municipalité de Bourg avait
reporté sur d'autres points son attention et son activité.
Les intérêts de la ville avaient été poursuivis avec zèle et
dévouement. En premier lieu, les syndics, autorisés en
cela par le vœu des habitans, avaient fait fondre une cloche
énorme destinée à servir de beffroi à la ville. Deux maîtres
fondeurs de Langres avaient conduit cette entreprise à bon
terme, moyennant le minime salaire de 70 florins. Cette

cloche fut placée dans la tour de la halle, visitée auparavant
par maitre Louis Van-Boghen et maitre Guillaume Perrin
qui l'avaient déclarée puissante et forte *(potentem et validam)*.
En second lieu, les syndics avaient racheté des Augustins
de Brou la quatrième partie des fours de la ville, qui
avaient été aliénés et vendus en 1515, avec clause de ra-
chat, pour subvenir aux dépenses occasionées par l'érection de l'évêché, et notamment pour payer les bulles
fulminées à ce sujet. Pour arriver à leurs fins, les syndics
écrivirent à Madame Marguerite d'Autriche, pour lui notifier leur intention de racheter les fours et la prièrent en
même temps de les dispenser de payer les lods, c'est-à-dire
l'impôt pour droits de mutation. Toujours généreuse et
bienveillante pour ses sujets de Bresse, Marguerite d'Autriche répondit à cette demande par la lettre suivante, que
nous insérons ici quoique n'offrant qu'un intérêt très-in-
direct à notre sujet :

« A nos très chiers et bien amez les sindiques et habitans
« de nostre cité de Bourg en Bresse.

« Tres chiers et bien amez, nous avons receu vos lectres
« et ouï ce que le Prothonotaire de Cormon nous a dit de
« la part de révérend Père en Dieu nostre très chier et féal
« conseiller, levesque de Maurienne et de Bourg, vostre
« prélat, touchant les affères de sa dicte evesché et que
« desirés avoir nostre consentement pour y adjoindre et
« annexer a quoy sommes bien inclynez pour ce que
« desirons le bien de la dicte evesché et la commodité de
« noz subjectz plus tost que d'aultres....

« Quant aux lods du vendage des fours, dont par vos
« dictes lectres nous escripvés et suppliés vous vouloir
« donner les dietz lods, combien qu'à cause de plusieurs

« grandz affères que nous avons euz et supportez, nous
« soyons fort trouvés en arrière, ce néantmoyns, pour
« vous donner tousiours à cognoistre la bonne volonté que
« avons envers vous, avons assez et sommes contente de
« vous donner la moytié desdictz lods, montant environ
« cent XX florins, et les voz donnons et accordons par
« ceste, vous advertissant que tousiours en ce que porrons
« vous aurons vous et vos affères en bonne recommanda-
« cion, très chiers et bien amez, Nostre Seigneur soyt en
« garde de vous.

« Escript à Mons en Heynault, le XVIII⁰ de novembre,
« anno XVCXXV.   « *Signé* MARGUERITE. »

Dans les premiers jours de mai de l'année 1527, la
municipalité et les chanoines, oubliant les dissentimens
qui avaient occasioné l'interruption des grands travaux
de l'église, se mirent en devoir de faire construire la
contre-nef méridionale. Déjà les matériaux étaient sur
place, les ouvriers réunis et occupés à la construction du
mur extérieur, lorsque plusieurs oppositions vinrent paralyser cette activité. Ce furent d'abord noble Jehan Colombet et Philibert Dupré, propriétaires de maisons dans
le voisinage immédiat de l'église, qui remontrèrent au
conseil que les travaux en voie d'exécution préjudiciaient
à leurs maisons, en ce sens que pour construire la partie
méridionale de l'église, on rétrécissait un passage par où
avaient circulé jusqu'alors les chars attelés de deux bœufs,
de façon à ne pas même laisser à l'avenir ce passage suffisant pour une personne isolée. Déjà, ajoutaient-ils, la
maison de la cure dépasse l'alignement des autres maisons
qui la touchent. Toutes ces circonstances réunies doivent
être prises en très-sérieuse considération par Messieurs de

la ville. A cela ne se bornèrent pas les démarches de Jehan Colombet et de Dupré. Ils portèrent plainte au sénat de Chambéry et furent assez influens pour obtenir une lettre dominicale qui enjoignait aux syndics de Bourg d'ajourner les travaux entrepris jusqu'à ce qu'il eût été statué sur la réclamation des pétitionnaires.

Cette réclamation en fit surgir d'autres : Laurent de Gorrevod, gouverneur de Bresse, possédait un logis, connu alors sous la dénomination de *Maison de Challes*, lequel était attenant aux maisons de Colombet et de Dupré. Ce fut, on se le rappelle, devant cette maison de Challes que le jour de l'entrée à Bourg de Philibert-le-Beau et de Marguerite d'Autriche, eut lieu, entr'autres exhibitions scéniques de cette fameuse journée, le départ d'Hercule et de Jason pour la conquête de la Toison-d'Or. *(Ante domum Challem fient Hercules et Jason discedentes pro eundo ad conquestam de la Thoison.)* Les motifs d'opposition argués par Colombet et par Dupré s'appliquaient également à cette maison. Aussi, le lieutenant de Bresse, qui, pendant l'absence de son supérieur, veillait à ses intérêts, forma opposition en son nom, par l'entremise du neveu du trésorier Vionnet. Tout cela suscita aux syndics de graves embarras. Ils réfléchirent mûrement avant de prendre un parti, et comme ils étaient gens subtils et expérimentés, ils s'adressèrent en premier lieu à Laurent de Gorrevod, personnage dont ils avaient plus d'une fois éprouvé la bienveillance et la générosité. Ils lui écrivirent de la façon la plus obséquieuse et la plus propre à intéresser les sentimens religieux qu'on lui connaissait, pensant avec juste raison que s'ils parvenaient à faire tomber l'opposition faite au nom du gouverneur, ils viendraient facilement à bout, à l'aide de ce précédent, d'éteindre celles de Colombet et de

Dupré. Aussi, était-ce avec une vive anxiété qu'ils attendaient la réponse du gouverneur, qui alors était dans sa
terre de Marnay. Cette réponse, le registre municipal nous
l'a conservée comme un témoignage de reconnaissance de
la ville envers ce noble personnage :

« *A Messieurs les sindiques de la cité de Bourg.*

« Messieurs, j'ay receu voz lectres du XXIIIme de ce
« moys par les quelles m'advertissés que le nepveur de
« Monsr le trésorier Vionnet a obtenu un mandement pour
« vous empescher de parachever la muraille de lesglise de
« Nostre Dame, disant que la dicte muraille est prejudi-
« ciable à ma mayson de Challes. Messieurs, je vous ad-
« vertiz que ce que le nepveur du trésorier a faict, ça a esté
« sans mon sceu, et sil men eust advertiz je lui eusse
« mandéz que ne laye pas faict, cart je ne vouldroys en
« manière quelconque estre cause du retardement de la
« construction de lesglise de Nostre Dame, mays plus tost
« m'aider à l'avancer de mon pouvoir. Et à ceste cause
« jescrips au nepveur du dict trésorier qu'il se déporte de
« l'exécution du dict mandement et aussi qu'il ne vous
« donne plus nul empeschement a l'esdiffice et construc-
« tion de la dicte esglise quelque dommage ny empesche-
« ment que la muraille de la dicte esglise puysse faire en
« ma mayson, cart jaymeroys trop mieulx que ma dicte
« mayson fust abismee que si elle estait cause du retarde-
« ment de la construction de lesglise. Je vous envoye la
« lectre que j'escrips au dict Vionnet pour la luy bailler.
« Messieurs, vous pouvés estre surs qu'en ce, et toutes
« aultres choses, vous me trouverez à vostre commande-

« ment, aydant Dieu au quel je prie Messieurs les scin-
« diques, vous donner tout ce que désirés.

« De Marnays ce XXVIII de may.

    « *Le tout vostre,*   Laurent de Gorrevod. »

Cette lettre n'est-elle pas un miroir où se réfléchit dans
tout son lustre l'esprit de désintéressement, de bienveillance
et de foi religieuse qui caractérisait ce noble personnage
dont la mémoire, intimement liée à celle de Marguerite
d'Autriche, est populaire dans ce pays. Si le vitrail de la
chapelle de Brou nous a conservé les traits de sa figure, le
document qui précède nous retrace plus fidèlement encore la
générosité de son caractère et ses dispositions bienfaisantes.

Pénétrée de reconnaissance, la municipalité de Bourg
répondit sur-le-champ au gouverneur par une missive
empreinte de ce sentiment. Le plus grand obstacle à la
continuation des travaux de l'église était levé. Restaient les
oppositions de Colombet et de Dupré. Voici ce que firent
les syndics : Ils convoquèrent sur le lieu en litige les opposans, les chanoines, le conseil, les notables de la ville
avec les maîtres maçons et charpentiers. Après avoir
communiqué à toute cette assemblée les raisons et les
plaintes des opposans, les syndics prescrivirent aux maîtres
maçons et charpentiers d'examiner le tout et de faire au
conseil de la ville un rapport écrit de leur opinion sur la
matière. Colombet et Dupré eurent, pendant le temps de
cette réunion, à subir les reproches et les objurgations de
chacun. Comment, leur disait-on, osez-vous persister dans
une opposition qui vous met en lutte avec Dieu lui-même
et avec sa glorieuse Mère. Prétendez-vous avoir place au
paradis, vous qui vous opposez sur cette terre à la construction de la maison du Seigneur! Vos cœurs sont donc

de bronze ou de pierre, puisqu'ils ne se sont pas laissés
toucher par le bel exemple que vient de donner notre
magnifique gouverneur! Les malheureux opposans étaient
mal à l'aise et ne savaient trop que répondre à ces représentations. L'assemblée s'ajourna et Colombet et Dupré se
retirèrent confus et mécontens. A quelques jours de là,
les maîtres maçons et charpentiers apportèrent au conseil
leur rapport sur cette affaire. En voici la substance :

« Noble Jehan Colombet et Philibert Dupré sont mal
fondés dans leur opposition, attendu 1° que le mur de
l'église en voie de construction repose sur un terrain qui
ne leur appartient pas ; 2° les constructions de l'église ne
touchent par aucun point aux maisons des opposans. Pendant les travaux, leurs maisons sont restées libres comme
auparavant et elles continueront à l'être. En conséquence,
leurs réclamations ne reposent sur aucun fondement solide. »

Ce rapport un peu partial des maîtres ouvriers n'amena
aucune solution. Les syndics, entravés par la lettre dominicale, ne virent d'autre expédient pour sortir de cet
embarras, que d'envoyer deux personnes notables au duc
de Savoie pour le prier de s'interposer dans ce conflit et de
faire cesser une situation aussi préjudiciable aux intérêts
de la ville.

Colombet et Dupré avaient protesté contre le rapport des
maîtres maçons et charpentiers, arguant de ce qu'ils
étaient intéressés dans cette affaire et qu'ils ne pouvaient
être juges et parties. Ils proposèrent à la ville de décider la
question au moyen d'arbitres choisis de part et d'autre, et
ils présentèrent en leur nom maître Loys de Brou, Jacques
Chichon et Guillaume Chapon. La ville, de son côté, se fit
représenter par Guillaume Perrin, architecte de Notre-

Dame, et deux bourgeois. Sur ces entrefaites, arrivèrent de Chambéry les deux notables envoyés auprès du duc de Savoie; ils exposèrent que le duc s'intéressait vivement à la construction de Notre-Dame, qu'il était fort marri des difficultés et du retard survenus dans les travaux, et qu'il ferait tout ce qui dépendrait de lui pour les faire cesser. En même temps ils apportaient une lettre du prince adressée au lieutenant du gouverneur, prescrivant à ce haut fonctionnaire la marche qu'il avait à suivre pour la conduite de cette affaire. Nous allons, suivant notre habitude, reproduire ce document :

« *Au lieutenant du gouverneur de Bresse.*

« Très chier, bien amez et féal conseiller,

« Ceulx de nostre cité de Bourg, par leurs commis
« pourteurs de ceste, nous ont faict entendre le desir quilz
« ont à la perfection de lédiffice de lesglise de Notre Dame
« de Bourg. Et comme au pourchas et instigation d'aulcuns
« particuliers la dicte œuvre cesse, ainsi que plus au long
« Verres par la requeste ci-enclose, et pour ce que cest
« chose qui concerne la décoration de la dicte cité, qui
« devrait estre plus tôt avancée que retardée. A ceste
« cause, vous prions et neantmoins mandons estre appelés
« les dicts de la cité, ensemble les dicts particuliers à qui
« le cas touche, vous regarderés d'appoincter le dict affaire
« et le vuyder par voye amyable, et s'il faire ne se peult,
« que vous en cognoyssiés le plus sommairement et sans
« figure de plaid que faire se pourra. *Donnant ordre au*
« *surplus que ce pendant le dict œuvre ne cesse, cart nous*
« *l'entendons ainsi, si cest chose que vous trouviés par rayson*
« *faysable.* Et vous nous ferez playsir, si ny veuilliez

« faillir, vous disant adieu, très-chier bien amé et féal
« conseiller qui vous ayt en sa garde.

« De Chambéry, le VIIIe jour de juing.

                                    « *Signé* CHARLES. »

Le jour même de l'arrivée de cette lettre, le lieutenant
du gouverneur autorisa, au nom du prince, la reprise des
travaux de l'église, et notamment la continuation du mur
méridional, objet du litige ; toutefois, après avoir donné
avis aux opposans Colombet et Dupré que si leurs réclamations étaient fondées et que le jugement des arbitres
récemment nommés était en leur faveur, alors on leur
accorderait une juste indemnité ; mais que si l'issue de
l'arbitrage était favorable à la ville, alors ils seraient
passibles envers celle-ci de toutes les pertes occasionées
par l'interruption des travaux et des frais qu'elle aurait
faits à l'occasion de cette fâcheuse affaire. Cette déclaration
donna à réfléchir aux opposans et les disposa à transiger ;
ils firent eux-mêmes la première démarche et les syndics
leur promirent, au nom de la ville, de les garantir de tout
inconvénient qui pourrait résulter pour leurs maisons des
constructions entreprises, et de faire réparer sur les fonds
destinés à l'érection de l'église tous les dommages faits ou
à faire. Ainsi se termina cette contestation.

Au mois d'août suivant, le révérendissime abbé de Mon-
cut, confesseur de Madame Marguerite d'Autriche, vint
à Bourg pour visiter les travaux de l'église de Brou et en
même temps pour y fonder la chapelle qui porte son nom
et ses armes. A cela ne se borna pas sa pieuse munificence, il voulut aussi laisser à l'église Notre-Dame un
témoignage perpétuel de son zèle et de sa foi en fondant,
dans la chapelle dite de Chevillard, une grand'messe à

diacre et sous-diacre , en l'honneur du corps sacré de Jésus , le jeudi de chaque semaine. Pendant cette messe, douze cierges devaient brûler sur le grand autel ; et au moment de l'élévation, pendant la bénédiction qui devait suivre la messe , on devait allumer deux torches de cire. Les confrères du Saint-Sacrement furent chargés de l'exécution de ces dispositions. Le montant de cette fondation était de 30 florins de rente annuelle, au capital de 600 florins que le prélat compta à MM. les chanoines. (R. m. , 30 août 1527.)

Dans le courant de novembre 1527, Georges Golleri, administrateur des deniers employés à la construction de l'église Notre-Dame , résigna cet emploi ; le conseil de la ville accepta sa démission et nomma, pour le remplacer, un marchand de la ville, nommé Claude Mouchet. En même temps , le conseil, assisté de plusieurs auditeurs des comptes , procéda à l'examen de la gestion de Golleri, et constata que , depuis l'année 1518, époque de son entrée en fonctions , les recettes s'étaient élevées à la somme de 13,076 florins 3 gros et 7 forts, et la dépense à 12,443 florins et 10 gros. Il lui restait donc en caisse 632 florins 5 gros et 7 forts. MM. les chanoines ne furent pas appelés à ce réglement de compte ; ils en furent vivement indisposés et s'en plaignirent avec amertume à Messieurs de la ville ; ces derniers tinrent conseil à ce sujet et répondirent aux chanoines que l'église cathédrale étant un monument appartenant entièrement et exclusivement à la ville, il n'appartenait qu'aux citoyens qui représentaient ses intérêts de s'ingérer dans cette affaire ; qu'à la vérité, MM. les chanoines contribuaient à la construction de l'église pour une somme annuelle de 700 florins , mais qu'ils le faisaient en vertu d'une obligation qui ne leur conférait aucun droit de propriété, et qu'ils ne pouvaient et ne devaient exiger autre chose que la quittance de cette redevance annuelle ; *domini canonici Burgi non habent audire neque concludere ipsa computa, cum eis sufficiat habere quietantiam de libratis et solutis per eos.* C'est ainsi que, dans toutes les circonstances, le conseil maintenait vigoureusement les prérogatives de la ville. (R. m., 1527.)

Pendant les neuf années que Golleri avait exercé les fonctions de trésorier de l'église Notre-Dame, il ne lui avait pas été alloué de salaire ; il en fit l'observation au conseil et demanda 900 florins, à raison de 100 florins l'an. Cette demande, qui parut intempestive et exorbitante, donna lieu à de fréquens pourparlers. Pour agir régulièrement, on rechercha dans les anciens registres des délibérations municipales ce qui avait été pratiqué à l'égard du prédécesseur de Golleri, et l'on trouva que Jacques Régis, l'ancien trésorier, avait reçu, chaque année, du conseil une robe de la valeur de 25 florins au plus. On convoqua le conseil dans la chapelle de Chevillard, usage qui se pratiquait en raison de l'insuffisance du local de la maison de ville. Golleri fut mandé ; on lui montra sur les registres ce qui avait été fait à l'égard de son prédécesseur, en l'engageant à modérer ses prétentions et à ne pas oublier que l'argent qu'il réclamait était destiné à une œuvre pie ; *attentâ re piâ pro quâ agitur.* (7 février 1528.) Vaincu par ces observations péremptoires, Golleri se contenta de 200 florins. On lui fit une quittance générale pour toute sa gestion, après, toutefois, qu'il eut remboursé 432 florins 5 gros et 7 forts, dont il restait redevable, déduction faite des 200 florins qui lui avaient été alloués pour salaire.

L'église Notre-Dame de Bourg, bien que voisine de celle de Brou, et, par conséquent, sujette à une redoutable

comparaison, se fait nonobstant remarquer par la justesse
de ses proportions et l'harmonie de son ensemble. Nul
doute qu'elle ne doive en grande partie cet avantage à la
simultanéité de sa construction avec Brou. Les délibérations
de la municipalité, à cette époque, nous apprennent qu'en
toute occurrence maître Loys, consulté par la ville, ap-
portait au profit de l'édifice de Notre-Dame le tribut de ses
savantes théories et de sa rare expérience. Il venait récemment d'achever le jubé de Brou. Cet édicule plein de grâce,
d'originalité, de coquetterie, captivait alors, comme il le
fait de nos jours, l'admiration générale. Sans doute, la
municipalité de Bourg et le chapitre n'ambitionnaient pas
de faire reproduire un pareil chef-d'œuvre dans leur église,
mais il entrait dans leur plan et dans leur volonté d'avoir
un jubé. Ce projet, déjà mis en avant en 1509, n'avait été
ajourné qu'en raison de la dépense qu'il nécessitait, et à
laquelle on n'avait pu faire face; il fut repris de nouveau,
mais la question d'argent était toujours un obstacle à son
exécution. Il arriva à cette époque, c'est-à-dire en février
1528, que la chapelle dite des Guillot devint vacante par
suite de la mort des titulaires. Malgré la misère du temps,
plusieurs particuliers de la ville se présentèrent pour
l'obtenir, offrant la somme de 200 florins, prix stipulé
pour tout possesseur de chapelle. Thomas Bergier fit la
même offre que les autres, et, pour l'emporter sur ses
concurrens, il fit valoir ses relations de parenté avec les
Guillot, pensant ainsi s'assurer la préférence sur les autres
compétiteurs, mais cette considération fut sans influence
aux yeux du conseil; Bergier s'en aperçut; alors il employa
un argument péremptoire qui fit incontinent pencher la
balance en sa faveur, c'est-à-dire qu'outre les 200 florins
qu'il s'était offert à donner pour la chapelle des Guillot,

il promit de contribuer à la dépense du jubé ; *oblulit se daturum ducentum florenos pro ediffìcatione ipsius ecclesiœ ac se juvaturum in constructione jubilei dictœ ecclesiœ.* (R. m. , 1528.)

A cette époque mourut, à Bourg, la femme d'un bourgeois nommé Machard, laquelle, par testament, légua à la fabrique de l'église sa robe écarlate, *vestem suam scarlatam;* de cette robe, on confectionna une chasuble et deux dalmatiques pour diacre et sous-diacre. *(Ibidem.)*

En juillet 1528, toutes les chapelles du côté septentrional de l'église étaient terminées, ainsi que deux chapelles seulement au côté sud ; on en commença deux autres à la suite de celles-là, après avoir préalablement contraint les bourgeois possesseurs de maisons dans le passage qui longe la rue de la Halle, à réduire la projection de leurs toits. Nous avons parlé plus haut des difficultés auxquelles donna lieu la construction du mur méridional de l'église et du rétrécissement que dut subir le passage en question ; cette circonstance produisit deux effets fâcheux : en premier lieu, elle contraignit l'architecte à donner aux chapelles méridionales moins de profondeur qu'à celles du côté opposé ; en second lieu, le rapprochement trop immédiat des maisons rendit tout ce latéral humide et obscur. Pour remédier à ce dernier inconvénient, on eut un instant l'idée de donner aux fenêtres des chapelles qui restaient à construire plus de développement en hauteur ; l'idée n'était pas heureuse : le conseil de la ville, auquel on en référa, le sentit et statua que les fenêtres des chapelles au sud seraient en tous points semblables à celles du côté nord. *Fuit deliberatum quod fiant fenestrœ ejusdem formœ et altitudinis cœterarum jam confectarum, ne sit difformitas.* (Reg. mun., 1528) Guillaume Perrin, maître de l'œuvre

4

de l'église Notre-Dame, obtint, dans le cours de cette année, une augmentation de salaire : sa journée fut portée à 11 gros, *pro se*, dit le registre municipal, *et suis servitoribus. (Ibidem.)*

Nous avons vu que MM. les chanoines n'avaient point été convoqués par les syndics lors du rendement de compte fait par Georges Golléri, trésorier et administrateur des deniers destinés à la construction de l'église Notre-Dame. Nous avons de plus reproduit la réponse quelque peu sèche et par trop catégorique faite par le conseil à leurs réclamations sur ce point. Ce procédé les blessa profondément et ils ne tardèrent pas à montrer leur ressentiment. Jusques alors, ils avaient versé dans la caisse du trésorier de l'église le montant annuel de leur redevance; mais à partir de ce moment, ils choisirent un trésorier dans le sein du chapitre et firent emploi de ces deniers à leur guise et sans la participation ni l'approbation du conseil. Ils allèrent plus loin encore : ils firent, de leur autorité privée, ouvrir le tronc destiné à recevoir les offrandes des fidèles en vue de la construction de l'église. Cette conduite souleva le conseil de la ville, qui députa deux de ses membres auprès du chapitre pour porter plainte de cette étrange innovation. Ces derniers, arrivés dans la salle capitulaire, exposèrent l'objet de leur mission. On les laissa parler sans les interrompre; enfin, quand ils furent au bout de leurs représentations, ils demandèrent au chapitre quelle réponse il avait à faire à la ville; aucune, leur fut-il répondu. Là-dessus, les chanoines se levèrent et se retirèrent silencieusement, laissant les deux députés confondus et ébahis. Ces derniers vinrent sur-le-champ rendre compte au conseil de cette scène étrange; séance tenante, on mit en délibération quel parti il convenait de prendre dans une semblable occurrence. Chacun, suivant son caractère, émit un avis. Les opinions violentes furent en majorité, mais le syndic Palluat apaisa cette effervescence et proposa un expédient qui fut adopté par la majorité de l'assemblée. Cet expédient consistait à déférer l'affaire au duc de Savoie. Pour cela, on choisit un membre du conseil qui fut chargé d'aller à Chambéry solliciter l'intervention du prince. Ce moyen était bon sans doute, mais le syndic et le conseil avaient été prévenus par MM. les chanoines qui avaient mandé au duc que, par la faute de la municipalité, les travaux de l'église traînaient en longueur; ils s'étaient plaints de ce que la ville n'allouait pas des sommes proportionnées à ses ressources et aux besoins d'une œuvre aussi importante; ils avaient notamment insinué qu'il serait juste et convenable que la ville appliquât une portion du produit des onces aux dépenses de la construction. Or, pendant que le député de la ville s'acheminait vers Chambéry, arrivait à Bourg le message suivant :

« *A nos très-chiers bien amez et féaulx les syndiques*
« *hommes et communaulté de Bourg.*

        « Le duc de Savoye,

« Très-chiers, bien amez et féaulx, nous vous avons autre-
« foys concédé privilége d'imposer les *unces* sur les chairs
« de nostre cité de Bourg principalement pour les appliquer
« à l'édiffice et réparacion de l'esglise Nostre-Dame qui est
« vostre esglise parrochiale et maintenant cathédrale. Et
« comme avons entendu que vous appliquez les deniers
« des dits *unces* à aultre usaige sans donner aulcune ayde
« aux chapitre et religieux de la dicte esglise pour le dict
« édiffice. Et pour ce que cecy est à l'augmentation du ser-

« vice divin et à la décoration de la dicte cité, aussi que
« nous desirons que la dicte esglise se parface; à ceste cause
« nous avons chargé reverend père en Dieu, nostre très-
« chier bien amé et féal conseiller, l'évesque de Maurienne,
« vous en dire et remonstrer quelque chose de nostre part,
« lequel sur ce vous croyrez comme nous mesme, et ferez
« sur le tout comme en avons en vous nostre confiance,
« vous disant à Dieu, qui vous ayt, très-chiers, bien amez
« et féaulx en sa garde.

 « A Chambéry, le XX d'octobre MVCXXVIII.
        « *Signé* CHARLES. »

 Les assertions contenues dans cette lettre, en ce qui
concernait l'emploi du produit des onces, n'étaient pas
exactes. Ce privilége avait été concédé à la ville pour aider
les habitans à subvenir aux dépenses nécessitées par la
construction et l'entretien des fortifications. Le conseil fit
dresser plusieurs copies de ce privilége, et comme il avait
eu le temps de réfléchir, il comprit que l'agent des chanoines auprès du duc était l'évêque de Maurienne; Il se
décida à mander auprès de lui un de ses membres chargé
de l'informer que le duc et lui avaient été induits en erreur
au sujet des onces de la boucherie, comme il pourrait s'en
convaincre par l'examen de leurs titres; qu'il eut, en
conséquence, à faire revenir le duc de sa résolution; ils
le prient en même temps d'être pour eux un bon pasteur,
de les réconcilier avec ceux qui les ont pris en haine,
qu'il trouvera en eux, en échange de ce service, de bonnes
ouailles, *precando ut nobis sit bonus pastor et procuret quod*
vivamus cum aliis in bono amore et concordia, et nos erimus
bonæ oves.... (Reg. mun., novembre 1528.)
 Ce message fut sans résultat; M. de Maurienne, en sa

qualité d'évêque de Bourg, avait à cœur plus que personne l'achèvement de l'église. C'était lui, au surplus, qui avait obtenu du duc la mesure contenue dans la lettre que nous avons reproduite. Il refusa donc tout net de se faire l'avocat de la cause municipale; aussi, au lieu de la révocation qu'ils attendaient, les syndics et le conseil reçurent une autre lettre plus impérative que la première :

« *Tres chiers bien amez et féaulx,*
« Nous vous avons, ces jours passés, escript touchant
« les onces pour en appliquer une partie à la fabrique de
« lesglise Nostre-Dame et vous en avons fait porter la pa-
« rolle par reverend père en Dieu nostre très chier, bien
« amé, féal conseiller et compère, l'evesque de Maurianne,
« à quoy vous avez faict reffuz. Et pour ce que nous avons
« singulière dévocion à la dicte esglise, et que nous desi-
« rons toutellement que l'ediffice se parface : à ceste cause,
« nous escrivons au lieutenant de Bresse vous en dire et
« remontrer aulcune chose de nostre part, par quoy croyez
« le de ce qu'il vous dira entendant assez que vous debviez
« vous contenter de ce qu'il vous ordonnera de par nous;
« sy ny vuilliez faillir, et nous ferez playsir....
« *Signé* CHARLES. »

Le conseil de la ville était heureusement présidé alors par un homme d'un rare mérite qui alliait à une inébranlable fermeté une prudence consommée. Le syndic Palluat, comprenant qu'il n'avait rien à obtenir du duc, ni de l'évêque de Maurienne, tourna ses efforts et ses démarches d'un autre côté. Il était alors question de faire un boulevard à la porte Bourgmayer : cette construction avait été jugée nécessaire à la défense de la ville par le grand maréchal de Savoie. Palluat écrivit à ce dernier que la ville était disposée à faire exécuter ce travail, si toutefois elle était libre d'y employer les ressources du produit des onces, ressources qui, en vertu de ses priviléges, ne devaient avoir d'autre affectation que celle de la fortification. En même temps, il informa le grand maréchal des embarras qu'éprouvait la ville à cause des onces, et implora sa bienveillante intervention et son appui, l'engageant à se rendre à Bourg où il était attendu avec le plus vif empressement. Palluat fit accompagner ce message de plusieurs douzaines de fromages de *Clon* à l'adresse du grand maréchal, du président Lambert et des gens en place qui pouvaient être utiles à la ville. Cela fait, Palluat rassura le conseil et attendit lui-même paisiblement l'effet de son plan et de ses démarches. Quelque temps après, le conseil fut informé que le *très-magnifique* grand maréchal de Savoie se proposait de venir à Bourg, accompagné de son épouse. Palluat, radieux, engage le conseil à les recevoir le mieux possible et à faire un don gracieux *(donum graciosum)* à Madame la maréchale, *considerato quod possunt servire in negotiis communitatis, etiam erga illustrissimum dominum nostrum intercedere....* (Reg. mun., novembre 1528.)

Boîtes de dragées, confitures de toute espèce, torches de cire pure, vin d'honneur, rien ne fut épargné pour se concilier la faveur de ces personnages. Hâtons-nous de dire que Palluat ne perdit ni son temps ni sa peine, car, par l'entremise du maréchal arriva, peu de jours après, la lettre suivante :

« *Très chiers bien amez et féaulx,*
« Nous avons veu ce que nous aves escript par voz
« commis porteurs de cestes, et ouy ce qu'ilz nous ont dict

« de vostre part touchant la fortifficacion qui vous a esté
« ordonnée par nostre mareschal. Nous voulons et enten-
« dons totallement quelle soyt à effect et que les onces y
« soyent employées, par quoy diligentez y, veu que c'est
« chose de sy évidente nécessité et vous nous ferés playsir,
« sy ny faites faulte, etc.

« VI décembre 1528.

« *Signé* CHARLES. »

« *Au lieutenant de Bresse,*

« Très-chier, bien amé et féal conseiller, a esté arresté
« que les onces doibvent estre employées à la fortifficacion
« qui a esté dernièrement ordonnée par nostre mareschal.
« A cecte cause vous ordonnons et mandons vous desporter
« d'en fayre aultre moleste à noz dictz subjectz du dict lieu,
« ains permectre que les dictz onces soyent employez à la
« dicte fortifficaeion.

« VI décembre 1528.

« *Signé* CHARLES. »

Ce succès, car c'en fut un, fut aussi agréable à la ville que
désagréable à MM. les chanoines. Ces derniers, voyant qu'il
fallait compter sérieusement avec Messieurs de la ville,
apportèrent plus de circonspection et de retenue dans leur
conduite et dans leurs rapports avec la municipalité.
Craignant que les syndics ne voulussent leur revanche de
la liberté qu'ils avaient prise d'ouvrir seuls, et hors de la
présence du trésorier nommé par la ville, le tronc destiné
aux constructions et réparations de l'église, ils mandèrent
un des leurs auprès du conseil pour l'inviter à assister à
l'ouverture du tronc. Le conseil répondit sèchement que
puisque Messieurs du chapitre s'étaient permis, contre leur

devoir et la coutume *(contra debitum et solitum),* de disposer, sans la participation des syndics et du trésorier de la
ville, des sommes renfermées dans le tronc, il fallait, au
préalable, qu'ils en rendissent leurs comptes, la ville étant
déterminée à ne plus contribuer aux frais de l'édifice, si les
chanoines ne prennent l'engagement formel de faire dis-
tribuer à l'avenir, par le trésorier de la ville, la somme
annuelle dont ils sont redevables et de ne plus ouvrir le
tronc hors de la présence des syndics. Tels sont les faits qui
terminent l'année 1528.

A cette époque, le vaisseau de l'église s'achevait, c'est-
à-dire que l'édifice était fermé et couvert. Les registres
municipaux des années suivantes contiennent peu de détails sur cet objet intéressant, car, à partir de 1529, l'attention de la ville fut détournée de cette construction par
les calamités sans nombre et de toute nature qui vinrent
affliger le pays. La récolte fut stérile et la famine se produisit dans toute sa hideur avec son cortége habituel : la
désolation, la maladie, la mort. La peste reparut plus
homicide et plus envahissante que jamais. Enfin, à ces
fléaux vint s'ajouter celui de la guerre; l'ennemi, péné-
trant par plusieurs points du territoire, pillait, brûlait,
ne laissant derrière lui que ruines et solitudes. Voilà la
triste série d'événemens que reproduisent les délibérations
municipales de cette déplorable époque, notamment dans
le cours des années qui précédèrent et suivirent la conquête de la Bresse et du Bugey par François 1er.

Le gouverneur de Bresse, Laurent de Gorrevod, mourut
à Barcelone dans le courant de l'année 1529. Par un article
spécial de son testament, il avait élu sa sépulture à Brou,
dans la chapelle qui porte son nom. Ce personnage, illustre
à la fois par sa naissance, sa fortune et les hauts emplois

dont il fut revêtu par Marguerite d'Autriche, Charles-Quint et les ducs de Savoie, possédait, entr'autres talens, celui de faire chérir par ses subordonnés son autorité et sa personne. Les habitans de Bourg, notamment, lui avaient voué leur affection et leur reconnaissance ; aussi la nouvelle de sa mort occasiona un deuil général. Le 5 octobre, on vit arriver à Bourg le char funèbre qui portait sa dépouille mortelle ; cette date et ce fait ont été consignés avec soin sur le registre municipal, par le secrétaire de la ville, dans les termes qui suivent :

« *Notandum est quod magnificus dominus Laurencius de* « *Gorrevodo, gubernator Breyssiæ, dies suos in Domino clausit* « *extremos, cujus corpus fuit apportatum a loco Barselonie* « *ad hanc civitatem Burgi die quintâ octobris* 1529. *Anima* « *ejus demoretur in pace. Amen.*» (Reg. mun., octob. 1529.)

Avant de transporter le corps à Brou, la ville voulut, à ses frais, lui rendre les honneurs funèbres dans l'église Notre-Dame. Elle fit ériger un grand catafalque au milieu de la grande nef sur lequel se trouvaient les armes du défunt et plusieurs inscriptions en son honneur. Grand nombre de torches aux armes de la ville brûlaient à l'entour, et toutes les cloches sonnèrent à grandes volées. Après la célébration du service divin, les syndics, le conseil de la ville, les chanoines, les religieux de tous les ordres, avec une grande foule de peuple, chacun d'eux la torche au poing, accompagnèrent le corps jusqu'à Brou, où il fut inhumé dans la chapelle de Gorrevod.

Claudine de Rivoire, veuve de Laurent de Gorrevod, touchée sans doute du témoignage d'affection et de déférence donné par les habitans de Bourg à la mémoire de son époux, ne voulut pas être en reste de bons procédés vis-à-vis d'eux. Elle manda aux syndics alors en exercice

4*

qu'elle mettait à leur disposition la somme de 400 florins
pour acheter un dais *(pallium)* pour porter le Saint-Sacrement. Cette affaire, si simple qu'elle paraisse, donna lieu
à plusieurs délibérations *(pluribus et diversis consultatio-
nibus)*. Le conseil réfléchit qu'une pareille acquisition ne
durerait pas toujours; que la ville, une fois habituée à cet
ornement somptueux, ne se résignerait pas à s'en passer. Il
faudra donc, après ce dais, s'en procurer un autre, ce qui
sera une charge pour l'avenir, charge qui pourra échoir
dans une époque aussi calamiteuse que la présente. En
conséquence, on ne peut et on ne doit accepter l'offre de la
très-illustre dame, qu'autant qu'elle voudra bien consentir
à créer une fondation au capital de 200 florins, pour l'entretien du dais; car il ne faut pas perdre de vue, est-il dit
dans la délibération, qu'il faudra des vêtemens ou ornemens analogues aux quatre hommes qui le porteront. Cela
donna lieu à une correspondance qui eut pour résultat de
la part de Claudine de Rivoire, la prise en considération
des observations du conseil et un acquiescement à sa demande. Ces précautions du conseil de la ville, prouvent
deux choses : 1° combien il était ménager des deniers
publics; 2° combien les temps étaient durs, puisqu'il fallait avoir recours à d'aussi minutieuses prévisions.

Autre fait qui prouve la détresse du moment : un encensoir de l'église Notre-Dame avait besoin de réparations, les
chanoines en préviennent le conseil. « Nous ne pouvons y
« subvenir, dirent les conseillers; qu'on montre l'encensoir
« au peuple, afin de provoquer sa générosité. » *Ut incitetur
populus ad helemosinam largiendum pro ipsum reparari fa-
ciendo.* (Reg. mun., 1520.)

Louis de Gorrevod, frère de Laurent, évêque de Maurienne et de Bourg, fut envoyé en qualité d'ambassadeur de

Savoie au concile de Latran, et y fit éclater son zèle pour les intérêts du Saint-Siége. Le pape Clément VII, pour l'en récompenser, le créa cardinal, sous le titre de *S. Cesarius in Palatio*. Sa consécration, en cette qualité, eut lieu dans l'église Notre-Dame de Bourg, le 16 avril 1530. Lorsqu'on lui présenta la barrette, les syndics, le conseil, les notables de la ville et grand nombre de gentilshommes de la province s'approchèrent du trône sur lequel il siégeait, pour le complimenter et recevoir sa bénédiction. Le secrétaire de la municipalité qui consacre à ce fait un *memento* spécial, le fait précéder de cette citation empruntée aux Livres saints, qui témoigne de la joie et de l'enthousiasme que lui inspira cet événement. *A Domino factum est istud et est mirabile in oculis nostris.* (Reg. mun., 1530.)

Vers la fin de 1530, le cardinal de Gorrevod, dont la faveur croissait à la cour de Rome, fut revêtu du titre de légat dans tous les états relevant de S. A. le duc de Savoie. Cette nouvelle fut annoncée officiellement à Bourg, alors que la ville se trouvait dans les circonstances les plus fâcheuses par suite de la disette. Jamais elle n'avait eu à faire face à une situation plus lamentable. Elle était journellement envahie par une quantité considérable de pauvres qui, jour et nuit, faisaient retentir les rues et les places de leurs cris de détresse (1).

Le conseil était en permanence dans la salle des délibé-

_____

(1) *Loquentum fuit de advidendo et apponendo aliquem bonum ordinem in tam magna multitudine pauperum hujus civitatis mendicantium, exclamantium et quotidie et noctu plangentium per hanc civitatem, ob charistiam, pro dolor ! Vigente, ut alimentari possint Dei amore, etiam ut Deus pro suâ clementiâ et misericordiâ preservare dignetur hanc civitatem et patriam à morbo contagioso, cum jam in pluribus et diversis locis moriantur peste.* (Reg. mun., 1531.)

rations pour aviser aux mesures que réclamait de sa part
un tel état de choses qui n'avait d'autre précédent qu'une
famine survenue cinquante-deux ans auparavant, en 1482.
A bout de moyens et de ressources, le conseil rechercha
quelles mesures avaient été prises par la municipalité
d'alors; on trouva que les pauvres avaient été répartis entre
les habitans qui leur fournissaient des alimens, chacun en
raison de sa fortune présumée. Cette mesure fut remise
en vigueur nonobstant le danger de la peste répandue en
diverses localités du voisinage. Telle était la physionomie
que présentait la ville lorsqu'arriva la nouvelle de la pro-
motion du cardinal de Gorrevod au titre et aux fonctions
de légat, nouvelle qui fut bientôt suivie d'une lettre
émanée du prélat lui-même, annonçant aux syndics et
à la municipalité, qu'il se proposait de faire prochainement son entrée à Bourg en qualité de légat, ce qui imposait
à la ville la nécessité de faire une dépense exceptionnelle
et considérable pour fêter convenablement un prince de
l'Eglise, son évêque. *Pro illius jucundo adventu,* comme dit
registre municipal.

A cette préoccupation s'en joignait une autre qui ne présentait pas moins de gravité. Le jeune seigneur de Challes
et de Corgenon, neveu du cardinal de Gorrevod, avait été,
tué en duel par M. de Forcrand, à la suite d'une querelle
née d'une rivalité amoureuse. Cet événement douloureux
avait vivement indisposé le prélat contre les syndics
auxquels il reprochait de n'avoir pas, par une police
plus sévère et plus active, prévenu ce malheur. Les syndics n'ignoraient point la haute influence qu'exerçait à la
cour de Savoie, et particulièrement sur l'esprit du duc, le
cardinal leur évêque; ils désiraient ardemment désarmer
sa colère; et pour y parvenir, ils avisèrent de lui envoyer

une députation pour le féliciter des nouveaux honneurs dont il venait d'être revêtu. Ils firent choix, dans ce but, des personnages les plus notables par leur rang et leur fortune, et leur donnèrent les instructions suivantes :

« Memoyre à Messieurs les sindiques Philippe du Pra, noble
« Humbert Grilliet, seigneur du Verney, commendables
« Claude Regis, Ponce Dugas, commis pour aller faire la
« révérence et très-humbles recommendacions à très-reveren-
« dissime Père en Dieu, Mgr, Mgr le Légat au pays de
« Savoye.

« Premièrement s'adresseront à sa saincte paternité et
« de la part de ses humbles serviteurs les sindiques et
« communauté de Bourg, luy feront la révérence et très-
« humbles recommendacions.

« Et pour ce que ont entendu comme a pleu à nostre
« sainct père le pape de l'avoir constitué et eslu en l'office
« de légat au pays de Savoye, sont très-joyeulx de ces
« nouvelles, rendant grace à Dieu d'ung tel grand bien
« que leur a faict, et luy diront qu'ils se offrent à luy faire
« tous les honneurs et services que leur sera possible, en
« luy suppliant très-humblement quil playse à sa saincte
« paternité leur vouloir fayre ce grand bien et honneur de
« mestre et eslire son siége apostolicque en la cité de Bourg,
« considérant que nous sommes ses très-humbles serviteurs
« et quil a esté le premier prélat d'icelle et ilz seront obli-
« gez eulx et leurs successeurs prier Dieu pour sa bonne
« santé et prospérité.

« Et, si d'adventure cognoyssaient les dictz commis
« icelluy avoir quelque regard à cause du forfayt qui a esté
« faict à feu M. de Challes, son nepveur, que Dieu absolve,

« luy feront remonstranœs nécessayres et comme toute la
« cité est fort marrie de tel cas, et ny a celluy qui nen soyt
« courroucé bien fort. Et si ung particullier a failly, ne
« playse à sa saincte paternité en avoir regret contre les
« aultres, cart nen peulvent meiz, et la ville feist incon-
« tinent diligence à serrer les portes de la ville jusques à
« ce que le malfaicteur fusse prins; et encore de pré-
« sent y sont vigilants, cart despuys le forfayt et jusques
« icy les clés des dictes portes sont remises tous les soirs à
« MM. les sindiques et luy vouldroyent faire tout lhonneur
« et service que a eulx seroit possible et aultrement luy
« feront remonstrances comme bien scauront faire et que
« cela ny a esté procédé que de quelque paillard qui estoit
« tel que celluy qui fist le coup. » (Reg. mun , 1531.)

Humbert Grilliet, chef de la députation envoyée au
légat, rendait compte, sept jours après, au conseil de la
mission qui lui avait été confiée. Les députés se félicitaient
de l'accueil bienveillant que leur avait fait le cardinal
légat; ce dernier avait accepté sans récrimination leurs
excuses au sujet de la mort tragique de M. de Challes; il
les avait même assurés que son intention était d'établir son
siége apostolique à Bourg. Enfin, il informait la ville, par
leur entremise, de sa visite prochaine. Ces bonnes nouvelles firent diversion à la misère et aux angoisses du moment, et on se mit résolument en devoir d'organiser des
fêtes et des réjouissances publiques en l'honneur de la
joyeuse entrée de sa *révérendissime paternité*. Douloureux
contraste! Le linge manquait à l'hôpital, le blé à la grenette,
les faibles ressources de la ville étaient plus qu'absorbées
par la construction du boulevard de Bourgmayer alors en
voie d'exécution. Le nombre des indigens s'accroissait, la

peste sévissait dans les environs, les agens du fisc ducal poursuivaient la levée d'un impôt de 4 florins par feu. Madame Béatrix de Portugal, épouse du duc actuel de Savoie, s'étant fait donner en apanage les revenus de la Bresse après la mort de Marguerite d'Autriche, demandait un don gracieux ; on avait à équiper cent pionniers que le duc réclamait pour la défense du pays de Vaud, envahi par les Bernois.

Voilà la situation sur laquelle il fallait momentanément fermer les yeux pour s'occuper d'acheter un dais en soie bleue, pour recevoir Monseigneur le Légat, dresser des échafauds pour la représentation des mystères, *historiæ honestæ et jucundæ*, acheter des étoffes de toute espèce pour habiller les acteurs de ces diverses exhibitions scéniques, faire réparer les rues par où devait passer le cortége. On ne pouvait se dispenser de faire un don au Légat, et l'importance de ce don devait être proportionnée à celle du personnage. Enfin, les habitans de Bourg durent faire contre mauvaise fortune bon cœur et l'on se mit en préparatifs de réjouissances. Suivons-les dans les détails de cette fête ; aussi bien nous aurons un guide sûr et fidèle dans l'honnête et naïf secrétaire de la ville, Jehan de Lestra, qui nous a laissé un récit circonstancié des événemens de cette mémorable journée.

Ce fut le quatorzième jour du mois de mai 1531, sur les trois heures de l'après-midi, que déboucha par la porte de la Halle le cortège du cardinal Légat dans l'ordre que voici :

En premier lieu, les compagnons ou enfans de la ville commandés par leur capitaine, portant la bannière de la ville, tous armés de coulevrines, hallebardes, piques, rondelles. Après eux la compagnie de l'arc, puis celle des clercs de la ville, chacune précédée de sa bannière. Ensuite s'avançaient un à un et sur deux rangs, (*processionna-liter.*) les religieux de tous ordres et MM. les chanoines, en camail et surplis. *(ecclesiasticè induti.)* Enfin, sous un dais brodé à ses armes, supporté par les deux syndics, Spectable-André Ducroz et noble Humbert Grilliet, venait le cardinal-légat, escorté des officiers de sa maison, d'une foule de citoyens, de gentilshommes de la ville et des environs. L'artillerie, rangée sur le ravelin de Bourgneuf, mêlait ses bruyantes détonations au bruit des cloches sonnant à toutes volées.

La première représentation scénique, donnée aux frais des Frères-Prêcheurs, se développait, devant l'auberge de la Pomme, sur trois échafauds séparés. Notre ami Jehan de Lestra a omis de nous dire quel en était le sujet.

Du logis de la Pomme, le cortége et la foule se rendirent devant l'église cathédrale où, par les soins de MM. les chanoines, avait été préparée une allégorie toute de circonstance. Sur un vaste échafaud se trouvaient placées circulairement et à égale distance, sept jeunes filles vêtues suivant l'exigence de leur rôle et figurant sept vertus. Au milieu d'elles, était une énorme mappemonde de laquelle on vit sortir d'abord un personnage appelé *Bonne-Renommée,* lequel vint expliquer aux spectateurs qu'après maintes pérégrinations sur ce globe sublunaire, il avait réussi à trouver un personnage possesseur des sept vertus cardinales. Là dessus, panégyrique en forme de ce saint et noble prince de l'église, qui condescend à venir fixer sa résidence dans cette heureuse cité de Bourg. Quel objet d'envie pour les villes voisines ! Lyon possède un archevêque, Mâcon un évêque, mais Bourg va désormais l'emporter sur elles, puisqu'elle sera habitée par un légat. Après cette péroraison, *Bonne-Renommée* rentre dans la mappemonde, d'où il ressort bientôt conduisant par la main un personnage vêtu en cardinal, auquel les sept vertus viennent à tour de rôle offrir une palme. Après quoi, elles entonnent une cantate en l'honneur du légat, et leurs voix se marient agréablement à plusieurs instrumens auxquels le secrétaire de la ville donne l'épithète de *mélodieux;* c'étaient des hautbois, musettes, trompettes et tambourins. Ces chants, terminés et applaudis, la foule se porta tumultueusement sur la place de la Halle, où devait, immédiatement après la précédente, avoir lieu la représentation des mystères et allégories préparés par la municipalité. Six échafauds superposés étaient dressés sur cette place. Sur le premier, était l'arbre généalogique de Mgr le légat, avec toutes les armes et écussons de sa famille; sur le second échafaud, se tenait la vérité, laquelle avait pour tâche d'expliquer au peuple le sens de toutes les figures de ce blason. Mais ce genre de divertissement n'inspira qu'un très-médiocre intérêt à la foule, qui laissa la vérité s'exclamer en pure perte, et dirigea son attention sur les autres échafauds où l'on voyait Moïse paissant les brebis de Jéthro, son beau-père, allégorie qui signifiait l'épiscopat; puis sur un autre échafaud, c'était encore Moïse devant le buisson ardent, figure de l'apostolat et partant du cardinalat. Sur un troisième, l'on voyait toujours Moïse assis sur un tribunal et jugeant le peuple; ce qui, au dire de Jehan de Lestra, qui nous fournit toutes ces explications, était l'emblème de la dignité de légat. Les frères Mineurs défrayèrent ensuite la curiosité populaire. Leur théâtre était placé sur la place de l'Orme, aujourd'hui du Greffe. On y voyait Adam et Eve, le serpent enroulé sur l'arbre de la science du bien et du mal, allusions aux promesses faites par Dieu à nos premiers parens d'envoyer au monde un

Rédempteur. Toutes ces *hystoires* n'étaient guère autre chose que des sermons en action. Elles charmèrent beaucoup moins la foule, il faut le dire, que la pièce qui fut jouée aux Lices, pièce très-populaire alors, intitulée *la Pucelle et les Bergers,* qui termina le programme et la série des divertissemens de cette fête.

Le don gracieux offert au légat par la ville *(ob honorem et reverentiam suæ paternitatis)* se composait de six pots de confitures de Valence, six flacons de Cognac, six boîtes de dragées et de douze torches de cire pure. La ville, dit le registre municipal, s'imposa cette énorme dépense dans le but de capter d'une manière plus sûre l'amour et la bienveillance du prélat. *(Ut semper firmiliùs captetur amor et benevolentia ipsius.)* A cette bienveillance, la municipalité attachait un grand prix. Elle espérait, en premier lieu, décider un prince de l'église à fixer sa résidence à Bourg; or, tout prince a une cour, et une cour fait abonder l'argent dans une ville, ajoute à son lustre et à son importance. En second lieu, on comptait sur l'affermissement définitif de l'évêché de Bourg, établissement que, dès son principe, l'archevêque de Lyon et son noble chapitre avaient vu avec un souverain dépit, attendu qu'il restreignait à la fois la juridiction de cet archevêque et par suite les revenus et émolumens des hauts dignitaires ecclésiastiques de cette province. Sur ces deux chefs, la ville de Bourg était destinée à subir un double désappointement, comme on le verra bientôt.

Le lendemain de la fête, Mgr le légat manda auprès de lui les syndics de Bourg, auxquels il signifia qu'il n'entendait point être soumis à payer les onces de la boucherie; ces derniers ne purent que manifester leur étonnement d'une semblable prétention, et répondirent que le droit des onces était l'un des priviléges de la ville et celui auquel elle attachait le plus d'importance , attendu qu'il constituait la source la plus productive de ses revenus. Or jamais plus que dans les circonstances actuelles la ville n'avait éprouvé des besoins aussi pressans, aussi impérieux. Le prélat demeura sourd à toutes ces observations , et comme en désespoir de cause les syndics lui firent observer qu'ils en référeraient au duc de Savoie ; je puis vous en épargner la peine, répondit le légat, car voici des lettres de S. Excellence en bonne forme, qui me confèrent cette exemption. En même temps, il leur montra un parchemin, scellé aux armes de Savoie, dont il avait eu la précaution de se munir avant son départ de Chambéry ; les syndics là-dessus se retirèrent désappointés et regrettant vraisemblablement les dépenses intempestives que l'entrée du prélat avait occasionnées à la ville. La fête de Pentecôte , qui cette année tombait le 28 du mois de mai, Mgr de Gorrevod célébra sa première messe en qualité de légat, non point dans l'église de Notre-Dame, comme on devait le faire, mais sur la place située en face de la Halle , attendu la foule considérable que cette cérémonie avait attirée dans la ville , en raison de l'indulgence plénière promise à tous les assistans. (*Die festi Penthecostes 28 maj.* — *R. D. legatus suam primam missam pontificalem in legatura celebravit in hâc civitate Burgi, in fronte Alœ, à parte orientis, ubi fuit constructum unum stipadium per Dominos canonicos et omnibus in eâdem civitate assistentibus fuit concessa plenaria indulgentia. — Laudetur Deus !*) (Reg. mun., 1er juin 1531.)

Le système politique du duc de Savoie consistait dans une neutralité apparente , sinon réelle. Oncle de l'empereur Charles-Quint et beau-frère du roi de France , il s'appliquait à se tenir en équilibre entre ces deux rivaux

acharnés. François Ier avait protesté sous le pontificat de
Léon X contre l'établissement de l'évêché de Bourg et avait
obtenu sa révocation en 1517. Depuis son rétablissement
en 1521, la perte de la bataille de Pavie et la détention
du roi à Madrid avaient suspendu la poursuite de cette
affaire; mais, aussitôt après sa délivrance, François Ier fit
entendre à ce sujet la prière et les menaces. Appuyés par
le roi de France, l'archevêque de Lyon et son chapitre
multipliaient auprès du pape et du duc de Savoie leurs
démarches et leurs instances, pour obtenir la suppression
de l'évêché, érigé, disaient-ils, au détriment de leur droit
et de leurs priviléges.

Alors que les habitans de Bourg fêtaient de leur mieux et
aux dépens de leurs faibles et insuffisantes ressources, le
cardinal légat, Louis de Gorrevod, dans l'espoir que ce
dernier établirait son siége et sa résidence dans leur ville,
les doyen, chanoines et comtes de Lyon mandaient au
duc de Savoie MM. de la Barge et de Chamoussel, dignitaires du noble chapitre, chargés d'instructions secrètes et
porteurs de la lettre qui suit :

« Monseigneur,
« Il a pleu au Roy nostre souverain seigneur vous es-
« cripre par le seigneur de Chamousset, son bon vouloir
« et intention touchant la réintégration et réduction du
« pays de Bresse à l'obeyssance ancienne de l'esglise et
« archevesché de Lyon. A cette cause, monseigneur, vous
» pryons, très-humblement quil vous playse, par effect,
« fayre donner tel ordre en vostre dict pays que nos bulles
« consistoriales, reintegratoires et rénovatoyres de l'é-
« rection du prétendu evesché de Bourg, soient mises
« réellement et de faict à dheue exequution et entier ac-

« complissement, et que vos dictz subjects se réduysent à
« la dicte ancienne obeyssance ecclésiastique du dict arche-
« vesché de Lyon, sans auscune contradiction. Ce faysant,
« Monseigneur, vous obligerés perpétuellement à prier
« Dieu pour vostre prospérité et santé, et à vous fayre
« service comme plus à pleyn vous advertira nostre frère,
« monsieur le comte de la Barge, lequel envoyans avec le
« dict sieur de Chamosset, lequel il vous playra croyre de
« ce que vous dira de par nous; Monseigneur, nous prie-
« rons le Créateur de vous conserver en sa saincte garde,
« bonne prospérité et santé. De Lyon, ce 24me jour de
« septembre, vos très humbles orateurs, les doyen,
« chanoynes et comtes de Lyon. »

Pendant que MM. de la Barge et de Chamousset s'acheminaient à Chambéry auprès du duc de Savoie, l'official
de l'archevêque de Lyon et deux délégués de la part du
roi, François Ier, vinrent à Bourg annoncer au bailly de
Bresse, que trois cents hommes des troupes royales allaient
incessamment prendre la route de Bourg pour s'emparer,
à main armée, de l'église cathédrale de cette ville, si mieux
n'aimaient les chanoines et les syndics en faire la cession
volontaire et amiable à Mgr l'archevêque de Lyon. Les
délégués ajoutèrent, que si on tentait la moindre résistance,
les troupes avaient ordre de briser et d'enfoncer les portes
de l'église. Sur cette déclaration, Mgr de Gorrevod se retira
prudemment dans son abbaye d'Ambronay, laissant à son
chapitre et aux syndics de la ville à se tirer de ce mauvais
pas, comme ils l'entendraient. Les syndics convoquèrent
immédiatement le chapitre de Notre-Dame pour aviser à
ce qu'il convenait de faire dans une pareille extrêmité.
MM. les chanoines ne se montraient pas disposés à céder,

Déjà ils avaient fermé et barricadé les portes de l'église et ils allaient par toute la ville prêchant la résistance, mais ils furent seuls de leur avis. Les syndics et le conseil qui n'avaient dans toute cette affaire ni priviléges ni prébendes à sauvegarder comme les chanoines, et pour lesquels l'institution d'un évêché dans leur ville n'avait été qu'une série de mécomptes et d'amers désappointemens, acceptèrent le parti de la soumission. Ils s'y montrèrent d'autant mieux disposés que la peste faisait alors à Lyon d'effrayans ravages pendant que Bourg était momentanément exempt de ce fléau. Ils comprenaient que si les 300 hommes de guerre dont on les menaçait venaient à pénétrer dans leur ville, la peste y pénétrerait à leur suite. Aussi, à l'issue de cette délibération, les syndics et la majeure partie du conseil se rendirent auprès des délégués auxquels ils offrirent préalablement deux pots de confiture de Valence, et leur annoncèrent qu'ils étaient disposés à obéir. En même temps, arrivait de Chambéry un envoyé du duc de Savoie qui venait, au nom de son maître, enjoindre aux syndics et aux habitans de déférer à la demande de l'archevêque et du noble chapitre de Saint-Jean, de Lyon. Déconcertés par ce concours inattendu de circonstances, les chanoines de Bourg semblèrent se résigner. Le jour suivant, 4 octobre 1531, eut lieu la remise officielle des clés de l'église de Notre-Dame entre les mains de l'official du révérendissime archevêque de Lyon, lequel, deux jours après, célébra une messe solennelle à l'occasion de la réintégration des églises de Bresse et Dombes au siége archiépiscopal de Lyon. A cette messe assistèrent les délégués du roi de France, ceux du duc de Savoie, les syndics, le conseil de la ville et grand nombre des habitans de Bourg.

Après l'accomplissement de cette cérémonie et des for-

malités dont elle fut accompagnée, on devait croire cette
affaire terminée. Il n'en était rien : la soumission des
chanoines n'était qu'apparente, le dépit de M. de Gorrevod
était à son comble ; il ne tarda pas à en donner la mesure
par la convocation d'un synode à Bourg et par la publication
d'un monitoire ou mandement qui frappait d'excommunication et d'anathême tout ecclésiastique de son diocèse,
qui se soumettrait à la juridiction spirituelle de l'archevêque de Lyon. Ce fut d'Ambronay que partit ce manifeste
que les curés eurent l'ordre de lire au prône dans chaque
paroisse. Appuyé de l'autorité du roi de France et de ses
forces militaires, l'archevêque de Lyon renouvela ses injonctions et ses menaces contre la ville de Bourg. Que l'on
juge de l'inquiétude et de l'effroi des syndics et des habitans
à qui, chaque jour, arrivait la nouvelle des préparatifs
formidables qui se faisaient à Lyon ! Six cents archers se
disposaient à envahir la Bresse ; les marchands de la Halle
cachaient leurs marchandises, fermaient leurs boutiques ;
les bourgeois épouvantés passaient la rivière d'Ain, et
allaient chercher un asile pour soustraire leurs familles et
leurs biens à la rapacité et à la brutalité des archers royaux.
Cependant le gouverneur de Bresse interposa son autorité
pour empêcher la tenue du synode, il en vint à bout. Mais
ce qu'il ne put empêcher, ce furent les prédications furi-
bondes qui retentissaient dans toutes les chaires, prédications toutefois qui furent sans effet sur l'esprit des
populations, à qui peu importait de relever de l'autorité
spirituelle de l'archevêque de Lyon ou de celle de Mgr de
Maurienne. Les syndics de Bourg ne pouvant rien obtenir
des chanoines dont l'obstination était invincible, mandèrent ce qui suit au duc de Savoie :

« *A Monseigneur, nostre très-redoublé Seigneur,*

« Monseigneur, nous avons esté advertys que messeigneurs
« du chapitre de Lyon nous menassent fort, et instent fere
« fayre ung amast de gens d'armes pour s'en venir invader
« vostre cité de Bourg, à cause de l'évesché, et sommes
« fort esbays dont cecy peult procéder; car suyvant vos
« mandemens et commandemens, ne avons faict aulcune
« répugnance à l'exécution de leurs lectres, ayns y avons
« obey, tant comme à nous a esté possible. Combien que
« les ecclésiastiques sont touiours répugnans et de nouveau
« ont mys placarts par vostre pays de Breysse et jusques
« auprès de Lyon, faysant admonition et commandement,
« à poyne d'excommunication, que tous ecclésiastiques, et
« ayant à fayre en la spiritualité, ayent à recourir au lieu
« d'Ambronay ou est, de présent, député le tribunal de
« Mgr. le Révérendissime, qui est cause de myeulx indi-
« gner les dits de Lyon : et tout tombera à la destruction
« de vos subgectz, si aultre chose ne survient, à cause de
« de quoy avons mys et mectons continuellement ordre à
« nous garder, tant comme pouvons. Toutefois, si ainsi
« estoit qu'ils vinssent, comme l'on dit, et comme par
« diverses lectres mandées à plusieurs gens, sommes in-
« formés et craignons que dans briefs jours ne vienne une
« grande multitude de gens d'armes dans votre cité et pays
« de Breysse, voz paouvres subgectz en seroyent destruiyets,
« car combien que l'on fist résistance à non les laysser
« entrer en votre cité de Bourg, neantmoins ils gaste-
« royent les villages, paysans, tant par feu que aultrement
« et seroient cause y mestre la famine, véhu que desia la
« saysou est bien petitement fertile, chose qui redonderoyt
« en gros préjudice de vostre autorité et excellence.

« *Monseigneur, nous considérons que, devant la création*
« *dudict évesché, nous estyons en bonne tranquillité et despuys*
« *ne avons jamais esté sans crainte dont à la fin nous crai-*
» *gnons l'effect et aymeryons myeulx non avoir évesché et*
« *vivre en paix soubs vostre protection et saulve garde de nos*
« *biens que Dieu nous a donnés, que s'il nous fallait vivre*
« *en telle sorte, et , enfin, estre destruyts et aussi vostre auto-*
« *rité qui est le principal en seroyt blessée. Pourquoy supplions*
« *très-humblement vostre excellence ne vouloir permettre que*
« *pour l'évesché et gens d'esglise, tombions en tels inconvéniens*
« *et vostre playsir soyt y avoir advis et nous protéger et*
« *garder comme en icelle avons entièrement nostre parfaite es-*
« *pérance et confiance, et nous recommander ce que nous*
« *aurons de faire.* »

« Monseigneur, playse à vostre excellence nous mander
« et commander vos bons playsirs pour tousiours y obéir
« et pour les accomplir de tout nostre pouvoir, aydant Dieu
« le créateur au quel prions nostre très-redoubté Seigneur,
« vous donner bonne vie et longue.

      « De vostre cité de Bourg, ce XXme d'aoust.

« Vos très-humbles et très-obeyssans subgectz et servi-
« teurs, les sindiques et gens de conseils de vostre cité
« et communaulté de Bourg. »

La lettre qui précède fut portée à Chambéry par l'un des
syndics, nommé Janus Machard, qui représenta au duc
de Savoie, dans une audience qui lui fut accordée par ce
prince, les périls et la gravité d'une situation dont l'obstination du chapitre de Bourg était l'unique cause. Insen-
sibles à tout ce qui ne les touchait pas personnellement, les
chanoines se montraient sourds à tous les avertissemens,
à toutes les prières. Heureusement, ajoutait Machard,

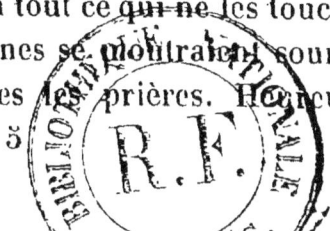

que le bon sens traditionnel des Bressans avait paralysé leurs discours passionnés et leurs démarches téméraires. Au surplus, la création de l'évêché de Bourg n'avait été pour le pays qu'une source de déceptions, d'embarras et de sacrifices. C'est depuis cette fâcheuse époque que les chanoines ont sans relâche indisposé la ville par leur égoïsme, leur cupidité et leur intolérable arrogance. Ardens à percevoir les dîmes, ils sont froids pour le service de Dieu et le soulagement des pauvres du Christ. Ce n'est qu'avec une difficulté excessive qu'on peut obtenir d'eux les rentes annuelles qu'ils sont tenus, en vertu de leur fondation, de payer pour la construction et l'achèvement de l'église de Notre-Dame de Bourg. Jamais on ne les voit monter en chaire pour annoncer au peuple la parole divine; ils abandonnent cette sainte mission aux frères Prêcheurs et aux Cordeliers, auxquels ils refusent obstinément toute rémunération pour l'exercice de cette auguste fonction. Loin de se montrer assidus au chœur et d'édifier le peuple par la décence de leur maintien et leur respect pour le saint lieu, on les voit fréquemment rire, causer; ce qui, dans plus d'une circonstance, a provoqué les plaintes des habitans. Quant à l'évêché, c'est sans regret aucun que l'on a vu prononcer sa suppression, attendu qu'au lieu de procurer au pays quelque avantage temporel ou spirituel, il n'a fait que compromettre son repos et sa sécurité. Telle est la substance de l'allocution adressée par le syndic Machard au duc de Savoie, allocution qu'il termina en suppliant le prince d'aviser sur-le-champ à désarmer le roi de France et à pacifier l'archevêque de Lyon et son chapitre : il n'oserait, disait-il, retourner à Bourg, s'il n'était porteur d'une ordonnance sévère et décisive, qui fit rentrer le chapitre dans le devoir et l'obéissance. Le Duc obtempéra à la demande de Janus Machard. Il expédia incontinent un délégué à Lyon, chargé d'informer l'archevêque et le chapitre de cette ville, qu'il allait être fait justice de la résistance du clergé de Bresse, et que c'était sans arrière-pensée qu'il avait consenti à la suppression de l'évéché de Bourg et replacé ses sujets Bressans sous l'antique juridiction du siége de Lyon. Quant à Janus Machard, il partit de Chambéry porteur d'un paquet cacheté, dont l'ouverture se fit en la Maison-de-Ville, en présence du conseil assemblé. Il contenait une ordonnance du duc de Savoie, à l'endroit du chapitre de Notre-Dame, dont la mise à exécution était confiée au bailli de Bresse, plus une lettre ducale dont voici la reproduction :

A noz très-chiers, bien-amez et féaulx les Sindiques, Conseillers, Hommes et communaulté de Bourg.

« Le Duc de Savoye,

« Très-chiers bien amez et féaulx, nous avons receu voz
« lettres touchant l'affaire de l'evesché. Nous entendons
« pour vous éviter inconvénient et à tout le pays, que
« l'esglise de Lyon ait l'obeyssance et la jurisdiction ecclé-
« siastique, en tous cas dépendants d'icelle, nonobstants
« tous placars et empeschemens. Et, à ceste cause, avons
« octroyé les lectres-patentes qu'envoyons à ceulx de nostre
« conseil pour les faire observer et publier par tout, en-
« tendant que vous y debvrez obeyr et obtempérer de vostre
« costé, aussi que noz aultres subgectz fassent de mesme,
« comme vous entendrez par les gens de nostre conseil,
» sy vous ordonnons et mandons très à certes ainsy le
« faire. Et du demourant nous avons renvoyé à Lyon
« pour pourveoir en tout. Vous sachant bon gré de voz

« bons advertissemens. Et à tant très-chiers bien-amez et
« féaulx, nostre Seigneur vous ait en sa garde. »

Chambéry, le XXVme d'aoust. — *Signé :* Charles.

Plus bas , Vuilliot.

Ainsi finit l'évêché de Bourg. Faute d'avoir lu la bulle
de suppression, l'historien de Bresse, Guichenon, qui
pourtant l'a insérée dans les Preuves de son histoire, a cité
Philibert de Challes comme le deuxième évêque de Bourg ;
en quoi il s'est étrangement mépris ainsi que ceux qui ont,
après lui, répété cette assertion. Philibert de Challes, parent de Louis de Gorrevod, avait été présenté au pape et
accepté par lui comme successeur à l'évêché de Bourg,
après le décès de son oncle. La bulle l'a qualifié d'*electus*,
élu ou désigné. Mais toutes ses prétentions à cette succession
furent annulées par le fait de la suppression de l'évêché,
suppression qui, cette fois, fut définitive. Quant au cardinal
de Gorrevod, il mourut en 1536, et fut, suivant les dispositions de son testament, inhumé dans sa cathédrale de
Saint-Jean-de-Maurienne. Philibert de Challes, son parent,
fut son légataire universel ; j'ai remarqué au nombre des
divers legs que contient cet acte de sa dernière volonte,
celui de cent écus d'or au soleil qu'il donna au chapitre de
Bourg, pour être convertis en fonds de terres pour la fondation de quatre anniversaires pour le repos de son âme.
Malgré la suppression de l'évêché de Bourg, M. de Maurienne qualifie toujours du titre de cathédrale l'église de
Notre-Dame de Bourg ; était-ce de sa part une protestation,
ou l'effet d'une habitude. *Item dat et legat idem prelibatus
reverendissimus cardinalis legatus testator reverendissimis
preposito, cantori, sacristæ et canonicis ecclesiæ suæ cathe-
dralis beatæ Mariæ Virginis Burgi.* (Titres de Pont-de-Vaux.)

A partir de l'époque de la suppression de l'évêché de
Bourg, la bonne harmonie entre les chanoines et la municipalité fut entièrement rompue. La bulle de suppression
fulminée par le pape Paul III, la veille des Nones de janvier 1534, conservait à Messieurs de Notre-Dame leur titre
de chanoines et leurs prébendes; elle faisait une blessure
à leur vanité, mais elle sauvegardait intégralement leurs
intérêts. Néanmoins, ils ne pouvaient pardonner à la ville
la facilité avec laquelle elle s'était prêtée à la suppression
de l'évêché, et principalement les motifs allégués par
Machard, son représentant, au duc de Savoie, en vue de
cette renonciation. On cessa donc complètement de s'entendre, notamment en ce qui concernait l'achèvement de
l'église paroissiale. Le chapitre, refusant péremptoirement
son concours et sa coopération aux syndics, ne voulut
point justifier de l'emploi de la redevance des 700 florins.
Cette obstination et ce mauvais vouloir de sa part ne pouvaient que refroidir le zèle et paralyser les efforts de la
municipalité et des habitans. Les travaux furent dès-lors
interrompus et abandonnés. Il est vrai qu'à cette époque il ne
restait à faire que la façade; on la voulait belle et somptueuse, mais la situation financière de la ville qui ne
comptait alors dans son enceinte que 310 feux, se conciliait
mal avec cette prétention. Il y avait déjà plusieurs années
que l'architecte de Brou, maitre Loys Van-Boghen avait,
sur la demande des syndics et du chapitre, fourni le modèle
et le plan du portail. C'était une œuvre d'art dans le goût
et la manière de cet incomparable géomètre *(præstantissi-
mus geometra)*, comme le qualifie un de ses contemporains,
Antoine du Saix. (Voir *Recherches historiques sur l'église de
Brou.*)

A quelque temps de là, des événemens d'une toute autre

gravité se produisirent dans notre malheureux pays ; la guerre, avec l'effroi qui la précède et les malheurs qui l'accompagnent, vint s'abattre sur lui. Le sérénissime roi de France, François Ier, que nos historiens se sont vainement efforcés de justifier dans cette circonstance, déclara la guerre à Charles-le-Bon, son oncle. Les héraults Guyenne et Champagne, suivant l'usage encore subsistant du moyen-âge, se présentèrent dans toutes les villes du duché de Savoie et les sommèrent de se rendre à leur maître, sous peine d'être, dans un bref délai, mises à feu et à sang. Bourg reçut cette sommation, et comme elle était prise au dépourvu de tous moyens de résistance, elle fit sa soumission au comte de Besançois, Philippe de Chabot, amiral de France, qui s'empara de la Bresse, du Bugey et de la Savoie, sans rencontrer d'autre résistance que celle que lui opposèrent les montagnards de la Tarentaise, qui firent preuve, dans cette circonstance, d'une admirable bravoure et de loyauté envers leur malheureux prince.

En même temps, les Bernois, d'accord avec la France, adressaient, de leur côté, au duc de Savoie, un cartel qui contenait les menaces suivantes : *Nous vous faisons savoir par ce, notre hérault, que nous vous dénonçons guerre ouverte, vous advertissans qu'avec l'aide de Dieu, nous assaillirons vos pays et subjects, et les endommagerons de tout notre pouvoir.*

L'effet suivit bientôt les menaces ; car, en 1536, ils envahirent le baillage de Gex où ils introduisirent de vive force la doctrine de Luther. Ils menaient avec eux un peintre chargé de peindre un ours sur la porte des cures et des églises. Ils chassèrent et maltraitèrent les ministres de la religion catholique, vendirent tous les édifices qui en provenaient, ainsi que les dîmes qui furent achetées par les Genevois.

Il semblerait qu'au milieu de toutes les perplexités sus-
citées par ces événemens, l'attention du peuple ait dû se
laisser distraire de la pensée d'achever l'église paroissiale ;
il n'en fut rien. Le registre municipal de 1536 démontre
que les instances des habitans de Bourg à ce sujet emprun-
tèrent à la situation malheureuse dans laquelle ils se trouvaient, plus d'énergie et de persistance. Ils réclamèrent
plus vivement qu'ils ne l'avaient fait encore, contre l'inac-
tion des syndics et du chapitre, résultat de la mésintelligence survenue entre ces deux corps. Est-ce donc à nous,
disent les six gardes de la ville, à stimuler le zèle des
chanoines ! Leur devoir, leurs vœux, leur conscience
n'exigent-ils donc pas impérieusement qu'ils fassent enfin
trève à leur nonchalance, à leur mauvais vouloir ! N'est-il
pas déplorable de voir accumulés autour de l'église tant de
matériaux sans emploi ? Si l'ire céleste se déchaîne sur
nous avec tant de rigueur, à quoi l'attribuer, si ce n'est à
la coupable négligence que l'on apporte à terminer la
maison du Seigneur ! Assez de maux ne se sont-ils pas
appesantis sur nous ! En butte aux malheurs de la guerre,
aux exigences insatiables et sans cesse renaissantes des
troupes du sérénissime roi de France, voilà que la secte
maudite de Luther *(maledicta secta)* s'apprête à nous ino-
culer le poison de l'hérésie L'ours de Berne, bête mons-
trueuse qui déjà a renversé les églises du pays de Gex et
mis en fuite les ministres de Dieu ! tardera-t-il à nous dévo-
rer ? Que les spectables syndics, pères de la cité, avisent
à sa conservation et à celle des habitans, et s'ils rendent à
César ce qui est à César, qu'ils se gardent de ne pas rendre
à Dieu ce qui est à Dieu. (Reg. mun., 1536.)
Les observations qui précèdent dénotent l'excessive
surexcitation dont le peuple était animé ; ce n'étaient pas

des représentations respectueuses que renfermaient ces paroles, c'était plutôt un avertissement impératif, un ordre, enfin. Les syndics et les chanoines ne se méprirent pas sur ces dispositions; aussi jugèrent-ils à propos de faire trève momentanément à leur dissentiment pour donner satisfaction à la foule et apaiser son mécontentement. Syndics et chanoines étaient, de part et d'autre, convaincus de l'impossibilité où l'on se trouvait de s'occuper de l'église, alors que les réquisitions de guerre, les garnisons, les exigences des chefs, l'insatiabilité du vainqueur avaient épuisé toutes les ressources; ils songèrent seulement à contenter l'opinion, et pour cela ils improvisèrent une sorte d'assemblée solennelle composée des syndics, des chanoines, des conseillers, des notables, de tous les maîtres maçons et charpentiers de la ville. Cette assemblée se réunit devant l'église, en présence de toute la foule accourue sur le lieu. Deux notaires chargés de dresser le procès verbal de la visite et des résolutions qui allaient être prises, y furent également convoqués. *Les queulx*, dit le registre municipal, *après avoir vehu et regardé la place et le lieu et avoir ouye et entendue l'oppinion des maistres massons, suyvant aussy l'ordonnance verbale de Monseigneur maistre Loys, jadis maistre de l'ediffice de Brou, aultrefoys, comme lon est recors, faicte, ont ordonné et ordonnent que le dict clochier se fasse sur le portal, au millieu d'icelluy grand portal, et que soyt faict beau et puyssant, fondé à pleyn, et que les pilliers et arcs, soyent de bonne pierre de choin, et ce, à la meilleure mode et forme que fayre se pourra et comme pour le mieulx sera regardé, considérant que ce sera à moyndre costs et au lieu plus propice. Fayt au dict lieu, en présence des tesmoyngs à ce requis et nous notayres présents.*

Signé DE LOSTRA, TROLLIET.

Cette démonstration produisit l'effet qu'on en avait attendu. Pour témoigner de leur bon vouloir, les chanoines firent reprendre les travaux interrompus, mais d'autres soins, d'autres inquiétudes, d'autres malheurs vinrent tirer le peuple de cette préoccupation jusqu'alors exclusive. François 1er ou ses lieutenans ne lui épargnèrent aucune extorsion. L'effet de la conquête de la Bresse n'avait pas été pour les habitans un changement de dynastie seulement, mais le passage d'une situation déjà difficile et éprouvée, à la plus affreuse oppression. Malgré la promesse obtenue à grands frais de respecter les priviléges et franchises de la ville, les habitans étaient traités en peuple conquis, c'est-à-dire qu'en lisant le détail des spoliations exercées sur eux, des corvées auxquelles ils furent assujettis, des humiliations qu'ils eurent à endurer et de l'affreuse misère qui fut la suite de ces mauvais traitemens, on est tenté de croire que l'intention de François 1er était moins d'incorporer définitivement nos provinces à son royaume, que de s'ouvrir un passage en Italie et en même temps d'exercer une vengeance très-mal fondée, il faut en convenir, contre le duc de Savoye, son oncle, qui, dépouillé de tous ses états par le roi de France et les Bernois, ses complices, se retira à Verceil où il vécut dix-sept ans encore, victime de l'ambition de son neveu et de l'ingratitude de Charles-Quint dont il ne put obtenir que de vaines promesses. « Prince débonnaire, dit Mézeray, libéral, juste, crai- « gnant Dieu et qui n'eust pas esté si infortuné, s'il eust « pu n'estre pas si homme de bien. »

A partir de l'époque de l'occupation française, les travaux exécutés à Notre-Dame se limitèrent à la fondation et à l'érection de la première zône de la façade comprenant les trois portes trinitaires jusques et y compris la galerie à jour

5*

qui les surmonte. Le chiffre de l'année 1545 inscrit sur la porte qui donne accès à la contre-nef méridionale, nous apprend que là s'arrêta la part contributive du 16ᵐᵉ siècle à ce monument qui dut attendre un siècle avant d'atteindre à son complément définitif.

Alors que la fortune de la maison de Savoie semblait à jamais perdue, Dieu, qui tient dans ses mains le cœur des rois et le sort des empires, allait lui donner bientôt une splendeur inespérée. Le fils de l'infortuné Charles-le-Bon, Philibert-Emmanuel, surnommé *Tête-de-Fer,* fraya son retour au trône de ses ancêtres. Ce prince héroïque auquel l'histoire assigne le premier rang parmi les souverains qui ont illustré la maison de Savoie, était né à Chambéry, le 8 juillet 1528. Il dut à une dévotion particulière de son père pour saint Philibert-de-Tournus, son premier nom. Emmanuel, roi de Portugal, son parrain et son aïeul maternel, lui conféra le second. Cadet de famille, et comme tel destiné à l'église, il reçut, à l'âge de trois ans, du pape Clément VII, un chapeau de cardinal. De là le surnom de *Cardinalin* qu'il porta dans sa première enfance. La mort de Louis, son frère aîné, le rendit à sa vocation réelle en lui faisant échanger le froc contre la cuirasse. Devenu prince de Piémont, il va, à dix-sept ans, demander du service à Charles-Quint, son oncle, qui le place à la tête de sa maison militaire. Il fait ses premières armes en Allemagne, alors que l'empereur va briser la ligue de Smalcade. De là, il accompagne en Espagne dom Philippe, fils de Charles-Quint, et garantit la ville de Barcelone d'une surprise imaginée par Léon Strozzi, amiral au service de François Iᵉʳ. Plus tard, le siège et la prise des villes de Terouenne, Hesdin, Bapaume, font briller ses talens et sa valeur militaire. Nommé gouverneur des Flandres, il mon-

tre, dans cette administration difficile, une rare intelli-
gence, une fermeté remarquable. Enfin, la mémorable
victoire de Saint-Quentin lui ouvre la porte de ses états. A
peine assis sur son trône, où il fait monter avec lui Marguerite de France, sœur d'Henri II, il employa toute sa
vigilance, toutes les ressources de son expérience et de son
esprit à guérir les plaies qu'une longue occupation étran-
gère avait faites à ses états ; sa sollicitude se porta surtout
à les garantir de l'invasion du calvinisme, convaincu qu'il
était que les réformes religieuses appellent les réformes po-
litiques et sociales, et que l'autorité temporelle est menacée
et compromise, alors que l'autorité spirituelle est ébranlée.
Ce grand prince, à son avénement à la couronne de ses
pères, visita ses états ; il vint, en 1559, à Bourg, descendre à Notre-Dame où fut chanté un *Te Deum* d'allégresse
pour célébrer à la fois son heureuse restauration et sa
joyeuse entrée dans sa capitale de Bresse. Voyant l'église
inachevée, son premier mouvement fut de promettre aux
syndics et au chapitre son concours le plus actif pour terminer la façade. Il est vrai que le prévôt du chapitre, dans
une docte harangue, lui avait habilement rappelé la pieuse
sollicitude de son père en faveur du monument, le miracle
du comte Amé, les libéralités de Marguerite d'Autriche,
etc. Catholique par politique autant que par sentiment,
Philibert-Emmanuel voulait et devait encourager le zèle
orthodoxe des Bressans placés à l'extrême limite de ses
états et sur les confins de la France où, sous le masque
des dissidences religieuses, l'ambition des princes et des
grands allait bientôt allumer la guerre civile et plonger le
royaume dans les plus effroyables calamités. Aussi prodi-
gua-t-il les promesses et les encouragemens ; il voulait,
disait-il, qu'avant deux années il ne restât plus rien à faire

pour que l'église de Notre-Dame fût complète et parachevée. Grande fut la joie de la ville et du chapitre à cette déclaration. On lui présenta les plans projetés pour la façade et le clocher afin qu'il pût mesurer, suivant leur importance, l'étendue de ses libéralités. Cependant, le prince, que rappelaient en Piémont des affaires urgentes, partit sans avoir réalisé ses promesses.

Les fêtes et les cérémonies auxquelles donna lieu la présence de Philibert-Emmanuel à Bourg, furent célébrées avec tant d'ardeur et d'entrain, que les sonneurs cassèrent la grosse cloche de la ville. La munificence du prince remédia à cet accident, car on se mit incontinent en mesure, en utilisant le métal de la cloche cassée, d'en faire fondre une nouvelle d'un calibre et d'un poids beaucoup plus considérables. Marguerite de France, duchesse de Savoie, en fut la marraine. Voici, au surplus, ce que dit à ce sujet le registre municipal :

« *Nota icy que le 14.*^{me} *juillet 1560, la grosse cloche de la* « *présente ville fut gettée pour la seconde fois sur le rempart* « *de Bourgneufz et prist bien, grâces à Dieu! et autour* « *d'icelle est mis le nom de Marguerite, au nom et faveur de* « *Madame Marguerite de France, nostre souverayne prin-* « *cesse et duchesse de Savoye; et le métal recogneu, s'est* « *trouvé que la cloche est du poids de neufz mil cinq cens* « *huitante-quatre livres. Dieu, par sa grâce, la veuille garder* « *d'infortune!* » (Reg. mun., 1560.)

Nous verrons plus loin et en son lieu, que le vœu formé par l'honnête secrétaire de la ville ne fut pas exaucé.

A peine réintégré dans ses états, Philibert-Emmanuel donna carrière à son génie organisateur. Placé entre la

France et l'Espagne, à l'époque la plus critique des guerres civiles et religieuses, ce prince sut trouver un équilibre parfait au milieu des deux nations rivales, et faire tourner à son profit et au repos de ses peuples, une situation qui avait été si funeste à son père. Le système administratif et gouvernemental des états de Savoie fut changé ou modifié par cette main puissante. Création d'un sénat destiné à remplacer désormais les assemblées des trois états que les circonstances faisaient considérer comme dangereuses ; création d'une force militaire régulière et permanente, une cruelle expérience ayant appris que les états dépourvus de cette institution étaient à la merci de leurs voisins ; conversion en impôt fixe et proportionnel de toutes les tailles, tributs, mains mortes, etc.; système dont le premier effet fut de tripler ses revenus. Enfin, dans l'état de conflagration où la guerre et la propagande religieuses avaient mis toutes les provinces avoisinantes, celles même soumises à son sceptre, il jugea à propos de transférer sa capitale à Turin où, sur les dessins du célèbre Pachot (Pacciotti), il éleva une forteresse pentagonale qui, plus tard, servit de modèle à celle qu'il fit construire à Bourg. Ce soin ramena, en effet, en Bresse Philibert-Emmanuel qui, au commencement du mois d'août 1569, vint faire une seconde visite aux habitans de Bourg. Sa présence raviva toutes les espérances que, dans sa première visite, il avait fait concevoir à la ville, au sujet de l'achèvement de l'église Notre-Dame. Le chapitre et la municipalité vivaient alors dans une mésintelligence complète. Quoique d'accord au fond en ce qui concernait l'église, ils ne surent ou ne voulurent pas formuler une requête en commun pour rappeler au prince sa promesse et en provoquer la réalisation. Ils se bornèrent à quelques paroles, à quelques insinuations faites isolément. Le prince, instruit du défaut d'harmonie qui subsistait entre les deux corps, s'en tint à des réponses polies mais évasives. A quelques jours de là, un page à la livrée ducale se présente au chapitre et remet au trésorier un pli scellé du sceau ducal. Les chanoines virent dans ce message l'indication d'une faveur à eux particulière; ils se hâtèrent d'ouvrir cette lettre qui portait la suscription suivante : *A nostre bien amé et féal M*^e *Claude Balli, l'un des procureurs du clergé de Bresse,* et qui contenait ce qui suit :

« *Bien amé et féal,*

« *Estant très requis tant pour la tuition de noz subjectz, repos* « *d'iceulx que conservation de noz estats de faire diligem-* « *ment travailler en nostre citadelle de Bourg, en quoy est* « *besoing faire grande despense; à ceste cause nous avons* « *voulu faire ceste pour vous dire que vous nous ferez plaisir et* « *service très agréable de faire, que les deniers qui nous sont* « *deus et avez à nous déclairer, comme procureur du clergé de* « *ce pays, concernant les dons qu'il nous a accordez pour jan-* « *vier prochain, soyent baillés déans quinze jours à nostre* « *trésaurier de Bresse, à ce que les dits deniers, avec aultres,* « *fassent tant plus tôt avancer l'œuvre de la dite cytadelle et* « *de ce aurons bonne souvenance et la vous ferons paroistre* « *à l'occasion. A tant vous disant à Dieu qu'il vous ayt en sa* « *garde, adjouxtant de tenir main pour l'effect que dessus en* « *tant que désirez nous complaire.*

« *De Brou, ce dix-huictiesme d'aoust, mil cinq cents* « *soixante neuf,*

« *Signé,* Em. Philibert. »

Nous laissons à penser quel dut être le désappointement

du chapitre à la lecture de ce message, duquel il résultait que toutes les promesses du prince et ses libéralités prétendues se résolvaient en une demande anticipée de fonds applicables à un objet autre que celui qui intéressait spécialement MM. les chanoines. Le séjour d'Emmanuel Philibert à Bourg avait pour motif la fondation et la construction d'une citadelle, jugée par les stratégistes du temps indispensable à la défense et à la sûreté du pays. Le célèbre ingénieur Pachot, qualifié dans les actes et les délibérations de l'époque du titre de commissaire général des fortifications de son altesse, avait accompagné le prince et avait exécuté sur les lieux les plans de la citadelle. Le clergé de Bresse fut taxé à une somme de 90,000 florins, sans préjudice des sommes que le prince réclamait à titre de don gratuit; le pays de Bresse fut imposé à 16 mille écus, somme à laquelle les nobles et autres privilégiés furent contraints de contribuer. A cette époque tous les actes publics, toutes les entreprises d'un intérêt général se faisaient sous les auspices de la religion. Une cérémonie religieuse avait eu lieu dans le but d'appeler les bénédictions de Dieu sur les travaux de la citadelle; voici le compte-rendu de cette cérémonie, tel que nous l'a laissé le secrétaire de la ville.

« L'an de salut mil cinq cens soixante-neuf et le cin-
« quiesme aoust, Emanuel Philibert, par la grâce de Dieu,
« duc de Savoie, avecq les seigneurs ingéniaires, au der-
« rière de l'esglise des frères Cordeliers et au derrière du
« bastillon, hors la ville, où estoient terres labourées et
« semez bledz, planta des bigues et tira des cordages pour
« faire une forteresse, comme l'on dit, cistadelle; et le
« lundi, huictiesme du dict mois d'aoust, par le comman-
« dement du dict seigneur, les scindicques de la ville qui

« estoient spectable Philibert Collomb, docteur ez droicts
« et honeste Jehan Symonnet, marchand et bourgeois du
« dict Bourg, firent faire dans les dicts cordages, une
« chapelle de bigues de bois, couverte de feuilles, et là,
« fust menée dès l'esglise parrochiale de Nostre-Dame de
« Bourg une procession générale ; le susdict seigneur et
« peuple de Bourg y assistant, et là fust dicte une grande
« messe par reverend Noël Perrolet, prévost et chanoyne
« de la dicte esglise ; lequel après la dicte messe à ung
« carré de la dicte forteresse, bénist un gazon de terre
« en l'honneur de Dieu, de Sainct Mauris, martyr, et es-
« toit gouverneur de la dicte ville, noble et puissant sei-
« gneur Laurent II, de Gorrevod, et son lieutenant,
« noble Guillaume de Montdragon. »   (R. m. 1569.)

Nous avons énuméré ailleurs (*Recherches arch. et hist.
sur Brou*) les innombrables inconvéniens, les exigences,
les extorsions qu'eurent à subir les habitans de Bourg et
de sa banlieue dans les premiers temps de la construction
de la citadelle ; nous ne reviendrons pas sur ce sujet. Mentionnons seulement que, dans les années 1571 et 1572,
Philibert-Emmanuel vint visiter les travaux, et par sa
présence leur imprimer une nouvelle activité. L'ingénieur
Paccioti qui avait fourni les plans et dirigé la construction
de la citadelle de Turin, achevée en 1566, et qui plus tard
donna le plan de la citadelle d'Anvers, prolongea son séjour à Bourg jusqu'au 17 mars 1571, où il se fit remplacer
par le chevalier Arduyne, lequel à son tour transmit, en
1574, la direction des travaux à l'ingénieur Ferrando Vi-
telli, qui venait d'achever la citadelle de Mondovi.

Les travaux de la citadelle furent ralentis par une nouvelle
invasion de la peste, qui éclata au mois d'août 1571 et se

prolongea sans interruption jusqu'en 1576. Durant ce long
intervalle, il n'est pas d'angoisses, de malheurs et de misères que n'aient endurés les malheureux habitans ; la
plume ne saurait es retracer. Bornons-nous à dire qu'il fallut
faire évacuer les malades de l'hôpital et les transporter à la
maison de la peste à St-Roch. Les magistrats, le gouverneur abandonnèrent la ville et se retirèrent à Treffort ; les
foires et toute relation extérieure furent supprimées ; ce
fut surtout le quartier de Bourgneuf qui paya le plus large
tribut à la contagion et à la mort ; à défaut de meilleur
expédient, ordre fut donné et proclamé à son de trompe,
« *à tous manans et habitans de la dicte rue Bourgneufz de*
« *vuyder la ville*, A PEYNE D'ESTRE PENDUS OU ESTRANGLÉS. »
(Registre municipal, 15 juillet 1574.) Toutefois, pour
adoucir la brutalité d'une pareille mesure, le syndic Ri-
boud et les membres de la municipalité, qui étaient restés
courageusement à leur poste, prirent l'engagement de
fournir des alimens et des remèdes à leurs malheureux concitoyens, forcés d'évacuer leurs maisons et d'aller s'abriter
dans des cabanes à St-Roch. En même temps que la peste,
sévissait une autre maladie contagieuse, appelée *Ladrerie*.
La note ci-jointe fera connaître quels étaient les symptômes et les effets de cette horrible maladie ; elle contient
la reproduction textuelle d'un procès-verbal rédigé en 1571,
sur l'ordre de la municipalité, par deux médecins et par
deux chirurgiens.

« Nous soubsignez, appellez le 18me d'août 1571 par
« l'ung des scindicqs et plusieurs conseillers de la ville de
« Bourg, accompagnez de M. le chastellain et curial de la
« dicte ville, à la requeste de Maistre André de la Flume,
« Barbier, pour rapporter et déclarer fidèlement de quelle

« sorte de maladie le dict Maistre André seroit atteint, et à
« ceste cause avons presté le serment sur les sainctz évangiles
« ez mains du dict chastellain de la dicte ville de Bourg.

« Suivant lequel nous est apparue en premier lieu
« l'habitude de tout le corps du dict Mᵉ André mélan-
« cholique et de grosses humeurs et particulièrement le
« visaige de couleur rougeastre, tendant à lividité, le
« blanc des yeux jaunastre, le dessus du nez froncé par
« la grosseur des aisles pleines de croustes de diverse cou-
« leur ; les tempes bordées de verrues livides, son halaine
« et l'exhalation de tout son corps puantes, le bout de la
« langue bordée au devant et en la partie supérieure de
« verrues blanches, dont la parolle s'est ensuivie rauque
« et non intelligible ; le dessoubs de la langue plein de
« veines variqueuses et en la racine de la dicte langue
« sont apparues des glandes. Les doigts de la main sont
« de grande siccité et les muscles de la dicte main conti-
« nués avec ulcères malignes, profondes et en virus. La
« peau de tout son corps aspre et sèche, garnie de hasle.
« La chair des muscles presque noire, le sentiment des
« parties extérieures perdu, d'aultant que estant picqué
« n'auroit cogneu ny aperceu douleur, combien que le
« sang surveint après la piqueure faicte au pied ; les pieds
« enflez et endurcys avec la chair des jambes toute endor-
« mie et ulcérée de malings ulcères profonds et ronds et
« de maulvaise couleur.

« Donc par telz signes conjoinctz avec sa vie précédente
« et conversation des infectez que le dict maistre André
» auroit pansez et hantez, suivant le dict serment par
« nous presté, comme dessus, actestons que le dict maistre
« André est attaint et saysi de ladrerie de long-temps en
« ça et que la dicte conversation d'icelluy est venimeuse
« et dangereuse.

« A ceste cause, sous sommes soubsignez les ans et
« jours que dessus.

> « GUY-PRONA, médecin; LOYS DUBOURG,
> « médecin; JACQUES PONSARD, FOUILLET,
> « BENOIST CERARD, chirurgiens. »

La politique de Philibert-Emmanuel consista d'abord à
assurer la paix extérieure de ses Etats et il y réussit. Mais
un fléau qui menaçait de tout engloutir, l'invasion du
protestantisme dans les Etats et les provinces qui l'avoi-
sinaient, fut l'objet de sa constante sollicitude; aussi
s'appliqua-t-il sans relâche à jeter des digues devant ce
torrent et à préserver ses sujets de ces doctrines dangereuses et désorganisatrices. Un écrivain que nous aimons
à citer, parce que nous aimons à le lire, M. Léon Menabréa, dans son livre intitulé: *Montmélian et les Alpes*,
ouvrage aussi instructif par le fond qu'agréable par la
forme, a retracé le tableau que présentait la société
en Savoie, à cette époque. « Dans ce temps, dit-il, les
« guerres de religion, guerres effrénées, atroces, déli-
« rantes, affligeaient la plus belle partie de l'Europe occi-
« dentale. En France, l'autorité royale n'existait que de
« nom: le duc de Guise, à la tête des catholiques, le
« prince de Condé, à la tête des protestans, ensanglan-
« taient ce malheureux pays. Le Dauphiné surtout devint
« le théâtre de mille scènes de fanatisme et d'effroi; le
« baron des Adrets et Montbrun égorgeant les prêtres
« et les moines, pillant, incendiant les églises et les
« abbayes, mettant tout en déroute, usant, en un mot,
« du droit terrible de représailles, faisaient de cette pro-
« vince une véritable arène de carnage, de misères et de
« désolation. On comprend que la Savoie, déjà en contact

« avec Genève, où l'hérésie, prêchée par Calvin, levait
« haut le front; que la Savoie, dont une province presque
« entière (le Chablais) avait apostasié pendant la domina-
« tion bernoise, dut se ressentir de ces ébranlemens
« inouis. . . . . Aussi n'entendait-on partout que
« disputes sur la religion, soit dans les assemblées clan-
« destines, soit même dans les endroits publics, tels que
« tavernes et hôtelleries. Certains pédagogues, au lieu
« d'enseigner aux élèves la doctrine catholique de maître
« Pierre Canisius, en conformité des réglemens, leur don-
« naient à lire des épitres infectées d'hérésie, ou à com-
« menter l'*ars amandi* d'Ovide, en haine du célibat et de
« la sainte vertu de pureté. (Edit du 21 février 1562.) Les
« barbiers garnissaient leurs échoppes de peintures lascives
« provoquant les hommes aux cupidités déshonnêtes et
« aux tentations de la chair *(ibidem);* les villes reten-
« tissaient de chansons composées en diffamation des
« prêtres; les moines osaient à peine sortir, de crainte
« d'être *huchés par les rues* et criblés de coups, ce qui, à
« Chambéry, arrivait quasi chaque jour; les œuvres de
« Luther, de Calvin, d'OEcolampade, de Zwingle, de Viret,
« de Farel, la Confession augustane, le Catéchisme de
« Berne, roulant de mains en mains, autorisaient indi-
« rectement tous ces excès. (Edit du 21 février 1562.)....
« Les édits que Philibert-Emmanuel publia dans le but de
« remédier à cet état de choses, sont empreints d'un es-
« prit de tolérance qui a de quoi étonner à une époque
« où d'incroyables exagérations ternissaient les causes les
« plus saintes. Ce prince désapprouva hautement la Saint-
« Barthélemy. »

(*Montmélian et les Alpes.* — Chambéry, imprimerie
de Puthod, 1841.)

Nous venons de constater quels avaient été les progrès et
es empiètemens du protestantisme dans les pays qui con-
inent à notre province, au nord, à l'est et au midi ; il
ious reste, avant de signaler quelle part notre pays avait
irise à ces innovations, à reconnaitre quelle était sous ce
apport la situation de la Dombes, pays situé à l'occident
e la Bresse, formant alors une principauté indépendante.
Celle principauté qui, au XVIme siècle, appartenait à la
naison de Bourbon, avait été confisquée par François Ier,
n 1523, au connétable Charles de Bourbon, après la
rahison de ce dernier et réunie à la couronne de France,
nalgré les réclamations de la branche de Bourbon-Mont-
ensier. Mais en 1560, Charles IX, en vertu d'une tran-
action, habilement ménagée par Jacqueline de Longwy,
emme de Louis de Bourbon, duc de Montpensier, restitua
à la mère de ce dernier, sœur et héritière du connétable,
a propriété de la terre de Dombes, avec tous les droits de
ouveraineté, *hors la bouche et les mains*, comme on disait
lors, c'est-à-dire à la réserve de la suzeraineté. François Ier
avait créé, en 1523, une cour souveraine ou parlement,
qui subsista jusqu'en 1772, et dont les séances se tinrent
Lyon jusques à l'année 1696, époque où le duc du Maine
e transféra à Trévoux.

La première ordonnance que rendit Louis de Bourbon
u qualité de prince de Dombes, fut dirigée contre les
uguenots. M. de Champier, gouverneur du pays, avait
ait arrêter sept mulets chargés de livres hérétiques. La
our du parlement ordonna qu'ils seraient brûlés et fit
éfense à toute personne de débiter ou receler des livres
érétiques, *sous peine de mort*.

Dans le cours de l'année 1561, les huguenots s'étaient
fforcés de surprendre Lyon ; mais cette tentative avait

échoué, grâces à la prévoyance et au courage de M. d'Al-
bon, alors lieutenant-général de cette ville. Ils renouve-
lèrent cette entreprise l'année suivante, et cette fois avec
succès, aidés qu'ils furent par le comte de Saulx, commandant de Lyon, qui, calviniste lui-même, favorisa leur entrée
dans cette ville. (Avril 1562.) A cette nouvelle, le roi
charge Jacques de Savoie, duc de Nemours, de chasser les
huguenots de Lyon; mais le plan d'attaque de ce dernier
ayant échoué, les huguenots gagnèrent du terrain en s'em-
parant de Mâcon le 5 mai, en prenant et pillant Ville-
franche le 12 du même mois. (1562.) De là ils passent en
Dombes, prennent et brûlent le château de Barbarel, sous
le prétexte que le seigneur du lieu était catholique. A
quelque temps de là, chassés de Mâcon par les troupes
royales, quatre de leurs compagnies vont s'établir à
Thoissey, rançonnent et contraignent les habitans de cette
ville, ceux de Saint-Didier-sur-Chalaronne et autres pa-
roisses voisines, à subvenir à leur nourriture. Le sieur de
Ponsonnat, leur colonel, fait prêcher à l'*huguenauderie*
par un ministre de Genève qui demeura cinq semaines à
Thoissey. Là, comme ailleurs, les huguenots s'acharnèrent
à détruire tous les emblêmes de la religion catholique, les
images des Saints et de la Vierge, profanèrent et pillèrent
les vases sacrés, le mobilier des églises. Cependant, M. de
Nemours, campé à Anse, ordonna, le 23 septembre 1562,
au lieutenant du bailliage de Dombes, de convoquer le ban
et l'arrière-ban. La majeure partie des seigneurs de Dombes
ne comparut pas; ceux qui le firent, représentèrent qu'ils
ne pouvaient prendre les armes sans un ordre formel de
leur prince, et qu'ils étaient en trop petit nombre pour
opposer à l'ennemi une résistance efficace. Ces observations
firent renoncer au projet d'armer le ban et l'arrière-ban;

on se borna à chercher et à prendre les moyens d'assurer la défense des villes et des lieux fortifiés.

M. de Soubise ayant fait sortir de Lyon les 6,000 huguenots qui s'étaient emparé de cette ville, un corps détaché de ces troupes, commandé par le capitaine Moreau, marcha sur la Dombes. Ces sectaires, après avoir forcé Trévoux, mirent le pétard devant la grosse tour octogone de l'ancien château qui venait d'être tout récemment réparée par ordre de Louis de Bourbon, en abattirent un pan et trouvèrent dans l'intérieur six mille muids de blé dont ils se saisirent. De là, ces troupes s'acheminèrent sur Beauregard dont elles prirent et pillèrent le château; elles se disposaient à le démanteler, quand leur arriva un ordre de M. de Soubise leur enjoignant de rentrer à Lyon et d'y transporter les blés et l'argent dont elles s'étaient emparés, attendu qu'une disette rigoureuse se faisait sentir dans cette ville. Il resta cependant à Moigneneins un petit corps de ces religionnaires commandé par un sieur de Beaujeu; leur premier exploit fut de saisir le curé dépositaire des vases et ornemens de l'église, lequel fut contraint de les leur livrer, sur la menace qu'ils lui firent de le pendre ou de l'*arquebuser*. Ils firent subir un traitement analogue à toutes les communes environnantes. La plupart des habitans de Lyon et de la Dombes avaient cherché un refuge sur les terres du duc de Savoie, où les huguenots ne se portèrent pas, Philibert-Emmanuel ayant fait avec eux un traité de neutralité. L'édit de pacification du mois de mars 1563 permit à ces réfugiés de rentrer dans leurs pays; le 18 juillet de cette année, on célébra la messe dans l'église de Saint-Jean : elle avait cessé de l'être depuis le 30 avril 1562, jour où les huguenots s'étaient rendus maîtres de Lyon.

Le 6 avril 1564, Louis de Bourbon publie des lettres-patentes en vertu desquelles il dépossède de leurs emplois tous les officiers de la souveraineté de Dombes qui ne professeront pas la religion catholique, apostolique et romaine, et fait publier de nouveau son ordonnance de 1561 contre les prétendus réformés. Malgré ces mesures de répression, plusieurs gentilshommes du pays de Dombes avaient adopté les doctrines de Calvin; ils s'allièrent avec les calvinistes de Bresse et se transportèrent au château de la Bastie, résidence de M. de Champier, gouverneur de Dombes, pour lui remontrer que le roi de France ayant accordé la liberté de conscience à ses sujets, ils avaient le droit d'attendre la même faveur de leur prince; qu'il était inique de contraindre les calvinistes à quitter le pays, ce qui amènerait infailliblement des séditions; qu'au surplus, ils étaient déterminés à envoyer à Louis de Bourbon des députés chargés de solliciter ces concessions. A cela, M. de Champier répondit qu'une députation au prince à ce sujet serait peine perdue, par la raison qu'il s'était tout récemment lui-même expliqué sur cet article à Thoissey, où, en présence de tout le peuple, *il avait interpellé les seigneurs de Juif, de la Colonge et de Tavernost sur ce qu'ils ne l'avaient pas suivi à la messe et qu'ils avaient entièrement discontinué d'y aller, ajoutant que, foi de gentilhomme, s'ils persévéraient dans leurs erreurs, il confisquerait tous leurs biens.*

Les Huguenots ne tardèrent pas à renouveler les scènes de dévastation et de scandales dont ils s'étaient déjà rendus coupables. Au mois de janvier 1565, ils pénétrèrent de vive force dans l'église de Saint-Trivier, s'emparèrent des vases sacrés, brisèrent et mutilèrent tout ce qui leur tomba sur la main. A quelques jours delà, le gouverneur de Dombes, M. de Champier, alité et malade dans son château de Labastie , fut assailli par les trois seigneurs de Challes , de Chazelles et de la Colonge , qui , après s'être emparés des portes de son château, s'introduisirent dans sa chambre et lui prodiguèrent les invectives et les menaces; lui disant , entr'autres choses : que s'il était donné suite à la persécution commencée contre les réformés , dix mille hommes viendraient bientôt au secours des gentilshommes de Dombes, qui tous étaient unis et disposés à se soutenir mutuellement , et à courir toutes les chances , plutôt que de rester asservis au culte romain. Ils terminèrent en menaçant de tailler en pièce la garnison de Thoissey. L'enquêteur de Dombes ayant dressé une enquête contre un hérétique de cette ville , nommé Moine, eut sa maison brûlée. En même temps , le prédicateur du carême , à Chalamont, demandait des soldats à M. de Champier pour défendre l'église contre les tentatives des réformés et le mettre lui-même à l'abri de leurs insultes. Le château de Loëze, près Mâcon, était le rendez-vous général de tous les Huguenots. On y avait établi un prêche où se rendaient tous les partisans des nouvelles doctrines en Bresse, en Beaujolais et en Dombes. M. de Champier multiplia ses ordonnances pour empêcher aux habitans de la souveraineté de s'y rendre , mais ses ordres étaient méconnus , les agens de la force publique maltraités ou tués. Le seigneur de Loëze , de concert avec M. de Tavernost et autres gentilshommes de Dombes , surprit la ville de Mâcon le 28 septembre 1567. Le but des réformés était de se rendre maîtres de toutes les villes à leur portée. Cet événement inspira de vives inquiétudes aux habitans de la Dombes; M. de Champier assembla , le 8 octobre suivant , le conseil du prince et convoqua les états du pays. On arrêta , dans ces réunions , la convocation du ban et de l'arrière-ban , et la comparution en armes de tous les nobles , à Thoissey, pour le dimanche suivant. Le gouverneur fit publier , en outre, que tout vassal du prince, qui refuserait de servir dans cette circonstance, serait puni par la confiscation de son fief. Le clergé et le tiers-état s'imposèrent volontairement dans cette circonstance de grands sacrifices pécuniaires. Nous possédons le procès-verbal de cette convocation du ban et de l'arrière-ban pour l'année 1567. Ce document fort intéressant, en ce qu'il nous donne une idée exacte de l'importance des fiefs de Dombes à cette époque et des familles auxquelles ils appartenaient, se trouvera au nombre des pièces justificatives d'une histoire de Dombes que nous publierons lorsque le temps et les circonstances se prêteront à ce projet. Mâcon fut délivré des huguenots, le 4 décembre suivant , par le duc de Nevers , à la tête d'un corps de troupes royales. Il y eut , après ce fait d'armes , un moment de repos dont le parlement profita pour, conformément aux édits du duc de Bourbon , faire saisir les biens des seigneurs de Dombes qui s'étaient enrôlés sous la bannière du calvinisme. De ce nombre furent ceux de Jean de St-Julien, seigneur de la Poype, du seigneur de Lépinay, de Jean Chabeu , du seigneur de Tavernost, etc.

Nous venons de mettre sous les yeux du lecteur la situation politique et religieuse de tous les pays qui environnent la Bresse. On voit, par les détails un peu longs peut-être dans lesquels nous sommes entré , quelle devait être la sollicitude de Philibert-Emmanuel au sujet de cette province placée, par rapport à ses États , dans une situation excentrique, et appartenant ainsi au premier occupant. Il était donc indispensable d'y créer une forte position militaire pour la mettre à l'abri de l'ambition du roi de France, d'une part , et de l'invasion tout aussi dangereuse du calvinisme , de l'autre. Tel fut le but que se pro-

posa Philibert-Emmanuel en construisant la citadelle de
Bourg. Jusqu'alors le protestantisme n'avait fait qu'un
petit nombre d'adeptes en Bresse, soit que la répression
fût plus sévère et mieux organisée qu'ailleurs, soit plutôt
parce qu'il est de l'essence du caractère bressan de ne se
prêter qu'avec lenteur aux innovations, quelle qu'en soit
la cause ou l'objet. Les nouvelles doctrines étaient loin
d'être populaires : le peuple était prévenu contre elles ; la
bourgeoisie, à part quelques défections, se maintenait
compacte et inébranlable dans la plus pure orthodoxie.
Ce n'était que parmi les personnes qualifiées que le protestantisme avait trouvé des adhérens (nous expliquerons
bientôt la cause de ce fait), et encore ces personnes évi-
taient-elles soigneusement de manifester leur foi nouvelle.
Ce n'est qu'en examinant attentivement les actes du temps
et notamment les testamens, que l'on trouve la trace que
s'était frayée le calvinisme dans la Bresse. Nous en citerons
un exemple. La comtesse de Montrevel, Hélène de Tournon,
testa le 27 mars 1567. Voici les dispositions religieuses
qu'elle consigna dans l'acte de sa dernière volonté :

« *Laquelle, après avoir invoqué le nom du Dieu tout-puis-*
« *sant, par l'aide et intercession de son Fils, Nostre-Seigneur*
« *Jésus-Christ, seul sauveur et médiateur, remet son âme et*
« *son corps à Dieu, s'asseurant de sa miséricorde et salut*
« *par les mérites, la mort et passion de son fils Jésus-Christ*
« *Nostre Seigneur et seul saulveur et le surplus par la vertu*
« *et grâce du Saint-Esprit.*
    « *Ordonne estre inhumée au lieu où il plaira à Dieu l'ap-*
« *peler sans aulcune pompe, solemnité ou cérémonie à la*
« *forme et manière des règles romaines ;*
    « *Ordonne qu'il soit donné à Pierre de la Gelière, sieur de*
« *Cornaton et Claude de Léaz, seigneur du dict lieu, 500 li-*

« vres tournoises pour une fois, pour estre par eulx la dicte
« somme aulmosnée et distribuée selon qu'ils scavent estre la
« volonté de la dicte dame, dont elle se confie d'eulx et les
« charge en leur honneur et conscience. (Documens inédits.)

De ce préambule ambigu, il ressort évidemment qu'Hélène de Tournon avait embrassé la réforme; refus du cérémonial de l'église romaine, point d'invocation à la Sainte Vierge, aux Saints; pas de messes prescrites, pas d'aumônes aux églises, pas de prières pour le soulagement de son âme après sa mort, choses sur lesquelles les testateurs catholiques de cette époque s'étendent avec tant de soins, de précautions et de scrupule, et dont on ne trouve aucune trace dans la pièce à laquelle est empruntée la citation qui précède.

Pour qui sait lire l'histoire et assigner aux faits la cause qui les a produits, il est évident que pour les princes et les grands seigneurs qui, les premiers, l'adoptèrent avec passion, la réforme protestante fut une arme dont ils se servirent pour attaquer la monarchie et relever sur ses ruines le système féodal abattu par Louis XI. Les calvinistes, dit un auteur célèbre, rêvèrent pour la France une espèce de gouvernement à principautés fédérales qui l'auraient fait ressembler à l'empire germanique. Chose étrange! on aurait vu renaître la féodalité par le protestantisme. Les nobles se précipitèrent par instinct dans ce culte nouveau, à travers duquel s'exhalait jusqu'à eux une sorte de réminiscence de leur pouvoir évanoui. Mais cette première ferveur passée, les peuples ne recueillirent du protestantisme aucune liberté politique. Jetez les yeux sur le nord de l'Europe, dans le pays où la réformation est née, où elle s'est maintenue, vous verrez partout l'unique volonté d'un maître.... (Châteaubriand.)

Si dans notre Bresse, plusieurs grands seigneurs et simples gentilshommes se laissèrent entrainer au torrent des nouvelles doctrines, ils le firent sans éclat, sans lever le masque comme dans les provinces voisines. Ils durent tenir compte de l'invincible résistance, de l'antipathie marquée qu'ils auraient trouvée dans le peuple. La bourgeoisie de Bourg, austère dans ses mœurs, instruite, confondant dans une alliance indissoluble son attachement à la foi orthodoxe et à l'autorité de son souverain, ne laissait aucune chance à toute idée, à toute tentative de propagande hérétique; les artisans, les laboureurs se modelaient sur son exemple. Cette bourgeoisie sage, consciencieuse, dévouée, dans laquelle se recrutait le conseil de la ville, les syndics, les magistrats, déconcerta, par la surveillance active qu'elle exerça dans ces circonstances critiques, tous les efforts que firent les réformés de Genève et des pays voisins pour propager leurs doctrines au sein des populations paisibles et religieuses de la Bresse. Le conseil de la ville ne se borna pas à prémunir le peuple contre l'envahissement du calvinisme, sa sollicitude s'étendit sur le clergé lui-même, sur le chapitre de Notre-Dame en particulier, qu'il contraignit en quelque sorte à prêter à ses efforts un concours plus zélé, plus efficace. Malgré la gravité des circonstances, les chanoines avaient besoin d'être stimulés; Messieurs de la ville pensaient avec raison qu'à une époque où la propagande hérétique multipliait ses efforts, les ministres du culte catholique devaient lui résister énergiquement par la prédication et surtout par le bon exemple. Les registres municipaux de ce temps ont conservé la trace de plus d'un dissentiment intervenu sur ces deux points entre les chanoines et la ville. Nous avons déjà remarqué que les chanoines se déchargeaient du soin de prêcher et d'instruire le peuple sur des religieux et des prêtres étrangers ; ce n'eût été qu'un demi mal si leur choix et leur préférence fussent tombés sur des gens de mérite, mais malheureusement on avait remarqué qu'ils s'occupaient moins de les trouver capables, instruits et zélés, que faciles à satisfaire sur leur salaire ou rémunération. *Sur la remonstrance faicte par les scindicqs*, est-il dit dans le registre de 1559, *de l'insuffisance et peu de scavoir de frère Loys Duchein, qui s'ingère prescher les advens en la présente ville, au grand mescontentement du peuple, n'estant suffisant pour prescher en ung petit villaige, et doncques moins pour prescher en ceste ville, là où il y a gens docts et scavans, au moïen de quoy est besoing de faire entendre aux chanoynes, lesquels, comme curés, sont tenus par arrêts à fournir gens docts et suffisans et de les présenter ez seigneurs scindicqs et à Messieurs de justice.* Le registre municipal nous apprend que les chanoines obtempérèrent aux représentations du conseil et donnèrent un successeur à frère Loys Duchein.

Une autre année, un cordelier du couvent de Thoissey, homme *doct et suffisant*, avait prêché le carême à la satisfaction générale : la prédication de ce moine avait pour but principal de réfuter et de combattre les doctrines calvinistes. Loin de seconder les efforts du prédicateur et la bonne volonté de Messieurs de la ville et de la justice qui désiraient le retenir, les chanoines se refusaient à remplir leurs obligations envers lui, celles de lui fournir des alimens, de pourvoir à son logement et à son entretien. Sur ce, le conseil délibère : *que les chanoines seront exhortés et priés par les scindicqs et l'advocat de la ville de considérer le temps présent et à ce qu'ils sont tenus de droit de prescher et annoncer à la ville, comme curés et pasteurs, la parole de Dieu, et par ce moïen de faire un offre plus grand qu'ils ne font pour retenir le prescheur des Cordelliers, considérant la qualité du prédicateur et sa doctrine. Et pour regard de la ville, encores qu'elle soyt paovre comme ils scavent, elle baillera librement en aulmosne au dict sieur prescheur, vingt-cinq livres, oultre le debvoir qu'elle fera de faire recouvrer les questes.* (R. m., 1573.)

On trouve encore dans les actes de la municipalité de cette époque des remontrances d'une nature plus sérieuse, plus délicate qui montrent que les syndics et le conseil de la ville veillaient attentivement à la conservation des bonnes mœurs comme à la répression des mauvaises, comprenant ainsi dans leurs attributions non seulement la tutèle des intérêts matériels de la ville, mais encore ceux de la religion et de la morale.

Cependant les chanoines de Notre-Dame avaient, en 1587, réalisé un vœu, resté jusqu'alors sans exécution, bien qu'il remontât à l'époque de la fondation de l'église, la construction d'un jubé dans le chœur. Le 28 mai de cette année, était décédé à Bourg, un chanoine nommé Ducrozet qui, par disposition testamentaire, avait légué au chapitre, une somme considérable pour le temps, destinée à la construction d'un *jubilé* (jubé) *en l'esglise Nostre-Dame, au chœur d'icelle.* Le 12 juin suivant, dans une délibération capitulaire, faite à ce sujet, les chanoines arrêtèrent que le *jubilé serait dressé et parfaict comme celluy de Brouz.* Dans cette circonstance n'intervinrent pas messieurs de la ville, attendu que l'exécution de cette œuvre devant se faire dans le chœur appartenant exclusivement aux chanoines, toutes les constructions et réparations à faire dans cette partie de l'édifice, étaient en dehors du contrôle de ces derniers qui n'y contribuaient pas. Trois années furent employées à faire ce jubé qui, suivant les termes de la délibération, fut exécuté sur le modèle du jubé de Brou, à cette différence près, qu'on pratiqua pour y monter un escalier à deux rampes dans le chœur. La trace de ce jubé se remarque encore sur les piliers placés intermédiairement entre le chœur et la nef. Après son achèvement, les stalles de MM. du chapitre furent disposées latéralement à droite et à gauche de cet édicule, c'est-à-dire que les stalles, aujourd'hui placées dans l'apside, occupaient alors la place des bancs actuellement réservés à MM. les fabriciens et marguilliers de la paroisse. Derrière leurs stalles, disposées comme nous venons de le dire, les chanoines firent élever à droite et à gauche un mur de 15 pieds de hauteur, pour servir d'appui aux boiseries. Il résulta de cet arrangement que le chœur fut entièrement fermé et que les fidèles placés dans les nefs et les chapelles, furent privés de voir et de suivre les cérémonies religieuses, inconvénient qui, plus tard, amena la suppression du jubé comme on le verra dans la suite.

Philibert Emmanuel était mort en 1580, avec la gloire, non seulement d'avoir reconquis et restauré les états de ses pères, mais d'avoir élevé sa maison à la splendeur et à la puissance d'une monarchie. Charles Emmanuel son fils se proposa, non-seulement de suivre les traces de son père, mais encore de le surpasser. En cela il y avait de sa part présomption, sans doute, mais cette présomption était justifiée, en quelque sorte, par les qualités éminentes de ce prince. Bravoure héroïque, instruction profonde, variée; esprit souple, délié, insinuant; ambition sans bornes, surexcitée par la croyance aux choses surnaturelles; passion des grandes choses; habileté dans les affaires, dans les négociations, mêlée souvent, il faut le dire, de perfidie, de parjure; ajoutez à cela un extérieur agréable, une conversation

pleine de charmes, des manières gracieuses, séduisantes;
tel était ce prince, qui, malgré toutes ces qualités, ou peut-
être à cause de ces qualités, précipita notre malheureuse
Bresse dans un abîme de calamités, de misères, de désastres
et de ruines, dont elle ne s'est pas encore totalement relevée.
Ce prince entreprenant, auquel les devins dont il aimait à
s'entourer, avaient promis la monarchie universelle,
profitant de la situation déplorable où se trouvait la
France, désolée alors par les guerres acharnées des protestans et des catholiques, guerres fomentées par l'or du roi
d'Espagne dont il était le gendre, voulut tout d'abord
s'approprier quatre joyaux précieux : la Provence, le Dauphiné, Genève, le marquisat de Saluces ; ce qui, plus tard,
en y englobant le Lyonnais, aurait reconstitué, à son
profit, l'ancien royaume de Bourgogne et d'Arles. Ses premières tentatives, ses premières armes furent heureuses.
Après la journée des barricades, il se croit appelé à par-
tager la France avec le duc de Guise, auquel il en fait la
proposition; n'ayant reçu de ce dernier qu'une réponse
équivoque, il substitue la force à la ruse, entre dans le
marquisat de Saluces, investit la place principale, Carma-
gnale, l'emporte en quelques jours, et, poursuivant sa conquête, en moins de quatre semaines il se rend maître du
pays entier.

Cet événement fut capital pour la Bresse et les autres provinces du département de l'Ain qui, en l'année 1601, pas-
sèrent à la France en compensation de ce marquisat qui resta
incorporé définitivement à la Savoie. La prise du marquisat
de Saluces, par Charles-Emmanuel, avait pour raison et pour
prétexte, en même temps, de garantir ses états de l'invasion
des Calvinistes. La Bresse et la ville de Bourg, en particulier, pendant les douze années qui s'écoulèrent entre la

6*

prise du marquisat et leur réunion à la France, furent continuellement en proie aux fléaux les plus accablans, la
peste, la famine, la guerre. Enfin le 12 août de l'année 1600,
le duc de Biron envoya mettre le pétard devant la porte
de Bourgmayer et entra, sans résistance, dans cette ville qui
se soumit au roi Henri IV. Les scènes qui suivirent la red-
dition de la ville furent horribles. Les habitans, exténués
déjà par de longues et rudes épreuves, eurent à subir, pendant trois jours consécutifs, le pillage, le viol, l'incendie,
en un mot, tous les outrages que se permet une soldates-
que brutale et sans frein. Il serait inutile de dire qu'au
milieu des préoccupations si nombreuses, si affligeantes
dont furent assaillis les malheureux habitans de Bourg,
sous le règne de Charles - Emmanuel, on n'avait même pas
pensé une seule fois à achever l'église, c'est-à-dire à entreprendre, ce qui restait à faire, la façade et le clocher.
D'accord en cela avec la municipalité, les chanoines avaient
eu, avant la prise de la ville, la sage précaution de cacher
les vases et ornemens les plus précieux de l'église.

Après la prise de Bourg, le capitaine Castanet qui avait
attaché le pétard à la porte Bourgmayer par laquelle l'ennemi pénétra dans la ville, réclama, auprès du duc de
Biron, les priviléges attachés à la charge de pétardier,
priviléges en vertu desquels, tous les métaux, bronze,
cuivre, or, argent, lui appartenaient. Le duc de Biron
défèra à sa demande. En de telles circonstances, la municipalité faisait des offres en argent au pétardier, qui ordi-
nairement entrait en accommodement avec la ville. Il était
arrivé que pendant les attaques et escarmouches qui précédèrent la prise de Bourg, un boulet de canon, lancé du
fort Saint-Maurice, était tombé sur le clocher et avait
brisé la cloche principale, *la Marguerite;* les syndics ayant

fait offrir 400 écus au capitaine Castanet, en compensation de son droit sur les métaux de la ville, ce dernier, qui d'abord s'était contenté de cette somme, se ravisa et demanda une somme plus considérable, prétendant que les 400 écus qu'il avait acceptés d'abord ne représentaient que le prix des cloches. Mais laissons parler le registre municipal :

« Les sieurs scindicqs Morel et Gallet ont faict entendre
« à l'assemblée que Mgr de Biron, par ses lettres-patentes
« du 26me octobre dernier, ayant adjugé au sieur capitaine
« Castanet, pétardier, toutes les cloches et métaux qui
« sont dans la présente ville, comme à lui appartenant par
« droit de guerre, on aurait traicté avec lui pour ses dicts
« droits et prétentions, *à la somme de 400 escuz, pour*
« *payement de laquelle aurait esté cy-devant délibéré que le*
« *mestal de la grosse cloche qui fut naguères rompue d'ung*
« *coup de canon venant de la citadelle au clochier sur la*
« *porte de la Hasle serait vendue soit à Lyon, soit à Mascon,*
« *pour, du prix en provenant, payer la dicte somme au dict*
« *Castanet, d'autant que le dict Castanet presse et sollicite*
« *instamment d'estre pagé, et à faute de ce faire prompte-*
« *ment, il se jacte de faire rompre et enlever lesdites cloches*
« *et métaux.* » (Reg. mun., 2 novembre 1600.)

Après maint colloque à ce sujet, on parvint à contenter Castanet en ajoutant 32 écus aux 400 dont on était convenu d'abord. Le métal de la cloche fut vendu à des fondeurs de Lyon ; et ce ne fut pas sans une excessive difficulté qu'on vint à bout de parfaire la somme de 432 écus.

On était à peine débarrassé de Castanet, que voici venir un sieur Maillard, trésorier du roi de France, lequel ex-

pose au conseil que *suivant le pouvoir qu'il a de Sa Majesté,
il est venu exprès en la présente ville pour le faict des tailles
et pour estre payé du quartier escheu en septembre dernier.*
(R. m., 1600.)

Les syndics et le conseil demeurent stupéfaits ; ils
comptaient sur un ordre qu'ils avaient obtenu du roi,
portant qu'*il serait supercédé à l'exaction de toute taille
jusques aultrement il en eust ordonné.* Cet ordre se lisait en
marge d'une requête qu'ils étaient allés présenter au roi, à
Chambéry, dix jours auparavant. En vain, ils représentent
cette pièce au sieur Maillard et s'efforcent de l'adoucir
en lui faisant observer *la ruyne et pauvreté de la ville, pro-
cédée principalement de la guerre, prinse et pillage d'icelle.*
(Ibidem.)

Le financier répond qu'il n'a que faire d'écouter tout
cela ; il est dûment autorisé à percevoir la taille et ce sont
des écus qu'il lui faut. Les syndics courent à Dijon implorer
l'assistance et l'intervention de Mgr de Biron ; celui-ci les
renvoie auprès du roi qui, pour lors, était à Lyon où il
célébrait son mariage avec Marie de Médicis. Ils se rendent
dans cette ville, vont se jeter aux genoux du roi, lui exposent leur détresse, lui rappellent ses promesses. Henri IV
les relève, leur fait un accueil gracieux et compatissant,
leur fait cent promesses et les renvoie à ses ministres. Là,
la scène change, les pauvres syndics trouvent des figures
dures, renfrognées, inexorables. On répond sèchement à
leurs remontrances et à leurs prières qu'*on pourra faire
beaucoup de choses pour eux quand la citadelle de Bourg sera
rendue, mais que jusqu'alors il ne faut s'attendre à rien. Le
roi, au surplus, a grand besoin d'argent, il faut que les
tailles soient payées.* Voilà le résultat des courses, démarches et supplications des malheureux syndics.

Nous avons constaté que jusqu'à l'époque de l'échange de la Bresse contre le marquisat de Saluces, toutes les tentatives faites dans le but d'introduire et de propager la réforme religieuse dans ce pays avaient été sans succès, grâce à la vigilance de l'autorité municipale et souveraine et à la répulsion manifeste que ces nouveautés inspiraient à la masse des habitans. Cependant la ville de Pont-de-Veyle étant tombée, dès l'année 1599, au pouvoir des armes royales, quelques familles de religionnaires, à la requête de Jacob Forey, habitant de cette ville, obtinrent du duc de Biron l'autorisation d'y établir un prêche.

En 1603, ainsi que nous l'apprend un procès-verbal du sieur de Truchis, conseiller assesseur au présidial de Bourg, un autre prêche fut établi dans le petit village de Reyssouze, près Pont-de-Vaux. Enfin, M. de Boesse, baron de Pardaillan, gouverneur de la ville et de la citadelle de Bourg, huguenot lui-même et commandant une garnison huguenote, fit construire, en 1604, un temple ou prêche dans un lieu rapproché de la citadelle, sur la contr'escarpe du fossé, à trente pas de la porte de Lyon, au grand mécontentement des habitans de Bourg. A la même époque, un ancien chanoine défroqué et apostat, connu à cette époque sous le nom de maître Olympe, avait créé un autre prêche à Tossiat, et travaillait à convertir aux doctrines calvinistes les habitans de ce village en même temps qu'il desservait le temple nouvellement créé à Bourg. Cependant, en 1611, la démolition de la citadelle de Bourg fut adjugée au prix de vingt mille écus à un entrepreneur de Lyon, nommé Charles Gay.

Le cardinal de Richelieu nous a laissé, dans ses Mémoires, l'explication du motif qui fit prendre une telle détermination : « Le sieur d'Halincour, gouverneur de

Lyon, à qui cette place (Bourg) faisait ombre pour être trop proche de Lyon, qui, par ce moyen, n'étant plus frontière, était de moindre considération, prit cette occasion de faire conseiller à la reine (Marie de Médicis, régente de France) d'en ôter Boesse et de la faire démanteler, sous l'ombre que Boesse était huguenot, et que les Suisses, Genève, Bourg et M. de Lesdiguières étaient trop proches, tous d'un même parti. On pouvait récompenser Boesse, y mettre un catholique affidé au roi, et conserver la place ; mais on fit trouver meilleur de donner à Boesse cent mille écus qu'il voulut avoir avant que d'en sortir, puis la raser. On devait, par raison d'État, la conserver ; mais le mal de tous les États est que souvent l'intérêt des particuliers est préféré au public. » Ce fut, en effet, pour donner satisfaction à un intérêt particulier, à la mesquine jalousie de M. d'Halincour, que fut sacrifiée cette citadelle, objet de l'admiration des contemporains, et dont on eut plus tard maintes fois l'occasion de regretter la destruction (1).

Les habitans de Bourg virent avec regret démolir leur citadelle ; mais ce qui les mécontenta le plus c'est qu'on laissa subsister le prêche ; il arriva cependant, que peu de

_____

(1) Au mois d'août 1790, on craignait, en France, l'invasion d'une armée ennemie ; M. d'Andelin, ingénieur militaire et commandant de la garde nationale de Bourg, fut commissionné par le ministre de la guerre pour faire la visite des frontières. A la suite de cette visite, il présenta au gouvernement un projet tendant à établir, sur le terrain de l'ancienne citadelle de Bourg, une place d'entrepôt entourée d'une fortification en terre sous la forme d'un hexagone, dans le système de Vauban, avec demi-lune et fossés, en donnant à la place une capacité suffisante pour contenir un corps de casernes, un hangar à canons, un magasin à poudres, une chapelle, enfin tout ce qui est nécessaire à une petite garnison. Dans son rapport présenté à M. Duportail, ministre de

temps après, un incendie volontaire ou accidentel (le fait n'a pas été éclairci) le fit entièrement disparaître. Aussitôt, les partisans de la religion réformée firent leurs diligences pour obtenir l'autorisation de le reconstruire. Mais ils éprouvèrent de la part du chapitre, des syndics de la province, de ceux de la municipalité, une opposition énergique et infatigable. Cependant les réformés se prévalaient de l'édit de pacification de 1598, connu sous le nom d'édit de Nantes. Le chapitre et les syndics représentaient que cet édit ne leur était pas applicable, attendu que dans aucun des articles du traité de Lyon il n'en était fait mention. Tels furent toutefois l'activité et le crédit des réformés qu'ils obtinrent une commission du roi qui fut scellée subrepticement en 1627, alors que Louis XIII était au siége de la Rochelle. MM. Fiot de Barrain et de Chabottes, l'un et l'autre conseillers au parlement de Bourgogne, furent mandés à Bourg, pour y faire exécuter cette commission. Leur arrivée occasionna une grande fermentation dans la ville. Sur-le-champ MM. du chapitre, les procureurs syndics de la province, ceux de la municipalité se réunirent, pour arrêter, en commun, les dispositions à prendre

la guerre, M. d'Andelin exprimait son jugement sur l'ancienne citadelle de Bourg, dont on avait mis les plans à sa disposition (plans qui ont disparu depuis lors) :

« La situation de Bourg et la forme topographique du terrain de son « ancienne citadelle ne laissent rien à désirer. C'est un plateau rasant « et dominant tous les environs. Aussi l'ancienne citadelle de Bourg « passait-elle dans son temps pour une place très-forte, qui était or- « dinairement comparée à celle de Turin, quoique d'une construction « qui paraîtrait aujourd'hui vicieuse. Les bastions n'avaient point assez « de capacité; les angles saillans en étaient trop aigus, les orillons « trop petits et les flancs trop courts. »

pour faire annuler cette ordonnance. L'assemblée comprit
que c'était à la cour qu'il fallait agir et s'occupa de trouver
un mandataire capable de la représenter, d'y faire valoir
ses intérêts et d'interpréter ses vœux. Il fallait, pour remplir une pareille mission, un homme qui réunît à la fois
les avantages de la naissance, du rang, du savoir, et qui,
bon catholique, fût personnellement animé des sentimens
de l'assemblée et des habitans de Bourg. Les suffrages se
portèrent unanimement sur noble Remon d'Escrivieux,
ancien procureur du roi au siége présidial de Bourg, personnage rompu aux affaires, bien en cour et chaud catholique. M. d'Escrivieux partit de Bourg le 26 octobre
1627 et resta à Paris jusqu'au 20 avril suivant; il obtint, à
force de démarches et de soins, la révocation de la commission en faveur des réformés. Pour l'indemniser de ses
frais de voyage et de séjour, on lui tint compte d'une pis-
tole par jour. Ainsi fut supprimé, à Bourg, le culte public
de la réforme.

En 1603, saint François de Sales obtint du roi Henri IV
des lettres-patentes qui favorisèrent le remboursement des
biens des églises, dont les Bernois s'étaient emparés dans
le pays de Gex. Divers arrêts du parlement de Dijon en
firent restituer d'autres portions, ce qui facilita le rétablissement des cures. Les Genevois, qui avaient acheté les
dîmes, se conformèrent aux lois du royaume pour le paiement des portions congrues, et elles furent considérées
comme inféodées entre leurs mains. Le catholicisme reprit,
avec le temps, dans ce pays la plus grande portion du
terrain que le voisinage de Genève et l'invasion des Bernois
lui avaient fait perdre.

Le protestantisme, établi à Pont-de-Veyle depuis l'année
1599, avait vu le nombre de ses prosélytes s'accroître considé-

rablement en 1613, époque à laquelle le maréchal de Lesdiguières, calviniste, en acheta la seigneurie. Les prédi-
cans, sous les auspices de ce personnage, trouvèrent de
nombreux adhérens à Bâgé, à Pont-de-Vaux et à Reyssouze,
où était érigé un temple qui devint la métropole protestante
de la province. Ce culte ne fut aboli à Pont-de-Veyle
qu'en 1657; ce fait est relaté dans le registre de l'état civil
de Chevroux, commune du voisinage, dans les termes
suivans :

« L'an mil six cent cinquante-sept et le vingt-septiesme
« jour du mois de février, premier lundy de caresme, les
« huguenots de Pont-de-Veyle ayant esté chassez de leur
« temple, il a esté bénict sous le vocable de saint Ignace,
« par M. Raffin, conseiller du roy au siége présidial de
« Bourg, official de Bugey, Valromey et Gex, assisté de
« M. Cochet, prestre, chanoyne de l'église Notre-Dame de
« Bourg, et de M. Philibert Palliot, prestre, curé de Che-
« vroux son annexe, ses diacre et sous-diacre. La messe
« solennelle célébrée incontinent après ladite bénédiction,
« par ledit sieur official dans le dit temple où le Saint-
« Sacrement estoit exposé, la dite messe chantée à haute
« voix et répondue par les chantres et musiciens de Saint-
« Pierre de Mascon et de tous les prestres et vicaires du
« mandement de Pont-de-Veyle et lieux circonvoisins; et
« estant finie l'on a fait une procession générale tout à l'en-
« tour en dedans des murs de la ville où le très-saint Sa-
« crement a esté porté par le dit sieur official, assisté des
« susdits diacre et sous-diacre qui chantaient continuelle-
« ment *Pange Lingua*, et de tous les autres prestres vêtus
« de chappes dalmatiques et surplis, respondaient avec
« tous les corps suivans jusques à la maîtresse église dudit

« Pont-de-Veyle, où estant arrivé, la musique chanta le
« *Te Deum* si mélodieusement, que tout le peuple estoit
« ravy; et estant finy, le dit sieur official donna après les
« prières faictes pour le roy et autres accoutumées de
« faire dans l'église romaine, la bénédiction du Saint-Sa-
« crement, après quoy tout le peuple se retira après mille
« actions de grâces. Ceste auguste cérémonie parachevée,
« le bourreau du présidial de Bourg se présenta sur un
« échaffaud, au milieu de ladite ville où tout le peuple
« s'assembla pour voir son exécution, qui brûla publique-
« ment les livres diffamatoires faicts par les dicts hugue-
« nots contre les catholiques, apostoliques et romains, le
« tout par les ordres du roy, Louis quatorziesme, et par
« M. Bouchu, son intendant en Bourgogne, Bresse, etc.,
« en présence d'environ deux mille personnes transportées
« exprès pour voir ceste cérémonie, qui donnaient louange
« à Dieu, criant tous à haute voix : *vivat rex !* à la confu-
« sion des huguenots qui n'osoient paroistre. Le soussigné
« atteste le tout estre véritable pour avoir assisté à toute la
« cérémonie. »   *Signé* PALLIOT, curé.

Les réformés de Pont-de-Veyle, privés de leur temple,
se réunirent à ceux de Reyssouze; mais, le 31 août 1685,
parut une ordonnance de M. de Harlay, intendant de Bourgogne, portant interdiction de l'exercice public de la religion prétendue réformée à Reyssouze et dans toute l'étendue
du pays de Bresse. *Le temple,* est-il dit dans cette ordonnance, *qui est construit au lieu de Ressouze sera démoly jusques aux fondements, les frais de la démolition pris sur les
matériaux, dont le surplus appartiendra au plus prochain
hôpital.* (Archives de l'Ain.)

Cette ordonnance fut rigoureusement exécutée. Le pro-

testantisme, il faut le remarquer, n'avait pas pris racine
en Bresse. La violence que l'on employa à l'extirper de ce
pays était superflue. Depuis plus de soixante années que
la liberté des cultes a pris place dans notre législation, il
ne s'est pas relevé de ses ruines.

Les règnes de Henri IV et de Louis XIII n'améliorèrent
pas la condition de nos provinces devenues françaises ; elles
eurent à subir d'abord les vicissitudes qu'entraine toujours
à sa suite un changement de gouvernement ; puis le séjour
et le passage continuel des troupes, alors moins disciplinées
que de nos jours, vivant à discrétion chez l'habitant, con-
sommant, gaspillant ses provisions tout en l'accablant de
mauvais traitemens ; les maladies contagieuses qui, durant
cette période, se succédèrent sans notable interruption ;
les tailles et impôts de toute nature arrachés par le fisc à
une population déjà épuisée par tant de calamités anté-
rieures ; enfin, la guerre de la Franche-Comté, féconde
en épisodes de la plus révoltante barbarie. Cette guerre,
qui eut pour prétexte une violation de neutralité, mais
dont la cause réelle était la convenance de cette province
pour la France, a laissé dans une foule de localités de la
Bresse et du Bugey les traces de l'intraitable acharnement
avec lequel elle fut conduite. Or, il arriva qu'en l'année
1640, le bourg de Chavannes-sur-Suran, qui, à cette
époque, faisait partie de la Franche-Comté, fut pris et
pillé par les troupes royales. Le sieur Goyffon, alors syndic
de Bourg, administrateur prévoyant et économe, sachant
que le bourg de Chavannes possédait une grosse cloche,
imagina d'aller en faire la demande au duc de Longueville
pour remplacer *la Marguerite,* cassée quarante ans auparavant par un boulet de canon parti de la citadelle, et dont
le métal avait été vendu pour apaiser Castanet le pétardier.

M. de Longueville ayant agréé cette demande, le syndic la
fit plus tard transporter à Bourg, où elle arriva le 14 décembre 1641.

Les habitans de Bourg furent doublement satisfaits de
cette acquisition; premièrement, parce qu'elle ne leur
coûtait rien; en second lieu, parce qu'ils la considéraient
comme un trophée enlevé aux Comtois, alors ennemis du
roi et les leurs. Aussi, le syndic Goyffon fut-il chaudement
remercié et complimenté par le conseil de ville, qui lui
compta trois cents livres à titre d'indemnité pour les frais
de transport de la cloche que l'on estimait en valoir deux
mille. Force fut de placer cette cloche dans la tour de la
Halle qui menaçait ruine, et de prescrire au sonneur de la
tinter seulement, mais de se garder de la mettre en branle
pour éviter un malheur, inévitable sans cette précaution.
Cet état de chose n'était pas supportable; et bien que la
caisse municipale fût dénuée de ressources, on se remit
à parler de l'achèvement de l'église et de la construction
du clocher de la paroisse. Pour cela, on eut de nouveau
recours à la seule mesure praticable dans la circonstance,
celle des contributions volontaires ou quêtes à domicile.
Mais les temps étaient durs, nécessiteux; et, malgré la
meilleure volonté, les résultats de ces collectes n'étaient
pas en rapport avec l'importance des frais que comportait
le projet que l'on avait en vue. Cependant, comme les
désirs et la volonté de la population se prononçaient de
plus en plus pour la reprise des travaux, on comprit qu'il
fallait unité d'ententions et d'efforts de la part des corps
constitués de la ville; or, pour en venir là, il fallait annuler, s'il était possible, toutes les causes de conflits et de
dissentimens entre la municipalité et les chanoines. Les
personnes les plus influentes de la ville entreprirent cette

tâche qui eut un plein succès, car, en l'année 1649, inter-
vint entre les chanoines d'une part, les syndics et les
habitans de l'autre, une transaction ou concordat qui régla
définitivement les droits et prérogatives de chacune des
parties, et mit un terme à la mésintelligence dont, plus
d'une fois, nous avons constaté les fâcheux incidens (1).

(1) Voici la substance et l'analyse des conventions qui furent rédigées
par deux notaires, en présence de témoins, puis homologuées par la
cour du parlement de Dijon, et approuvées par l'archevêque de Lyon :

1° En ce qui regarde l'achèvement de l'église, les chanoines s'engag-
gent à verser annuellement 250 livres et les syndics et habitans 500
livres *jusqu'au parachèvement de ladite construction*, sans y comprent-
dre les dons, aumônes, legs qui pourront être faits à la fabrique pour
cet objet.

2° L'entretien du luminaire de l'église est à la charge du chapitre
qui est autorisé à placer un tronc dans ladite église sur lequel sera cette
inscription : *Tronc des oblations et offertes pour le luminaire de céans.*

3° Les linges, livres, ornemeus et argenterie nécessaires pour le
service de la paroisse seront, à l'avenir, fournis et entretenus par la
ville.

4° Le marguillier ou sonneur sera nommé par les syndics et agréé
par les chanoines.

5° La nomination du prédicateur se fera alternativement par le
chapitre et par la ville. Le prédicateur prêchera pendant l'Avent, le
Carême, l'Octave du Saint-Sacrement, les dimanches et fêtes solen-
nelles. Pour son entretien et son salaire, le chapitre payera annuellement la somme de 150 livres ; le surplus sera à la charge des syndics
et habitans.

6° Les chanoines sont exempts du logement des gens du guerre, sauf,
en cas de péril imminent, et lorsque tous les privilégiés n'en peuvent
être exempts.

7° Les maîtres d'école seront nommés et reçus par les syndics et pré-
sentés au chapitre pour l'examen des mœurs et de la religion.

8° Les chanoines qui, en temps de peste et de contagion, feront les
fonctions curiales seront exempts de toute contribution ou frais de

Après l'acceptation réciproque de ces conventions, qui,
depuis, furent consciencieusement et fidèlement observées
de part et d'autre, on convint de confier à une seule personne la partie exécutive du projet de construction du
clocher. La situation était difficile, embarrassante, et réclamait un homme actif, influent, investi de la confiance
publique. Cet homme, heureusement, se rencontra : c'était
François Guillot, des Bertrandières, qui se montrait,
comme tous ses prédécesseurs, dévoué aux intérêts de son

santé. S'ils sont atteints par la contagion pendant l'exercice de leurs
fonctions, ils seront traités et nourris aux frais de la ville.

9° Les chanoines seront convoqués et invités aux assemblées générales de la ville avec voix délibérative comme les autres habitans.

10° Pour le paiement des droits curiaux, la ville est divisée en quatre
ordres. Sont compris au premier ordre, les nobles, les officiers du
bailliage, du présidial, de l'élection, et tous autres officiers royaux :
avocats, médecins et commensaux du roi. Le droit de sépulture pour
les chefs de famille de cet ordre sont fixés à huit livres; pour leurs enfans communians, cinq livres; pour les non communians, trois livres
dix sols. Pour tous droits de mariage, huit livres pour les deux conjoints.

Au second ordre sont compris : les procureurs, greffiers, notaires,
et principaux bourgeois vivant de leurs rentes et notables marchands,
qui paieront, eux et leurs femmes, pour droit de sépulture, six livres
dix sols chacun; leurs enfans communians, trois livres cinq sols; les
non communians, deux livres dix sols. Et pour droit de mariage, pour
les deux conjoints, six livres.

Au troisième ordre sont les praticiens, apothicaires, chirurgiens,
huissiers, sergens, archers du grand prévôt, merciers, hôteliers, caba-
retiers et artisans, qui paieront, pour droit de sépulture, eux et leurs
femmes, quatre livres dix sols; pour leurs enfans communians, deux
livres dix sols; pour les non communians, deux livres. Pour droit de
mariage des deux conjoints, quatre livres.

Au quatrième ordre sont compris les laboureurs, manœuvres, serviteurs, servantes et autre menu peuple, qui paieront, pour droit de

pays. Par une exception honorable et singulière, on lui donna la mission de faire face aux exigences du moment comme il jugerait à propos de le faire, la municipalité et les habitans s'engageant à n'exercer aucun contrôle sur ses actes et s'offrant de les ratifier à l'avance.

François Guillot partit pour Dijon; là, il présenta au parlement de Bourgogne un rapport circonstancié sur le fâcheux état de la ville de Bourg; il rappela toutes les charges dont elle avait été accablée, la multiplicité pro-

sépulture, hommes et femmes, chacun deux livres dix sols; leurs enfans communians, une livre dix sols; les non communians, vingt sols. Pour le droit de mariage des deux conjoints, deux livres.

Quant aux mendians, vivant d'aumônes, pauvres et misérables personnes, ils seront inhumés par charité et pour l'amour de Dieu. Outre les susdites taxes sera délaissé aux chanoines le linceuil qui se met sur la bière et qui leur est dû.

11° La ville demeure chargée de l'entretien du couvert de la nef de l'église; quant au pavé, il est à la charge de ceux qui ont obtenu le droit de sépulture dans l'église.

12° Les sieurs chanoines seront tenus de nommer, de trois en trois ans, un membre de leur corps capable de remplir les fonctions curiales.

Finalement, les parties se déclarent respectivement déboutées de toutes autres prétentions qu'elles pourraient avoir l'une à l'encontre de l'autre.

Fait à Bourg et signé par les notaires et témoins requis, qui ont signé avec les parties.

Ainsi signé à la note : BIZET, *prévôt;* DEBOURG, *chantre;* GRINGOZ, *sacristain;* BLANDIN, TROILLET, MORNIEU, CAVASOD, COCHET, PLETRUS, PRIMERET, BISTAC, COLLIOD, MOREL, ROSSAN, BRUCHET, *membres du chapitre;* RENIBERT, *syndic;* DUPORT, *id.;* CHAMBARD, DUPORT, LELOUP, GUICHENON, CHEVRIER, DUVERGER, DUGAD, DESGRANGES, PROST, MARBOZ.

gressive des taxes, les garnisons qu'on lui avait imposées;
en même temps, il exposa la nécessité où se trouvait la ville
d'achever son église, de construire son clocher, chose qui
ne pouvait plus comporter aucun délai, après quoi il proposa
un expédient pour subvenir à cette dépense; cet expédient
consistait à autoriser la ville à doubler le droit du commun
de Mars (c'est ainsi qu'on appelait alors l'impôt prélevé
sur le débit du vin) et d'en appliquer la moitié au profit
de la construction proposée. L'intendance de Bourgogne
approuva cette idée dont le résultat était de créer un fonds
annuel et fixe de 3,000 livres; la ville s'était engagée, en outre,
à verser annuellement 500 livres et les chanoines 250, ce
qui joint aux legs, aux dons volontaires, aux quêtes, etc.,
devait permettre de poursuivre la construction jusqu'à
complet achèvement. Nanti de l'approbation du parlement,
Guillot se rendit à Paris où ses démarches actives et intelli-
gentes amenèrent la publication des lettres-patentes
publiées à cet effet et dont voici le texte :

« Louis par la grâce de Dieu, roi de France et de Na-
« varre, à nos amez et féaux conseillers, les gens tenans
« nostre cour de parlement, chambre des comptes à Dijon,
« président et trésorier.
« Nos bien amés les sindicqs de nostre ville de Bourg
« en Bresse, nous ont fait remonstrer que le battiment de
« l'église collégiale de Nostre-Dame de la dicte ville et le
« clocher d'icelle ayant esté discontinué et demeuré im-
« parfait dès l'année mil cinq cent quarante-cinq, que les
« matériaux à ce destinés, furent pris et enlevés de l'au-
« thorité du gouverneur du dict pays, pour le revestisse-
« ment du bastion de la dicte ville, l'on aurait esté con-
« traint de remettre, en attendant, la grosse cloche de

« la dicte église, sur l'une des tours d'une porte d'icelle,
« plus proche de la dicte église, la quelle tour a esté
« depuis tellement esbranlée par l'agitation de la dicte
« cloche quelle s'est fendue en divers endroits et menace
« d'une ruyne toute apparente, de la perte des dictes clo-
« ches, et de quelque accident funeste s'il n'y est bientôt
« pourveu ; dont nostre parlement de Dijon ayant été ad-
« verty, il a donné l'arrêté le sixième mars mil six cent
« quarante-cinq, qui porte que incessamment il sera pro-
« cédé à l'achèvement de la dicte église et clocher ; en
« conséquence du quel, les dicts marguilliers d'icelle y ont
« depuis fait continuellement travailler selon le peu de
« moyens et de deniers qu'ils ont eu : ayant fait construire
« plusieurs voutes et eslever deux gros pilliers qui doi-
« vent joindre celle du clocher qui reste à achever faute
« d'argent, bien que les dicts marguilliers ayent souvent
« questé pour cest effet ; de sorte que les dicts exposans
« n'ayant point trouvé d'autre moïen pour la continuation
« des dicts ouvrages, mesme pour la couverture de la
« dicte esglise, à l'endroit de la grande vouste, ils ont
« fait convoquer une assemblée générale des habitans de
« la dicte ville, en présence du lieutenant particulier et de
« notre procureur au baillage et siége présidial, pour déli-
« bérer du moïen le plus expédient et convenable et
« moins à la foule du peuple, tant au payement de ce qui
« est du au prix facteur, que pour faire continuer les
» dicts ouvrages suivant le devis et l'urgente nécessité. Dans
« laquelle assemblée les dicts habitans ont unanimement
« délibéré que vue la nécessité et calamité du temps et les
» grandes surcharges et dépens qu'ils ont continuellement
« souffert depuis quelques années en çà sur le revenu
« commun des deniers de la ville, les grandes réparations

7

« qu'ils ont faicts aux murailles d'icelle, depuis la démo-
« lition de la citadelle que pour les guerres du comté de
« Bourgogne, les garnisons et autres despenses que les
« dicts habitans ont supporté, il était impossible de pou-
« voir subvenir aux grands frais des dicts ouvrages et
« bastimens, si ce n'est par quelque moïen extraordinaire,
« et nous supplient très-humblement leur permettre de
« pouvoir lever le double du trésain du vin qui se vend, à
« petite mesure, dans la dicte chastellenie et mandement,
« vulgairement appelé le *commun de Mars,* et qu'à cet
« effet les dicts exposans s'addressèrent à nous pour leur
« estre pouveu à cet effect.

« A ces causes, et pour donner moïen aux exposans de
« continuer à parachever les dicts bastimens de la dicte
« église, de nostre grace spéciale, pleine puissance et au-
« thorité royalle, avons permis et octroyé, permettons et
« octroyons, voulons et nous plait que durant le terme de
« six années consécutives, à commencer du jour daté des
» présentes, ils puissent prendre et lever le double de ce
« qu'ilz ont accoustumé prendre et lever pour le trésain
« du vin, autrement appellé le *commun de Mars,* qui se
« vend en détail et à petite mesure en la ville chastellenie
« et mandement de nostre ville de Bourg, pour les deniers
« en provenant estre employés et convertis au parachève-
« de la dicte esglise, clocher et réparations d'icelle; et ny
« ailleurs, ny à autre effect sur peine d'en répondre; le
« tout conformément au dit arrêt de nostre conseil du
« deuxième aoust mil six cent quarante-cinq. Voulons et
« mandons, etc., etc. »

Donné à Paris le XVIII octobre 1652.

Signé Louis.

Les lettres-patentes que l'on vient de lire furent mises à exécution le 2 novembre suivant, époque du renouvellement de la ferme du commun de Mars, et ce fut à un architecte de Lyon, nommé Maugras, que fut confiée la tâche de fournir les dessins, plans et devis du clocher. Le sieur Maugras se transporta à Bourg et s'appliqua de son mieux à harmoniser la nouvelle construction avec l'ancienne. On conservait bien encore, à cette époque, les plans et dessins fournis bénévolement un siècle auparavant par maître Loys Van Boghen, mais depuis lors le goût s'était modifié. Le retour aux formes grecques et romaines, en architecture, avait été si unanimement accepté qu'on ne voulait plus voir dans les monumens de l'ère ogivale qu'une manifestation d'un goût dépravé et d'un style barbare; aussi fut-il enjoint à l'architecte Maugras de fournir des dessins *conformes à l'art d'architecture*. (R. m., 1652.)

Maugras partageait les idées de son temps: il jeta un coup-d'œil de dédain sur l'œuvre de maître Loys, ouvrit son Vitruve, et au moyen de la superposition des divers ordres, il produisit la façade actuelle, façade qui, il faut le dire, ne manque pas de style ni d'effet. Les prix faits cependant ne furent donnés que plusieurs années après, soit parce qu'on voulût avant de commencer composer un capital avec le produit annuel de la ferme du commun de mars, soit aussi parce que les charges énormes, les taxes immodérées, les garnisons perpétuelles qui dévoraient les ressources de la ville, forçassent d'attendre un temps plus opportun. Cependant, en 1661, la ruine du clocher de la halle parut si imminente qu'il fallut en descendre les cloches. Faute d'un lieu où les entreposer, elles furent placées dans la nef de l'église, d'où il résulta, que: d'une part, on s'en trouva incommodé; de l'autre, l'absence de sonnerie mécontenta la ville et surtout la banlieue. Le conseil de la ville s'était occupé de cette question importante le 30 juillet 1660 :

« Touchant le clochier Nostre-Dame, y est-il dit, pour
« le mettre en estat d'y establir les cloches et les faire son-
« ner, il escheoit de faire une queste générallc, et pour ce,
« establyr des particuliers pour vacquer à cela, tant du
« clergé de la ville que de la fabrique, comme aussy de
« prendre advis du sieur Maugras qui a dessegné le clo-
« chier, pour prendre ses mesures sur ce qui reste à faire,
« et pour ce députer à Lyon à ce subject pour conférer
« avec le dit Maugras....

« A esté délibéré en présence de vénérable messire Bizet,
« prebstre, chanoine et prévost de l'église Notre Dame de
« Bourg, que le sieur scindicq Guillot, accompagné de
« l'un des sieurs fabriciens, se transporteront dans la ville
« de Lyon, pour la susdite conférence avec ledit sieur
« Maugras, et que la dicte queste sera faicte par les dépu-
« tés du chapitre de la ville et de la fabrique accompagnés
« d'un des sieurs scindicqs. » (R. m., 1660.)

Nous avons eu souvent l'occasion de mentionner l'état de souffrance dans lequel se trouvaient les intérêts et les revenus de la ville. Il est juste de dire que les nombreux procès qu'elle avait à soutenir et dans lesquels elle s'engageait hardiment, surtout lorsque les prérogatives de ses magistrats étaient mises en question ou que sa dignité se trouvait compromise, contribuaient beaucoup à cet état de choses. Au moment dont nous parlons, alors que l'attention publique était exclusivement préoccupée de l'achèvement de l'église et de la construction du clocher, la ville se vit brusquement entraînée à la poursuite de deux procès à l'occasion des droits de préséance. Voici de quoi il s'agissait : de tout temps, les syndics et les membres de la municipalité avaient occupé à l'église Notre-Dame les stalles ou bancs placés au côté gauche du maître autel, et dans les processions et cérémonies publiques, ils prenaient également la gauche. Cet usage constituait une sorte de droit honorifique qui, jamais, n'avait été sujet à contestation. Or, en avril 1662, le procureur du roi au présidial alla trouver le syndic Bruchet et lui signifia sans préambule : que *Messieurs du présidial estaient dans le dessein d'occuper les formes du chœur de l'esglise Nostre-Dame du costé gauche, ce qu'ils fondent sur un arrest rendu au parlement de Dijon en l'année* 1628, *par lequel ils ont obtenu les préséances aux processions à l'encontre de la ville.* (R. m., 1662.)

Étourdi de cette déclaration inattendue, le syndic fait convoquer le conseil qui décide, sur-le-champ, que l'on se pourvoira au conseil de Sa Majesté pour faire assigner Messieurs du présidial à renoncer à leur prétention, comme attentatoire aux droits et prérogatives de la ville, *attendu que la dicte ville est en bonne et légitime possession de l'esglise, en la quelle possession elle se maintiendra.* (Ibidem.)

Voilà un procès entamé. Le syndic Bruchet est commis pour aller à Dijon en faire la poursuite et en même temps pour aller complimenter, au nom de la ville, le prince de Condé qui venait d'arriver en Bourgogne pour en présider les États. Au moment où le syndic Bruchet va être introduit chez le prince, se présente le sieur Jayr, syndic de la province de Bresse, prétendant devoir parler le premier au prince, en qualité de député de la province *de laquelle la ville de Bourg n'est qu'une partie* ; à quoi Bruchet rétorque qu'ayant à parler pour la capitale de ladite province *et la plus noble partie d'icelle*, il a droit à la préséance : nouveau conflit qui suscite un nouveau procès. Les dépenses résultant de cette fureur de chicane, jointes aux nombreux présens qu'on était dans l'usage de faire au prince, à ses secrétaires, au gouverneur, à son lieutenant, à toutes les personnes, enfin, qui exerçaient une influence directe ou indirecte sur les affaires de la ville, absorbaient le plus clair de son revenu ; aussi, le droit extraordinaire du commun de Mars qu'elle avait perçu jusqu'alors, avait été détourné en grande partie de sa destination et dut être renouvelé pour six ans.

Cependant, au mois de juin de l'année 1662, les syndics firent apposer des affiches dans les villes de Bourg, Lyon, Châlons, Lons-le-Saunier, Besançon, etc., annonçant la mise en adjudication des travaux du clocher pour le 20 novembre de cette année. Une douzaine de maîtres, tant architectes, maçons, qu'entrepreneurs, répondirent à cet appel. L'usage était, à cette époque, lorsqu'une adjudication de cette nature avait lieu, que celui auquel elle était dévolue défrayait les autres maîtres évincés, de leurs frais de bouche et de séjour pendant la durée de l'adjudication. Cet usage contribuait à augmenter le nombre des compétiteurs. Tous les maîtres se trouvaient réunis le 20 novembre au logis de l'Olivier, lorsqu'un valet de ville vint les prévenir que les plans et dessins du clocher étaient exposés dans la salle des délibérations du conseil. Voici les principales dispositions du devis et conditions de l'adjudication :

« Premièrement, que l'entrepreneur adjudicataire du
« dit priffaict sera tenu de donner caution recevable et sol-
« vable pour l'accomplissement des dits ouvrages, con-

« formément aux dits devis, plan et dessin, et pour toute
« la besogne jusques à la réception d'icelle par experts, à
« peyne d'estre procédé à nouvelle expédition à la folle
« enchère du dit adjudicataire.

« Secondement, que le dit priffacteur et entrepreneur
« sera tenu de payer les frais des autres maîtres architectes
« convoqués ès-villes de Lyon, Dijon, Châlons, Mascon,
« etc., au subject du présent priffaict.

« Troisièmement, que le dit priffacteur ne pourra, soubs
« quelque prétexte que ce soit, employer ès-ouvrages sus-
« dicts, de la pierre tirée au boys Jayr, ny mesme en faire
« conduire sur l'attelier, à peyne d'estre contrainct de dé-
« molir pour enlever la pierre employée et de perdition
« de celle qui sera trouvée sur le dict attelier, sans aultre
« formalité que celle de l'enlèvement qu'en feront faire les
« dicts sieurs fabriciens, comme encore de la diminution
« de leur prix, de la somme de cent sols pour chasque foys
« que le dict priffacteur se trouvera en contravention pour
« ce regard.

« Quatriesmement, que le dit entrepreneur sera tenu
« de rendre la susdite besogne duement faicte et parache-
« vée à dite d'experts, dans trois années, à compter de
« la feste de Toussaint prochaine, et sera délivré au dit
« entrepreneur, la somme de six mille livres par manière
« d'advance, trois jours après qu'il aura presté bonne
« et suffisante caution dans la présente ville de Bourg. Les
« autres payemens seront faicts à la manière suivante,
« savoir : quatre mille livres dans les festes de Pâques pro-
« chaines, autres quatre mille livres dans la my-aoust aussi
« prochaine, et le surplus à proportion d'ouvrage, en
« sorte que les deux mille livres qui feront l'entier et final
« payement, ne seront payées qu'après le parachèvement,

« recognoissance et réception qui sera faicte à communs
« frais par les parties, par experts dont elles conviendront
« par devant notaire.

« Cinquièmement, le dit priffacteur sera obligé de faire
« les murailles suivant les règles de l'art nouveau et de
« les lier : en sorte qu'après avoir mis deux pierres de taille
« en face, ils seront obligés de mettre ensuite une pierre
qui traverse et lie, appelée *boutisse.*

« Sixiesmement, le dit priffacteur sera tenu, savoir : de
« faire quatre voutes qui seront de mesme façon et symétrie
« que celles qui sont à présent dans la dite esglise; l'une
« desquelles voutes sera pour le clocher, deux pour les
« aisles de la dicte esglise et une pour la chapelle Saint-
« Joseph.

« En la dite chapelle Saint-Joseph sera faict un arc dou-
« bleau et voute de mesme façon et symétrie que ceux qui
« sont dans les autres chapelles, sauf aux dicts sieurs fa-
« briciens d'en répéter les frais contre les confrères de
« Saint-Joseph.

« Sera faict en la voute du clocher une ouverture pour
« passer les cloches, qui aura cinq pieds dans œuvre; la
« dite voute aura une brique et demy d'épaisseur en pointe.

« Les voutes des aisles auront une brique d'épaisseur en
« largeur.

« Sera mis sur chaque assise du beffroys deux rangs de
« barres de fer entaillées dans la pierre autour de la tour
« du clocher. Plus deux rangs de barres de fer autour de
« la tour du clocher sur les cimaises et entablemens.

« Au lieu de la voute E marquée dans le dessin et men-
« tionnée dans le susdit devis, laquelle sera retranchée,
« sera fait un couvert sur la montée de pierre de taille
« à joint couvert, sauf aux dits sieurs fabriciens, après

« que le dit couvert aura été deuement cimenté aux frais
« du dit entrepreneur, de faire couvrir aux frais de la fa-
« brique le dit couvert de plomb. En place de laquelle
« montée sera fait console et vase de symétrie semblable à
« l'autre côté de la chapelle de saint Joseph. » (R. m., 1662.)

L'adjudication fut ouverte le 20 novembre ; la première
mise fut offerte par un maître maçon de Bourg, nommé
Bernard Certoise, pour la somme de 55,000 livres.

Sieur Gilbert Huguenin, maître entrepreneur de Mâcon,
44,700 livres.

Sieur Jacques Duchaillon, maître maçon des bâtimens
du roi en Bourgogne, et architecte de Monseigneur le
prince, 40,450.

Enfin, l'adjudication fut tranchée au profit de maître
Bernard Lacroix, au prix de 31,400 livres, *moyennant le
serment par luy presté de bien et fidèlement satisfaire au con-
tenu et conditions du dict devis, avec l'obligation de ses personnes et biens.* Les sieurs François Guillot et Goyffon,
avocats, s'offrirent à cautionner maître Bernard Lacroix
vis-à-vis de la ville et de la fabrique, et les travaux furent
sur-le-champ commencés. Maître Bernard Lacroix traita
avec deux maîtres maçons de Bourg, nommés Pierre Redon et Royer, pour la construction des voûtes à faire dans
l'église, au prix de 3,425 livres.

Bernard Lacroix reçut immédiatement, au début de ses
travaux, une somme de 12,000 livres que lui complètèrent
les fabriciens de Notre-Dame, plus celle de 8,000 autres
livres que la ville s'était engagée à fournir et qu'elle dut,
pour satisfaire à cette obligation, emprunter à M. de Vau-
grigneuse. Enfin, les travaux furent conduits avec activité,
et vers la fin de 1665, le clocher, les voûtes, tous les ou-

7*

vrages, en un mot, compris au devis étaient achevés et le conseil de la ville nomma des experts pour en faire la reconnaissance.

En 1670, il fallut s'imposer de nouveaux sacrifices. On s'aperçut que tous les contreforts extérieurs qui soutiennent les reins de la voûte du chœur et de la grande nef, étaient considérablement détériorés; il pouvait résulter de là que ces voûtes, faute d'être contrebutées, s'entr'ouvrissent et s'affaissassent. Il fallait remédier à cela sur-le-champ; on dressa un devis des réparations à faire, et l'adjudication en fut tranchée au profit de Pierre Redon, le 27 mai 1670, à la charge par lui de rendre les travaux faits et accomplis aux fêtes prochaines de Toussaint. Ce Pierre Redon, qualifié dans les actes dont nous parlons de maistre architecte de la ville de Bourg, construisait alors le collége sur l'emplacement cédé par la ville aux Jésuites. Ces révérends pères craignant que les travaux de l'église collégiale ne ralentissent ceux du collége, voulurent s'opposer à la soumission faite par Redon; mais ce dernier trouva le moyen de les rassurer en cédant à un autre maître, nommé Calcia, l'exécution du travail de l'église, avec cette clause qu'il fournirait les matériaux, paierait les journées des ouvriers et de Calcia lui-même, et que lorsque les travaux seraient terminés il prélèverait une somme de 150 livres sur le bénéfice et partagerait le surplus avec Calcia. (Reg. mun., 1670.)

Nous avons eu l'occasion de remarquer que la question de préséance donnait lieu à cette époque à de nombreux conflits. La position sociale de chacun avait alors une démarcation fixe et immuable, chacun aussi tenait à ses droits, même purement honorifiques, autant qu'à une propriété réelle. MM. les fabriciens de l'église Notre-Dame étaient en

possession immémoriale de porter le dais les jours de
fêtes du Corps de Dieu, comme on disait alors. Voilà qu'en
l'année 1671, sans aucun avis préalable, et alors que la
procession sortait de l'église pour parcourir les rues et
places de la ville, les habitués de l'église de Notre-Dame
s'emparèrent du dais, qu'ils s'obstinèrent à porter malgré
les plaintes et remontrances des fabriciens; de là grande
indignation de ces derniers qui, le jour suivant, adressent
au conseil de la ville la pièce suivante :

« A Messieurs, Messieurs les scyndicqs et conseillers de
» la maison de ville de Bourg,

« Les sieurs marguilliers et fabriciens de l'église Notre-
« Dame de ladite ville vous remonstrent que de tout temps,
« comme il est notoire, ils sont en possession de porter le
« dais aux processions qui se font le jour de la feste du
« Corps de Dieu et de l'octave.

« Que néantmoins jeudy dernier, jour de la dite feste,
« ils furent troublés par voie de faict commise par MM. Se-
« vroux, Merle, Bouchard et Gallet, habitués de la dite
« église.

« Et comme les dits sieurs marguilliers voulurent savoir
« si les vénérables du chapitre avaient ordonné aus dits ha-
« bitués de commettre la dite entreprise et violence, ou du
« moins s'ils l'approuvaient, ils ont fait dresser une requeste
« qui contient leurs moyens pour être maintenus en droit et
« possession de porter le dais, à l'exclusion des habitués
« et de tous autres. Mais ils n'ont point voulu la présenter
« sans vous en avoir donné cognoissance, attendu qu'il
« s'y agist plus de vostre intérest que de celuy des dits
« sieurs Remontrans, et sans avoir vostre délibération sur
« ce subject.

« C'est pourquoy, il vous plaira, Messieurs, délibérer s'il

« est à propos que les dits sieurs marguilliers intentent et
« poursuivent la dite instance aux frais de la dite fabricque,
« et en cas, intervenir de vostre part ; ou autrement déter-
» miner comme vous jugerez à propos. »

   Signé TARDI , fabricien ; GARRON , fabricien.

Le conseil de la ville ne manqua pas de s'associer au
mécontentement et aux plaintes des fabriciens ; il opina
que suite devait être donnée à cette affaire par les voies
de justice, et promit d'intervenir dans le débat, afin de faire
rendre à MM. les fabriciens l'exercice légitime de leurs
droits et prérogatives. A la persuasion des chanoines, les
habitués de Notre-Dame présentèrent leurs excuses aux
fabriciens, dont ils reconnurent authentiquement les
droits, ce qui arrêta les poursuites judiciaires et confirma
les fabriciens dans un privilége auquel ils attachaient
alors un grand prix, et qui depuis ne leur a pas été con-
testé.

Les jésuites établis à Bourg depuis l'année 1660 étaient
alors aussi populaires qu'ils le sont peu de nos jours. Leur
popularité se fondait sur les importans services qu'ils rendaient à la ville et à la contrée. Il n'y avait jamais eu à
Bourg avant leur arrivée qu'une méchante école, dont
l'enseignement ne s'étendait pas au-delà des notions les plus
élémentaires. Cette école était divisée en deux classes, celle
des abécédaires, comme on disait alors, et celle d'écriture
et de grammaire. Il arrivait de là que les familles qui voulaient faire donner à leurs enfans l'instruction classique et
libérale se voyaient dans la nécessité de s'en séparer et de
les envoyer à Chambéry, à Lyon, ou ailleurs. A l'arrivée
des jésuites cet inconvénient disparut, car ils ouvrirent
un cours d'enseignement, comprenant toutes les branches

des sciences alors cultivées. La ville avait facilité leur établissement par une fondation en argent et par le don d'un
terrain sur lequel ils firent aussitôt construire, d'après un
plan fourni par un des leurs, les bâtimens et la chapelle
du collège actuel. M. Langes de Choin, gouverneur de la
ville, leur avait confié l'éducation de son fils, et avait fondé,
de ses deniers, la chaire de philosophie. Il n'était bruit,
en 1671, que de leur savoir, de leur zèle et de leur habileté à instruire la jeunesse, enfin de leurs succès dans la
prédication. Ce fut un jésuite qui, cette année, prêcha à
Notre-Dame, le jour de la Fête-Dieu. Le sieur Favier,
premier syndic de la ville, fut si impressionné par le discours du révérend Père, qu'il proposa aux membres du
conseil un réglement portant : que lorsque l'eucharistie
serait portée aux malades, les syndics ou deux membres du conseil lui feraient cortège, afin de donner bon
exemple aux habitans et de les inciter, par ce moyen, à
rendre honneur et hommage à Dieu dans cet auguste
sacrement.

« Sur quoy, dit le registre municipal, a esté délibéré
« que toutes les foys que l'on portera le saint sacrement
« aux malades, les deux serviteurs de ville se rendront,
« au son de la cloche destinée, pour en advertir le peuple
« dans la dite église Notre-Dame, où ils prendront deux
« flambeaux de cire blanche auxquels seront attachés les
« escussons des armes de la ville, et marcheront en cet
« estat au-devant de deux des officiers du corps de ville,
« qui seront nommés de mois en mois, à tour de rôle,
« pour accompagner le saint sacrement avec deux flam-
« beaux ausquels seront attachés des escussons, dans les-
« quels sera depeincte l'image du saint sacrement et an-

« dessous les armes de la dite ville. » (Registre municip.,
1671.)

Les détails qui précèdent paraîtront peut-être minutieux
à plus d'un lecteur, l'histoire pourtant ne doit pas les
omettre, car ils ont cet avantage de nous faire voir plus
avant dans la vie individuelle aussi bien que dans la vie
officielle de nos pères. Ils donnent lieu en même temps
à de curieux rapprochemens, à des inductions intéres-
santes et augmentent le relief du tableau des mœurs à
chaque époque. On voit que les croyances catholiques
n'avaient encore rien perdu de leur empire sur les masses ;
une philosophie à la fois impie et dissolvante n'avait pas
encore soufflé sur la société cet esprit de doute et de révolte
qui, un siècle après, produisit le naufrage général des
doctrines religieuses et sociales.

Au commencement de l'année 1675, régnaient à Bourg
la terreur et la mort ; une épidémie inconnue, homicide,
inexorable, décimait les habitans. Quelle en était la cause ?
on l'ignorait. Les secours de l'art médical étaient impuis-
sans. En vain les syndics et le conseil de la ville s'épuisaient
en mesures de précaution et de police, rien n'y faisait. Pas
de maison dans la ville et les faubourgs qui ne comptât
une victime. Les fossoyeurs ne suffisaient plus à leur tâche, tant elle était multipliée par la contagion. Cependant
si, dans cette affreuse conjoncture, le deuil et la désolation
étaient dans tous les cœurs, l'espérance n'en était pas ban-
nie. Le peuple se rappelant que la ville était placée sous
la protection immédiate de Notre-Dame, comptait toujours sur l'image miraculeuse de cette mère des miséricordes dont il avait, dans plusieurs circonstances analogues,
apprécié la protection réparatrice et bienfaisante. Il n'avait

pas oublié que quarante-sept ans auparavant la ville s'était
soustraite au fléau de la peste, grâce à l'intercession du
bienheureux St-Nicolas de Tolentin, patron de l'église de
Brou. Or, le 20 avril de cette année, toute la population
s'attroupa devant la Maison de Ville, où syndics et conseillers étaient occupés à délivrer les prix faits de plusieurs
réparations au grand égoût de la ville, d'où s'exhalait, en
divers lieux, une puanteur malfaisante; là elle demanda à
grands cris que, sans plus tarder et avant toutes choses,
les syndics ordonnassent une procession générale en l'honneur de Notre-Dame, et que l'image miraculeuse fût portée
dans toutes les rues, places et carrefours de la ville; de
plus, que les syndics renouvelassent en leur nom et en
celui de la ville le vœu fait, en 1628, à St-Nicolas de Tolentin. Le syndic de Lorme, qui administrait la ville dans ce
moment d'épreuve, vint donner à la foule l'assurance qu'il
allait immédiatement faire droit à ses justes réclamations;
en effet, il retourna auprès des conseillers de la ville,
auxquels, dit le registre municipal de cette lugubre année :
« il remonstra qu'il semble que Dieu est irrité contre tous
« les citoyens de la ville, de ses fauxbourgs et toute la pa-
« roisse, en l'affligeant sy sensiblement de la maladie popu-
« laire qui se trouve dans toute la dicte ville, par laquelle
« toute sorte de personnes, atteintes d'icelle, meurent sans
« espoir de pouvoir estre soulagées par les remèdes de la
« médecine, s'il ne plaît à Dieu, par l'intercession de la
« sainte Vierge, sa mère, de saint Nicolas de Tolentin qui
« a protégé cy-devant et préservé nostre ville de la peste par
« le vœu qui a esté faict... » (R. m., 1675.)

Le conseil arrêta qu'on s'entendrait avec MM. les chanoines pour fixer le jour de la procession et du renouvel-

lement du vœu de la ville à Notre-Dame et à Brou, et que, dans cette dernière église, les syndics communieraient pour toute la ville (1).

Cet appel à l'intervention céleste ne fit pas négliger aux syndics les moyens que conseillait la prudence humaine; ils renvoyèrent tous les pauvres étrangers à la ville, prescrivirent des mesures d'assainissement et de propreté,

(1) Indépendamment des causes accidentelles qui donnaient lieu aux processions générales, cette cérémonie se reproduisait régulièrement huit fois dans l'année à chacune des solennités ou fêtes suivantes :

Annonciation (fête patronale de la ville); Fête-Dieu (*Corpus Domini*); Octave de la Fête-Dieu; Notre-Dame d'août (Assomption); Saint-Roch; Saint-Nicolas de Tolentin; Saint-Michel; dix mille Martyrs.

Toute la ville assistait à ces processions. Les syndics et le conseil, la justice, les corporations, les religieux des divers ordres, les chefs de famille, les confréries qui étaient au nombre de neuf, sous le patronage de Saint-Barthélemy, Saint-Eloy, Saint-Joseph, Saint-Sacrement, Rosaire, Saint-Suaire, Pénitens, Sainte-Elisabeth, Sainte-Cécile.

Chacune de ces confréries avait une chapelle particulière à Notre-Dame. Voici la nomenclature des patrons des chapelles de l'église paroissiale, telle que nous sommes parvenus à la rétablir, après la lecture de plusieurs titres de fondations ou autres :

Chapelle de la Sainte-Vierge, de l'Encura, de Garin (où se tenaient les assemblées capitulaires), des Trois-Rois (Famille du Saix), de Ste-Elisabeth (Marchands), de Saint-Nicolas (Famille des Grillet), de Ste-Anne (Menuisiers), de Saint-Crépin (cordonniers), de Saint-Roch (hôteliers), de Saint-Joseph (Charpentiers), de Saint-Vincent, du Saint-Esprit, de la Miséricorde, de Notre-Dame-de-Secours, de Saint-André, de Saint-Michel.

La dénomination des patrons des chapelles n'avait rien de fixe, attendu que par suite du décès ou de la renonciation des titulaires, elles passaient à d'autres propriétaires qui leur conféraient le nom du patron qu'ils avaient reçu à leur baptême.

et demandèrent à Paris des ressources et des conseils. Leur
requête et leurs doléances parvinrent jusqu'à Louis XIV,
alors occupé à la conquête de la Hollande; ce grand roi,
sur-le-champ dépêcha à Bourg le sieur Isnard, son propre
médecin. Ce dernier s'acquitta de sa mission avec sollicitude
et désintéressement; il visita tous les malades indistincte-
ment, organisa un service de secours à domicile, et éclaira
les démarches et l'action de l'autorité. Le 11 juin, le
sieur Isnard convoqua les syndics dans l'église de Notre-
Dame, où estant assemblés, dit le Registre municipal
auquel nous empruntons tous ces détails, « le sieur Isnard
« fist cognoitre qu'il estoit du bien du public et pour la
« santé de nos citoyens, d'ouvrir dans les petits vitroz qui
« sont près de la grande arcade, deux panneaux et dans la
« nef tant seulement, comme aussy que dans les grands
« vitroz, il falloit de mesme faire des ouvertures propres
« à donner de l'air dans la dicte église suffisamment, à
« l'exception toutefois des vitroz qui seront peints.

« Et d'autant que le marguillier ne se trouve pas obéis-
« sant aux ordres qui luy sont donnés par les sieurs fabri-
« ciens dans les enterremens qui se font dans le cimetière
« où il n'enterre pas les corps assez profondément, ny
« mesme dans la dicte église, ne couvrant pas les fosses
« après les enterremens de leur pierre le mesme jour; le
« sieur Isnard trouva à propos d'inviter les dits sieurs
« fabriciens de faire faire au marguillier chasque fosse,
« soit dans l'église, soit dans le cimetière, de cinq pieds,
« et que dans le cimetière il mettra de la chaux sur les
« corps qu'il y enterrera, aussy bien que dans les bières
« de ceux qu'il enterrera dans la dite église et ailleurs, et
« particulièrement dans toutes les caves, lesquelles étant
« suffisamment remplies de corps, il sera obligé de les

« fermer et cimenter bien et dûment, sans qu'il les
« doibve vuider que tous les corps de ceste cave ne soient
« consumés, autrement infecteroit tout l'air et porteroit
« préjudice au public, causant par ce moyen des maladies
« telles que celles dont nous sommes affligés; il jugea
« donc à propos qu'il falloit mestre du mortier entre les
« fentes des tombeaux qui sont dans la dite église..... »
(R. m., 1675.)

Les détails qui précèdent suffisent à expliquer la cause
des épidémies si fréquentes à cette époque et à celles qui
l'ont précédée. Cette cause n'était pas un mystère pour les
gens éclairés de ce temps. On a peine à comprendre que
leurs observations aient tardé si long-temps à triompher de
la routine. C'est une preuve de plus que les usages ont
plus d'empire sur les masses, sur ceux mêmes qui les
gouvernent, que le raisonnement et l'expérience. Nous ne
saurions nous empêcher de remarquer encore une fois
quel levier puissant c'était que l'autorité des croyances
religieuses, alors que se renouvelaient si souvent ces
fléaux de l'humanité : la peste, la famine. Chacun rentrait
alors en soi-même, et, loin de s'abandonner au désespoir
et au découragement, on se préoccupait uniquement
d'apaiser la colère céleste. Ceux qui succombaient au mal,
acceptaient leur sort avec résignation, pensant expier ainsi
les irrégularités de leur vie. D'un autre côté, ceux qui
échappaient aux atteintes du mal voyaient, dans l'exception
dont ils étaient l'objet, une faveur et un privilége que Dieu
leur accordait pour amender leur conduite et les disposer à le
mieux servir désormais. C'est ainsi que la religion se prête
à toutes les infirmités humaines et répand sur elles son
baume consolateur. Combien donc sont déplorables et

odieux tous les systèmes qui tendent à ruiner ces salutaires croyances; ceux qui les inventent ou les propagent ne devraient jamais oublier qu'ils commettent un crime de lèse-humanité !

Le temps qui chasse devant lui nos douleurs et nos joies, ne tarda pas à faire disparaître la peste de 1675. Cette maladie avait fait un vide immense dans la ville. Beaucoup étaient morts; un grand nombre s'étaient soustraits par la fuite à la contagion. On se ressentait encore, six ans après, de ses effets. Cependant, lorsque les affaires eurent repris leur cours, on se rappela qu'il restait entre les mains du trésorier de l'église, une somme sans emploi et on proposa de l'employer à l'achat d'un jeu d'orgues. Ce fut en juillet 1682 que le projet en fut soumis au conseil de la ville. L'initiative de cette idée appartenait aux chanoines et aux fabriciens; mais il fallait arrêter quel serait l'emplacement dans l'église que l'on assignerait à un meuble aussi volumineux, et c'était au conseil de la ville qu'il appartenait de statuer sur ce point. Les maîtres de l'œuvre avaient proposé de le placer dans la chapelle latérale au chœur du côté nord, on n'accepta pas ce projet, mais citons le passage du registre municipal : « Il faudra, y lisons-nous,
« chercher l'endroit le plus propre pour placer les orgues
« que celluy qui a esté trouvé par les maistres; c'est de les
« placer au-dessus de la porte de l'église; et, comme pour les
« mettre en leur beau jour, elles pourraient nuire à cause
« des cordes des cloches, le maistre leur a suggéré de faire
« faire encore une voûte au de là de celle qui y est, et de la
« pousser jusques à l'extrémité de chaque gros pilier,
« afin de la placer sur cette nouvelle voûte; cette entre-
« prise estant de conséquence, il est juste qu'il soit déli-
« béré par cette assemblée sur icelle, et que l'on déclare

« l'endroit que l'on jugera le plus propre à les placer. »
(R. m. , 1682.)

Le conseil adopta le projet ainsi formulé par le syndic, et
incontinent la voûte qui s'appuie sur les gros piliers et qui
supporte le jeu d'orgues, fut entreprise et exécutée. Le maître
qui en fut chargé , a eu le soin d'inscrire sur le claveau
central , la date de cette construction : bonne et utile précaution qui n'a pas été observée dans les autres parties de
l'édifice.

Voilà donc l'église Notre-Dame complète et de tout point
achevée ; ce fut le contingent fourni par le 17ᵐᵉ siècle à
notre monument.

Le siècle suivant abandonne toutes les traditions du
passé , sa mission est de rompre définitivement avec lui.
Hommes et choses s'amoindrissent. La pensée descend
des hauteurs sublimes où elle s'était assise pendant le
règne de Louis XIV; une licence effrénée brave le grand
jour, monte sur le trône et de là pénètre successivement
tout le corps social. L'impiété est de mode ; le sar-
casme , le blasphême de bon goût. La prétention de tout
expliquer, de tout savoir , soumet aux témerités d'une
philosophie légère et dédaigneuse les doctrines qui , jusqu'alors , ont servi de base à la société. Cette philosophie
divinise la raison qui , à son tour, enfante l'égoïsme politique et individuel; or, bien en prit à nos aïeux d'asseoir
sur des fondemens solides les monumens qu'ils consacrè-
rent à Dieu; ces monumens, le XVIIIᵉ siècle ne les com-
prenait plus , même au point de vue de l'art; aussi il les
jugea barbares et les traita comme tels. Sa vue , obscurcie
par les jouissances sensuelles ne pouvait pas suivre dans
les nues où elles se perdent , ces flèches gigantesques , ces

voûtes hardies et élancées, ces façades grandioses et impo-
santes de nos cathédrales. Parfois, cependant, ces grandes
conceptions, *quoique gothiques*, forcent son admiration,
mais cette admiration n'est ni consciencieuse ni sentie. Il
faut voir quelles additions ridicules, quels ornemens mes-
quins et disparates il applique sur ces majestueuses constructions pour les assimiler à ses goûts. Notre-Dame est un
exemple du changement profond, radical, qui s'était
opéré dans l'idée, dans le sentiment de l'art architectural.
Les modifications que subit à cette époque le sanctuaire de
cette église, modifications qui présentent l'association de
styles, de formes et d'ornementations qui s'excluent sans
réserve, prouvent combien les traditions de l'art chrétien
étaient alors oubliées, puisque ce furent les chanoines eux-
mêmes qui en prirent l'initiative, présidèrent aux travaux
et en payèrent la dépense, sans même s'être doutés d'une
aussi choquante anomalie. Mais avant d'entrer dans les
détails qui se réfèrent à ce changement, mentionnons à sa
date l'admirable acquisition de la chaire en bois sculpté,
exécutée en 1760, aux frais de la fabrique, sur les dessins et sous la direction de M. Fiot, sculpteur dijonnais.
Ce meuble, nous l'avons dit ailleurs, est une œuvre que
chaque époque serait fière de revendiquer. Simplicité, élégance, composition savante des sujets sculptés dans les
panneaux, pureté du dessin, délicatesse du ciseau, bon
goût de l'ensemble, perfection des détails, tout nous paraît admirable dans cette chaire qui fera toujours honneur
à l'artiste et qui ne coûta à la fabrique que la somme,
minime en raison de sa beauté et de sa valeur artistique, de
2,600 livres.

Nous avons dit, en son lieu, comment et à quelle époque un jubé construit sur le modèle de celui de Brou

avait été érigé à Notre-Dame sur la limite du chœur et de
la nef; nous avons ajouté que par suite de cette construction et de ses dispositions accessoires, la population qui
occupait les nefs et les chapelles était privée de la vue des
cérémonies du culte. Cet inconvénient fut vivement senti
dès le commencement, mais il fallut deux siècles pour que
les plaintes formulées de génération en génération fussent
écoutées. Enfin, en 1768, Messieurs du chapitre jugèrent
à propos de déférer au vœu général. Ils firent part, dans
les termes suivans, de leur projet aux officiers municipaux :

« Messieurs,

« L'union qui règne entre les corps d'une ville sera
« toujours leur plus solide gloire. Le chapitre, pénétré
« d'une maxime aussi précieuse dans l'ordre d'un sage
« gouvernement, et encore plus dans les saintes vues de la
« religion, s'empresse de vous faire part d'un projet qu'il
« a formé pour la gloire de Dieu et la piété des fidéles.

« Le chœur de l'église paroissiale de Bourg est presque
« entièrement fermé par un jubé et par des stalles revêtues
« d'un mur qui s'élève à plus de 15 pieds; en sorte que,
« soit de la nef, soit des colatérales, il est impossible de
« voir ce qui se passe au chœur. Cependant, le vœu de tous
« les paroissiens, en assistant aux offices, est de voir le
« prêtre à l'autel et de s'édifier de plus en plus par les cé-
« rémonies augustes de l'église.

« Le chapitre, pour seconder le désir des paroissiens,
« se propose de démolir le jubé. Le mur de revêtissement
« des stales sera réduit à la hauteur de trois pieds et demi,
« sur lequel on fera régner un grillage de fer d'environ
« quinze pouces.

« Les stales hautes seront ôtées; par ce moyen, le

« chœur sera ouvert de toutes parts, et, soit de la nef,
« soit des collatérales, l'on verra le prêtre à l'autel et
« toutes les cérémonies de l'église.

« A la place des stales hautes, l'on en placera d'autres
« qui seront à la hauteur du mur réduit, de droite et de
« gauche. Les stales à la droite seront destinées pour
« MM. les officiers du présidial, celles à la gauche seront
« pour MM. les maire, syndics et conseillers de ville.

« En conséquence, MM. les chanoines se proposent
« d'avancer l'autel et de porter leurs stales sur le derrière.
« C'est ainsi que l'on a disposé le chœur de l'église cathé-
« drale de Dijon.

« MM. les chanoines ont l'honneur de vous présenter le
« plan qu'ils ont fait dresser; ils espèrent que vous voudrez
« bien y donner votre approbation et solliciter de concert
« avec eux nosseigneurs de la cour du parlement, pour
« ordonner que désormais il ne sera plus permis de pren-
« dre la sépulture dans le chœur et encore moins dans le
« sanctuaire. Ce privilége paraîtrait plutôt convenir à MM.
« les chanoines, mais ils ne prétendirent jamais à une
« distinction si opposée au bien public.

« Le chapitre se propose de faire paver le sanctuaire en
« marbre et de faire niveler promptement le chœur....
« Signés à l'original : CURTIL, *prévôt;* GUILLOT, *chantre;*
COLLOMB, *sacristain;* VERNETTE,
ROLLET, TARDY, D'ESCRIVIEUX,
MIDAN et BILLON, *chanoines.*

(R. m., 1768.)

Bien que la lettre qui précède indique d'une manière
assez satisfaisante les changemens que le chapitre fit opé-
rer dans le chœur de Notre-Dame, nous croyons devoir

reproduire, pour plus ample développement, dans la note ci-dessous, le devis des travaux qui furent exécutés (1).

(1) *Devis des nivelages, cadettages, démolitions et constructions à faire dans les chœur et sanctuaire de l'église de Notre-Dame de Bourg.*

Art. 1er.

Tous les carreaux en pierres depuis le chevet du chœur jusqu'au bas du sanctuaire, tel qu'il existe, seront relevés pour être retaillés proprement, à jeauge égale.

Art. 2.

Sera mis de la terre pour les dits carreaux, savoir : depuis le chevet jusqu'aux angles que forment ledit chevet, à hauteur environ de trois piés, et pour retenir les dites terres et carreaux de cette partie, sera fondé et élevé un petit mur à hauteur du terrein rapporté, pour empêcher qu'il ne s'éboule, le dit mur de dix-huit pouces de hauteur ; et attendu que cette partie, qui formera la chapelle de la Sainte-Vierge est élevée d'environ seize pouces plus que le chœur des chanoines, il sera fait, conjointement avec le dit mur, un massif dans l'endroit qui sera indiqué, pour supporter trois marches.

Art. 3.

Depuis la susdite partie jusqu'au fond du sanctuaire, tel qu'il est indiqué sur le plan, il sera fait un rapport de terre d'environ seize pouces au-dessus du sol présent, pour mettre cette partie à niveau de la sacristie, attendu qu'il y aura deux marches pour monter au sanctuaire ; sera fait également un massif pour recevoir les dites marches.

Art. 4.

Les carreaux proprement taillés, comme il est dit ci-dessus, seront replacés dans les parties ci-énoncées, seront posés à bains de mortier et bien joints, après toutes fois que toutes les terres rapportées auront été bien battues avec dames.

Art. 5.

Les susdits articles ainsi faits, l'on transportera les vieilles stalles, au nombre de quatorze de chaque côté, pour être placées ainsi qu'il est marqué sur le plan.

Les rapports entre le chapitre et le conseil de la ville,
officiellement marqués au coin d'une parfaite urbanité dans

Art. 6.

Le dit remplacement fait, on démolira la tribune et les murs qui
sont derrière les stales, jusqu'au niveau du terrein actuel ; les dites
démolitions appartiendront, de même que l'ancien autel, le tabernacle
excepté, à l'entrepreneur, qui sera tenu de tailler et recontinuer les
membres des deux pilliers, d'où la naissance des voûtes des dites tribunes portent naissance.

Art. 7.

Sera fait un mur d'environ deux piés et demi hors du niveau actuel,
sans y comprendre les fondations, et la tablette qui portera cinq à six
pouces d'épaisseur, et trois pouces de saillie, pour y tailler une mou-
lure suivant le profil qui en sera donné, et l'autre partie de ladite tablette affleurera le mur du côté du chœur ; le dit mur aura neuf pouces
d'épaisseur : lesquels murs seront enduits en dehors du chœur avec
mortier composé de partie de sable de rivière, pierre blanche et quelque
peu de briques pulvérisées et tamisées, mêlées avec la quantité de
chaux convenable ; le tout appliqué et uni, passé à l'éparvier, et la face
des dits murs du côté du chœur plâtrie et blanchie couramment.

Art. 8.

Dans l'article ci-devant, sera rapporté de la terre dans toute sa longueur et largeur, d'environ cinq pouces d'épaisseur, après toutes fois
que les tombes et cadettes auront été levées pour les retailler, pour être
posées proprement et de niveau.

Art. 9.

Les tombes et cadettes comprises depuis la chapelle Saint-Vincent
jusqu'au fond de celle de Sainte-Anne, seront relevées, de même que
celles qui sont du côté de la petite porte, entre la chapelle de Saint-
Michel et celle du Saint-Esprit, seront également relevées, pour être
mises de niveau au chœur, de sorte que le tout ne fasse qu'un seul
niveau. Sera aussi fait deux marches, suivant la hauteur du terrein
rapporté pour descendre dans le caveau de l'Encura, et les deux petits

8

la forme, ainsi qu'on peut en juger par le mémoire que
nous venons de reproduire, étaient toujours au fond échan-
gés de part et d'autre avec précaution et réserve. Sous cette
forme obséquieuse, les conseillers entrevirent le mobile réel
du chapitre, bien que ce dernier eût scrupuleusement évité

murs qui portent la pierre qui en ferme l'entrée, seront élevés à hauteur
convenable ; sera, pour cet effet, rapporté toutes les terres nécessaires.
Les autels du Saint-Esprit et de Sainte Anne seront démolis pour être
relevés, ainsi qu'il conviendra, de même que tous boisages qui servent
de décoration, ce qui doit également s'entendre de la chapelle de la
Sainte-Vierge, au fond du chœur. Dans les dits bas côtés, sera également fait un massif en maçonnerie, pour recevoir les marches qui y
seront posées.

ART. 10.

Le prix-factaire fournira les marches nécessaires pour monter au
sanctuaire, au nombre de deux, dans toute la longueur, conformément
au plan ; les dites marches auront quatorze pouces de foulée, y compris
le boudin et son congé ; les quelles marches seront bien proprement
taillées à la fine boucharde ; celles des bas-côtés seront fournies par le
chapitre sur les tombes et cadettes qui ne seront pas employées dans le
nivelage susdit, et seront travaillées dans le même goût des précé-
dentes.

ART. 11.

Comme il se pourrait que les carreaux à retailler ne suffiraient pas
pour le chœur et sanctuaire, il serait à propos d'en faire faire pour re-
carreler à neuf depuis les portes du chœur jusqu'au sanctuaire ; lesquelles pierres seraient fournies par le prixfactaire, et polies au grais.

ART. 12.

Tous les dits ouvrages ci-dessus mentionnés seront faits dans toutes
les règles de l'art, et à dit d'experts ; l'entrepreneur fournira pour
l'exécution d'iceux, généralement toutes pierres, briques, chaux,
sable et terres, à l'exception de ce qui est spécifié dans quelques articles

de le rendre apparent. Ils comprirent fort bien qu'en demandant leur approbation pour la mise à exécution du projet en question, les chanoines demandaient implicitement la participation de la ville aux dépenses qui en seraient la suite. Or, comme en vertu des conventions passées entre la ville

ci-devant. Le chapitre se réserve les stalles qui sont au jubé, de même que le grand crucifix et les tableaux.

Dans le cas que le devis cy-joint qui concerne le nivelage, transport de terres, marches et tous autres ouvrages contenus dans le dit devis, soit accepté et réglé par le chapitre, l'entrepreneur soussigné s'offre de l'exécuter de point en point, même de faire le pavé du sanctuaire à neuf en pierres noires et pierres rouges polies au grais, d'un pied en quarré chacune, posées alternativement entre les bandes en pierres polies qui porteront un pied de largeur, ou si on le juge plus à propos, en carreaux rouges posés entre des bandes de pierre noire, ainsi qu'il est marqué sur le plan; fournir et faire à neuf les marches nécessaires pour ledit sanctuaire; de fournir tout ce qui est nécessaire et expliqué article par article dans le dit devis; de travailler le tout proprement, solidement et selon les bonnes règles et à dire d'experts, pour le prix et somme de cinq cents livres, moyennant qu'on luy relaschera les démolitions tant du jubé ou tribune que des murs qui sont derrière les stalles, du transport desquelles il n'entend pas être chargé, attendu qu'un tel ouvrage n'est pas de son ministère.

A Bourg, ce 3ᶜ may 1768.   P. MILLET.

Les dites conditions ont été approuvées et consenties par délibération capitulaire du 3ᵉ juin. En foi de quoy nous avons signés pour et au nom dudit chapitre, les dits an et jour.

Signé : VERNETTE, COLLOMB, sacristain, syndic.

Nous acceptons les soumissions de M. Pierre Millet, en conséquence du devis concernant les démolitions du jubé, murs de côté, nivelage et tous autres ouvrages portés par le dit devis, ainsi que nous en sommes chargés par délibération du 3ᵉ juin. En foy de quoy nous avons signés ce 28ᶜ aoust 1768.

Signé : COLLOMB, sacristain, syndic, VERNETTE.

et les chanoines lors de la transaction de 1649, il avait été
formellement convenu et stipulé que le chœur de l'église
appartiendrait exclusivement à ces derniers, et partant
que toutes les dépenses de construction, de réparations et
d'entretien de cette partie de l'édifice demeureraient perpétuellement à leur charge, le conseil de la ville n'eut garde
d'approuver ou d'improuver, dans sa réponse au mémoire,
le projet communiqué. Cette réponse est caractéristique,
et bien que l'on puisse nous reprocher l'abus des citations,
nous ne pouvons pas nous dispenser de la reproduire :

« Nous mâire, sindic et conseil de l'Hôtel-de-Ville, dé-
« clarons qu'il serait très-utile pour la santé des citoyens
« de ne laisser inhumer personne dans le chœur de l'église
« collégiale et paroissiale de cette ville, et que MM. du
« chapitre sont bien fondés à solliciter, en leur nom, un
« arrêt de nosseigneurs du parlement qui en fasse défense.
« A Bourg, ce 18 juillet 1768. *Signés :* GALLIEN, maire;
« FAVIER, 1er sindic; MARTIN, sindic; DUPUIS, procureur
« du roi; MIDAN et POPULUS, conseillers. »

Ainsi dans cette réponse, nulle mention du projet communiqué par le chapitre; un simple vœu formulé pour la
suppression des sépultures faites dans le chœur, et encore ce
vœu est-il exprimé de façon à exclure toute coopération de
la ville pour en obtenir la réalisation : *à solliciter en leur
nom,* disent les conseillers; car, en fait, ces sépultures se
faisant dans le chœur, la ville ne veut pas intervenir dans
un domaine qui n'est pas le sien, tant elle a crainte de se
compromettre. Le mémoire du chapitre et le devis de
l'entrepreneur ci-dessus relatés sont un exposé fidèle des
modifications que le chœur de Notre-Dame subit à cette

époque, modifications en discordance complète avec le style du vaisseau. Toutefois, la suppression du jubé fut, avec raison, appréciée comme une œuvre avantageuse au public et à la physionomie intérieure du monument, car, quelle que soit la forme gracieuse d'un jubé, quelle raison qu'on puisse alléguer en faveur de sa signification liturgique, toujours est-il, qu'il interrompt désagréablement la perspective, et qu'il met les fidèles dans l'impossibilité de suivre les cérémonies de l'autel. Ces raisons ont prévalu partout; aussi les jubés sont-ils rares à rencontrer aujourd'hui, spécialement dans les églises paroissiales.

Il nous reste maintenant à retracer les temps de crise et d'épreuve qu'eut à subir Notre-Dame de Bourg dans cette grande et terrible époque, où la société convulsionnée jusque dans ses fondemens rompit avec toutes les institutions du passé, chassa Dieu lui-même de ses temples et lui substitua l'idole de la Raison. Mais n'anticipons pas sur les événemens, et suivons toujours le fil chronologique qui nous a guidé dans le cours de cette narration.

Le 3 septembre 1790, la municipalité de Bourg, conformément au décret rendu par l'assemblée nationale, sous la date du 20 avril de cette même année, concernant tous les bénéfices ecclésiastiques, fit procéder à l'inventaire des effets de la sacristie, des prévôt, chantre, sacristain et chanoines de l'église collégiale et paroissiale de Bourg, par l'entremise de deux experts, ainsi qu'à la nomenclature et désignation du prix des biens du chapitre, déclarés nationaux. Il résulte de ce travail que nous avons sous les yeux, que l'argenterie, ornemens et autres effets mobiliers, estimés sur le poids brut de la valeur métallique, sans tenir compte de la façon et du travail, s'éleva à 42,654 fr. 14 sols, 6 deniers Quant aux immeubles appartenant au chapitre, consistant en maisons de ville, domaines et rentes, ils produisaient en revenus 15,322 fr. 19 sols 5 deniers. L'estimation qui précède fut faite concurremment, par les sieurs Jean-Baptiste Perrin et Melchior Midan, alors président du district, assistés des chanoines de la collégiale. Ces derniers avant d'apposer leur signature sur la pièce qui précède, y consignèrent que, depuis 22 ans, ils avaient fait dans l'église pour plus de dix-huit mille livres de dépense, en réparations et décorations, pour la démolition du jubé, le transport des stalles dans le fond de l'apside, le nivelage, le cadelage du sanctuaire en pierres polies, autel de marbre, baldaquin sur le grand autel, grilles et portes en fer, etc. Leurs observations se terminent ainsi :

« Les sieurs prévôt, chantre, sacristain et chanoines
« *observent* que l'argenterie et les ornemens de leur sacristie sont le fruit de leur économie et du zèle dont ils
« ont toujours été pénétrés pour la décence du culte divin ;
« au moyen de quoi ils pensent qu'il est de toute équité que
« MM. les administrateurs prennent en considération ces
« deux objets lorsqu'il sera question de fixer et déterminer
« la pension des chanoines, et qu'ils ajouteront aux revenus du chapitre la somme de 42,654 livres 14 sols 6 d.,
« valeur de l'argenterie et des effets de la sacristie, par
« le fait que la nation en profitera.
« Fait et arrêté en la chambre capitulaire, lesdits an et
« jour.»

Signé : Palluat-Jalamondes, *prévôt;* Billon, *chantre;* Collomb, *sacristain;* Midan, *chanoine;* Giraud, *id.;* Midan, *président au district;* Perrin, Rouyer, *secrétaires.*

L'argenterie et les ornemens tissus d'or et d'argent fin
furent provisoirement mis sous le séquestre; mais le 1ᶜʳ
mars 1793, les objets en argent furent expédiés à l'hôtel
de la monnaie de Lyon, et ceux en vermeil transportés à
celui de Paris. L'argenterie et le vermeil provenant de
Notre-Dame pesaient ensemble 168 marcs, 3 onces.

La dissolution du chapitre de Bourg fit perdre à l'église
de Notre-Dame son titre de collégiale, et M. Paret continua
à remplir les fonctions de curé de Bourg. On lui adjoignit
deux vicaires. Ces trois ecclésiastiques ne pouvant suffire
aux travaux de leur ministère, M. Paret adressa au Directoire du département une demande tendant à être autorisé
à se choisir huit vicaires; sa demande se fondait sur ce
que, par suite de la destruction des ordres religieux, le
curé et les vicaires supportaient exclusivement la charge
des prédications, confessions et autres devoirs ecclésiastiques. Sa demande fut accueillie par le Directoire du district qui, par arrêté du 22 décembre 1790, l'autorisa à se
choisir incessamment huit vicaires parmi les prêtres *qui*
seront ordonnés par l'évêque du diocèse, à la forme de l'art.
43 sur la constitution civile du clergé.

M. Paret ayant refusé le serment exigé à la constitution
civile du clergé dut abandonner ses fonctions curiales. On
lui donna pour successeur le Père Rousselet, ex-prieur
des Augustins de Brou, homme instruit, capable, mais
d'une conscience assez élastique pour accepter les décrets
et les injonctions les plus attentatoires à la dignité de son
état et de sa robe. Le monastère de Brou ayant été détruit
et les biens qui en composaient la fondation remis aux mains
de la nation, le Père Rousselet devint curé constitutionnel
de Bourg; il trouva le moyen de transférer dans l'église Notre-Dame plusieurs ornemens, vases sacrés et tableaux pro-

venant de son couvent, notamment les tableaux qui ornent aujourd'hui la sacristie de Notre-Dame, et sur le mérite artistique desquels nous avons dit un mot dans la description de l'église.

Le département eut bientôt à subir la présence de plusieurs représentans terroristes envoyés par la Convention. Leur rage et leur folie se portèrent principalement sur la religion, ses ministres et ses temples. Par un décret d'Albitte tous les clochers durent tomber, et les églises furent destinées à servir de temple à la *déesse Raison*, et de lieu de réunion aux patriotes pour y traiter des affaires de la République. Les prêtres durent renoncer publiquement à leur foi et s'accuser eux-mêmes d'imposture, sous peine de la prison et de la mort. Un très-grand nombre d'entre eux échappa à cette alternative par la fuite; d'autres payèrent de leur vie leur fidélité à leurs vœux et à leurs devoirs. Quelques-uns scandalisèrent l'Eglise par une horrible apostasie. De ce nombre fut le Père Rousselet, natif de Pesme, alors âgé de 67 ans, et remplissant les fonctions de curé constitutionnel de Bourg. On vit ce vieillard, disputant à la persécution un reste d'existence, monter dans la chaire de l'église Notre-Dame et donner un démenti à toute sa vie, en prononçant devant le peuple assemblé la rétractation, ou pour mieux dire les blasphèmes suivans :

« Je soussigné, Claude-François Rousselet, faisant le
« métier de prêtre depuis l'an 1749, sous le titre de Prieur
« des Augustins et de Curé de Bourg, convaincu des er-
« reurs par moi trop long-temps professées, déclare, en
« présence de la municipalité de Bourg régénéré, y renon-
« cer à jamais; déclare également renoncer, abdiquer et

« reconnaître comme fausseté, illusion et imposture, tout
« prétendu caractère et fonctions de prêtrise, dont j'atteste
« déposer sur le bureau de ladite municipalité, tous bre-
« vets, titres et lettres ; je jure, en conséquence, en face
« des magistrats du peuple, duquel je reconnais la toute
« puissance et la souveraineté, de ne jamais me prévaloir
« des abus du métier sacerdotal auquel je renonce, de
« maintenir la liberté, l'égalité de toutes mes forces, de
« vivre et de mourir pour l'affermissement de la Répu-
« blique, une, indivisible et démocratique, sous peine
« d'être déclaré infâme, parjure et ennemi du peuple et
« traité comme tel. »

Le même jour, un chanoine de Notre-Dame, âgé de
52 ans, épousait une ex-chanoinesse dans cette même église
où il avait, 30 ans auparavant, solennellement prononcé
le vœu de chasteté. Passons sur ces affligeans détails de la
faiblesse humaine.

La destruction du clocher de Notre-Dame de Bourg venait d'être décrétée par le fougueux Albitte. L'adjudication
de cette œuvre de destruction fut acceptée par trois entrepreneurs de Bourg. La tradition rapporte que le jour où
l'on mit la main à l'œuvre, un ouvrier dont l'imagination
était échauffée par les théories de l'époque, tint à honneur
de monter le premier sur le faîte du clocher pour commencer la démolition. Il y monta, en effet, et se prit à ébranler
la croix de fer qui surmontait le dôme. Au même moment,
soit par l'effet du vertige, soit comme le crurent plusieurs,
par l'effet d'un châtiment de Dieu, on le vit tomber et son
corps se briser sur le parvis du temple. Les travaux de la
démolition n'en furent pas moins poursuivis, et nous trouvons dans les comptes de 1793 une somme considérable
payée aux entrepreneurs. Nous citons :

Dix mille livres payées aux citoyens B. G. et R. , conducteurs des démolitions des clocher et châteaux-forts.

Item, 37 livres 10 sols payées au citoyen R. pour journées par lui employées à la destruction des statues du temple.

Item, 13 livres payées au citoyen M. pour avoir abattu des croix et statues dans la commune de Bourg. (Comptes de la commune, 1793.)

Décade du 20 au 30 pluviôse, an 2 de la République, une, indivisible et démocratique.

Pendant cette décade, on n'a pu qu'échafauder et commencer à découvrir le dôme, après avoir descendu la croix et démoli la lanterne du petit dôme.

Décade du 1ᵉʳ au 10 ventôse.

On a démoli la charpente du dôme, descendu les tuiles et échafaudé pour démolir le dôme en pierres de taille. On a ensuite établi une mécanique pour descendre les pierres.

Décade du 10 au 20 ventôse

Ces journées ont été employées à échafauder pour défaire la voûte du dôme. Il a fallu y appliquer trois échafaudages l'un sur l'autre. On a ensuite commencé à descendre les pierres de taille qui supportaient le petit dôme et formaient la lanterne.

Décade du 20 au 30 ventôse.

On a monté et placé les couloirs pour descendre les pierres de taille sans fracture et sans inconvénient, et l'on a travaillé à en descendre une partie. L'on a de même construit une mécanique pour enlever les pierres de leur place dans toute la circonférence et les porter au couloir.

Décade du 1er au 10 germinal.

On s'est occupé à démolir la grande voûte du dôme et à descendre les pierres et les briques sur le beffroi, et l'on a transporté les pierres de taille sur la place de la Fédération (de la Grenette). On a aussi travaillé à faire un gruau d'un mécanisme plus utile pour la descente des pierres.

Du 10 au 20 germinal.

Toute la voûte du dôme est entièrement démolie. Le balcon en fer est enlevé. Actuellement on s'occupe à démolir la corniche en pierres de taille qui entoure le dernier étage du clocher.

Du 20 au 30 germinal.

On s'est occupé pendant cette décade à défaire l'échafaudage et l'artifice nécessaire à démolir la voûte. On a défait le balcon en fer qui régnait dans tout le pourtour de la grande corniche qu'on a pareillement démolie, et on a descendu les pierres de taille.

Vu et approuvé par nous président provisoire du conseil général de la commune au désir de la délibération de ce jour.

Bourg, maison commune, le 8 floréal, 2me année républicaine.

Signé LAYMANT.

Le représentant du peuple avait conçu le projet de démolir non-seulement le clocher, mais encore l'église entière et de continuer sur son emplacement la prolongation de la rue Notre-Dame. Le quartier et les maisons du voisinage eurent à souffrir beaucoup de la démolition

du dôme, attendu que les pierres tombant d'une hauteur
considérable occasionaient un ébranlement tel que les
vitres du quartier en étaient rompues. On fit, à diverses
reprises, des réclamations à ce sujet au représentant qui ne
consentit à suspendre la démolition que sur l'observation
que la commotion produite par la chute des matériaux
faisait tourner le vin dans les caves. Pendant que l'on dé-
shonorait le monument à l'extérieur, l'enceinte sacrée était
le théâtre des orgies révolutionnaires. Notre devoir d'historien nous oblige de mentionner les processions sacriléges
dans lesquelles on vit un âne drapé d'ornemens sacerdo-
taux parcourir les rues de la ville pendant qu'un déma-
gogue célèbre du temps offrait à boire à la foule dans
un ciboire. Le malheureux promoteur de cette cérémonie
hideuse a traîné depuis une existence torturée par d'atroces
douleurs durant et même après laquelle l'épithète *d'âne*
devint inséparable de son nom.

Nous avons dit que l'église Notre-Dame avait été trans-
formée en temple de la Raison. Pour y figurer la montagne,
on avait établi la disposition qui suit : A partir des deux
gros piliers qui supportent la masse du clocher, une suc-
succession de gradins s'élevait jusqu'à la voûte et se termi-
nait au-dessus de l'autel. A la partie culminante de cette
montagne artificielle siégeait la *déesse Raison* dont le culte
se manifestait par le chant des hymnes révolutionnaires,
et par des discours dans le goût de l'époque, propres à
maintenir le peuple à l'état de surexcitation et de délire
contre tout ce qui avait été jusqu'alors l'objet de son respect et de ses croyances.

La démolition du dôme de Notre-Dame avait profondément indisposé les habitans de Bourg. Indépendamment du
disgracieux effet produit par cet acte de vandalisme sur

l'ensemble du monument, il était à craindre que, privée de
sa toiture et détériorée chaque jour par la pluie et les ora-
ges, la grande tour s'affaissât sur elle-même et entrainât la
chute des voûtes et la ruine de l'église. Aussi dès que la
tempête politique fut un peu calmée et que le bon sens et la
raison purent reprendre leur indestructible empire, on
songea à réparer le mal, autant toutefois que le temps et
les ressources du moment pouvaient le permettre Une heureuse circonstance vint hâter l'exécution de ce vœu ; ce fut
l'arrivée, à Bourg, du représentant du peuple Boisset. Le
nom de ce digne homme mérite d'être rappelé et perpétué
avec reconnaissance dans ce pays Son administration fut
une ère de réparation et un retour marqué aux idées d'ordre et de justice. Ce fut lui, en effet, qui ouvrit les prisons
encombrées et rendit à leurs familles désolées une foule de
personnes dont la détention n'avait d'autre motif que leur
aversion pour les doctrines et les actes de cette sinistre
époque. La municipalité, mettant à profit ses bonnes dispositions, sollicita la restauration du dôme, par le motif
qu'il était indispensable de rétablir l'horloge de la ville ;
or, pour rétablir l'horloge, il fallait préalablement restaurer et recouvrir la tour du clocher. L'église alors, sous
la dénomination de temple de la Raison, était toujours
affectée au culte de cette singulière déesse, il fallait donc
user de beaucoup de ménagemens. Le représentant se
prêta aux vœux des habitans, et rendit le 10 brumaire
an 3, l'arrêté qui suit :

AU NOM DU PEUPLE FRANÇAIS.

LIBERTÉ ET ÉGALITÉ.

RÉPUBLIQUE FRANÇAISE.

Boisset, représentant du peuple, envoyé dans les départemens de l'Ain et Saône-et-Loire pour le triomphe de la république et l'affermissement du gouvernement révolutionnaire, investi de pouvoir illimités par le décret du 9 fructidor.

Vu la pétition des citoyens de la commune de Bourg, et particulièrement de la société populaire de cette commune, tendant à demander la restauration du temple consacré aux fêtes décadaires,

Arrête :

1° Que le clocher sera démoli jusqu'à la corniche de l'ordre supérieur;

2° Que l'horloge sera placée avec ses timbres;

3° Que les gradins seront construits dans l'intérieur dudit temple, de manière à ce que les citoyens puissent y être placés commodément;

4° Que l'orgue sera mis en état de pouvoir jouer les jours de décade, et qu'enfin toutes les réparations qu'exige ce monument seront faites dans le plus bref délai, avec la plus grande économie, *d'après les plans que le citoyen Cochet présentera.*

Bourg, le 10 brumaire, l'an 3me de la république française, une indivisible et démocratique. — *Signé* Boisset, et scellé du sceau de la représentation nationale.

Aussitôt que le conseil général de la commune fut en possession de cet arrêté, il s'occupa sur-le-champ de son exécution, et arrêta à l'unanimité la délibération suivante :

Vu l'arrêté du représentant du peuple Boisset du 10 brumaire dernier ;

Vu le plan de la couverture du clocher présenté par le citoyen Cochet fils, artiste, duquel il résulte qu'après la démolition dudit clocher jusqu'à la corniche de l'ordre supérieur, il sera recouvert en bois sapin, construit sur des courbes de bois chêne, que ledit sapin sera latté, et couvert en tuiles à crochet ;

OUI L'AGENT NATIONAL.

Le conseil général arrête ce qui suit :

ART. 1ᵉʳ.

Le plan présenté par le citoyen Cochet fils, pour la couverture du clocher, est adopté, et sera exécuté suivant sa forme et teneur dans le plus bref délai.

ART. 2.

Les réparations à faire à cet édifice le seront par régie et sous l'inspection du citoyen Cochet fils.

ART. 3.

« Les citoyens Bayet, Richard et Taton sont nommés
« conducteurs desdites réparations, savoir : le citoyen
« Bayet pour ce qui concerne la maçonnerie, le citoyen
« Richard pour les fers, et le citoyen Taton pour la char-
« pente et la menuiserie. Lesdits conducteurs seront dans
« tous les cas comptables les uns pour les autres, et ne
« feront aucuns paiemens ou achats particuliers. Ils ren-
« dront, toutes les décades, au conseil général de la
» commune, par écrit, un compte général de toutes les
« dépenses qu'ils auront faites pour lesdites réparations.

Art. 4.

« L'administration du district est invitée à mettre à la
« disposition des conducteurs ci-dessus nommés, tous les
« fers provenus de la démolition du clocher pour être
« employés à sa reconstruction.

Art. 5.

« Il sera fait trois copies du plan présenté par ledit
» Cochet fils, dont l'une sera adressée au directoire du
« district, la seconde remise aux conducteurs des travaux,
« et la troisième déposée au secrétariat de la commune. »

La dépense que nécessita la reconstruction du dôme tel
que nous le voyons aujourd'hui, et la restauration de l'horloge monta à 40,000 fr., que la ville ne possédait pas, mais
que la Convention l'autorisa à imposer sur les habitans
par un décret du 4 fructidor de la même année.

Pendant que les statues, les tableaux, les vitraux des
sanctuaires et des chapelles tombaient sous le marteau,
le tableau *Miraculeux* échappait, en quelque sorte mira-
culeusement, aux fureurs iconoclastes. Nous trouvons
dans une petite brochure de quelques pages, imprimée à
Bourg, en 1802, les détails qui suivent, et que nous reproduisons textuellement :

« La hauteur du tableau miraculeux est d'un pied et
« demi et sa largeur d'un pied. Il était autrefois renfermé
« dans un très-beau cadre en argent; mais au moment où
« tout périssait ou disparaissait, ce cadre fut enlevé ainsi
« que les autres riches choses de l'église, et le tableau fut
« brisé, profané, foulé aux pieds, et confondu au milieu
« de la sacristie avec un tas de débris.

« Cependant un hasard heureux ou plutôt une provi-
« dence attentive, et toujours favorable à cette grande pa-
« roisse, ne laissa pas périr tout entier ce gage précieux
« d'une protection antique et céleste; il fut conservé, au
« moins en partie, par un ancien employé de l'église qui
« connaissait parfaitement le tableau miraculeux, et qui
« se trouva là peu d'instans après le dépouillement des
« choses sacrées. Il ne pensait guère néanmoins à recueillir
« ces restes miraculeux, il ne se doutait pas même qu'ils
« y fussent, lorsqu'un petit chien qui l'accompagnait le
« lui fit découvrir assez singulièrement. Ce petit animal
« jouait avec un plumet qui se trouvait au milieu des dé-
« bris et grattait autour pour l'arracher; il parvint ainsi à
« faire découvrir à son maître un morceau de petite plan-
« che que celui-ci reconnut bientôt pour être une portion
« du tableau miraculeux. Il s'empare avec empressement
« de cette relique, la cache avec soin, et se presse de la
« dérober ainsi à l'impiété pour la conserver à la religion.

« Cependant on apprit avec le temps qu'il était en pos-
« session de cette importante relique. Aussitôt, un ecclé-
« siastique (M. Collomb), ancien sacristain du chapitre,
« dignitaire de l'église, distingué par son zèle pour l'embel-
« lissement de la maison du seigneur, fait les plus instantes
« démarches pour l'obtenir; celui qui l'avait si religieuse-
« ment conservée jusque là, ne fait pas difficulté de la lui
« remettre. Une fois en possession de ces restes sacrés, il
« s'empressa de les présenter à M. le vicaire-général du
« diocèse, qui procéda de suite à l'enquête canonique, né-
« cessaire en pareil cas, et à cet effet appela en témoignage
« plusieurs personnes tant ecclésiastiques que laïques;
« toutes reconnaissant et affirmant, par serment, que ces
« restes sont véritablement une portion du tableau mira

« culeux , le procès-verbal en est dressé, signé par les té-
« moins, et envoyé au secrétariat de l'archevêché de Lyon,
« MM. les vicaires-généraux l'ayant soigneusement exa-
« miné, et ayant d'ailleurs pesé toutes choses mûrement,
« permettent dès-lors l'exposition de cette portion con-
« servée du tableau , et le livrent ainsi de nouveau à la
« piété des fidèles. On règle en même temps que, par suite
« des anciens usages, il sera exposé (comme il l'est en effet)
« tous les jours de fête de la Sainte-Vierge , anciennement
« chômée depuis le matin jusqu'au soir , et que le jour
« de l'Annonciation , fête patronale de Bourg, il le sera ,
« dès la veille, à trois heures, et porté ensuite en proces-
« sion dans les rues, le jour même , avant la grand'messe.
« La portion du tableau miraculeux ainsi recouvrée est
« celle qui doit naturellement intéresser le plus, sa-
« voir : le buste de la Sainte-Vierge et de l'enfant Jésus
« qui n'ont été aucunement altérés. On a fait incruster
« cette portion avec un grand soin dans une planche de la
« grandeur qu'avait autrefois le tableau entier. Un peintre
« habile a peint cette planche dans le goût et la manière
« de cet ancien tableau, se gardant toutefois de toucher
« au morceau conservé, qui est resté dans tout son naturel
« et sa première forme. (1) »

L'opinion générale, momentanément égarée par la fièvre
révolutionnaire, se déclara de nouveau pour le culte des
vieilles et saintes croyances , favorisée en cela par la louable initiative du premier Consul , qui à tous les genres de

(1) Notice sur le tableau miraculeux de la Sainte Vierge conservé en
la paroisse de Bourg-en-Bresse. — A Bourg, de l'imprimerie de
A.-J.-M. Janinet, vis-à-vis de la Préfecture. — 1807.

gloire et de mérite qu'il réunissait en sa personne, sut ajouter celui de restaurateur du culte. Bientôt, en vertu du concordat signé le 15 juillet 1801, la religion catholique naguères livrée à tous les outrages, voit ses temples se rouvrir; ses ministres dispersés accourir et reprendre l'exercice de leur pieux et bienfaisant ministère. Les habitans de Bourg, remarquables à toutes les époques par leur esprit d'ordre et de bon sens, avaient subi avec horreur et dégoût les scènes affligeantes, les extravagances anti-religieuses dont nous avons reproduit quelques détails (1). Aussi ce fut avec bonheur et attendrissement que l'on vit à Bourg l'église Notre-Dame rendue à son ancienne destination, les cérémonies du culte catholique y reprendre leur cours régulier. La fête de l'Annonciation, en l'année 1802, fit éclater l'allégresse universelle. Le tableau miraculeux fut de nouveau exposé à la vénération des fidèles. Une procession immense, à laquelle étaient venus se joindre les habitans des villes et villages environnans, traversa toutes les rues de la ville que les chants sacrés de l'église, l'encens et la prière purifièrent en quelque sorte de toutes les souillures révolutionnaires.

Réduite au titre d'église paroissiale, et desservie, depuis lors, par des pasteurs éclairés, charitables, évangéliques, Notre-Dame de Bourg n'a pas regretté son chapitre,

(1) M. Buget, procureur syndic du directoire de Bourg, s'exprimait ainsi dans un rapport sur l'administration centrale, adressé au ministre de l'intérieur, le 1er vendémiaire an VI de la République :

« Les habitans du département de l'Ain sont en général bons, hospi-
« taliers, francs, laborieux, très-attachés à la Constitution, à la liberté
« et à la patrie, et sans quelques agitateurs et ambitieux du pouvoir,
« les secousses de la révolution les auraient à peine atteints. La cessa-
« tion de l'exercice du culte les a fatigués.... »

sujet de conflits si nombreux avec la municipalité. Cette dernière veille à son entretien et à sa conservation avec une sollicitude filiale, et le jour n'est pas éloigné où, grâce à la générosité d'un enfant de Bourg (1), prématurément enlevé à sa famille et au barreau de notre ville, le clocher, déshonoré à l'époque la plus désastreuse de notre histoire, recouvrera sa forme et sa splendeur première.

(1) « Je lègue 20,000 francs pour commencer à former le capital « nécessaire pour rendre au clocher de Bourg l'étage qu'il a perdu lors « de la Révolution : les intérêts se réuniront au capital jusqu'à ce que le « tout, augmenté s'il est possible d'autres ressources, permette d'effec- « tuer l'entreprise. »

(*Extrait du testament olographe de M. Alfred Bon, décédé le 16 novembre 1846.*)

FIN.

SOMMAIRE.